高质量建设现代化产业体系：统筹发展和安全政策研究

王云平◎著

中国言实出版社

图书在版编目(CIP)数据

高质量建设现代化产业体系：统筹发展和安全政策
研究 / 王云平著. -- 北京： 中国言实出版社， 2023.7
ISBN 978-7-5171-4529-5

Ⅰ.①高… Ⅱ.①王… Ⅲ.①产业发展－研究－中国
Ⅳ.①F269.2

中国国家版本馆 CIP 数据核字（2023）第 125615 号

高质量建设现代化产业体系：统筹发展和安全政策研究

责任编辑：佟贵兆
责任校对：王建玲

出版发行：中国言实出版社
　　地　　址：北京市朝阳区北苑路180号加利大厦5号楼105室
　　邮　　编：100101
　　编辑部：北京市海淀区花园路6号院B座6层
　　邮　　编：100088
　　电　　话：010-64924853（总编室）　010-64924716（发行部）
　　网　　址：www.zgyscbs.cn　电子邮箱：zgyscbs@263.net

经　　销：新华书店
印　　刷：北京虎彩文化传播有限公司
版　　次：2023年7月第1版　2023年7月第1次印刷
规　　格：710毫米×1000毫米　1/16　14.5印张
字　　数：220千字

定　　价：78.00元
书　　号：ISBN 978-7-5171-4529-5

目　录

第一章　建设现代化产业体系 [1]

产业体系现代化是中国式现代化的重要内容。要把握产业体系现代化的国际趋势，在此基础上研究我国产业体系现代化的目标，明确重点任务，大力推进产业体系现代化建设。

一、产业体系现代化的趋势

（一）基本内涵

产业体系现代化是中国式现代化的重要内容，从两个方面来看待其内涵：首先，从国民经济的产业体系整体看，产业现代化是农业、工业（第二产业）、服务业发展遵循国际产业发展演变规律，产业之间保持协调发展的关系，产业结构不断调整和演化。也就是说，评价产业现代化首先要以发达国家产业结构演变规律为主要参照物。其次，从产业内部组成看，产业现代化分解为农业现代化[2]、工业现代化[3]、服务

---

[1] 本章是作者主笔发表在《经济研究参考》2016年第28期的《加快推进产业新体系建设》一稿上修改形成。

[2] 农业现代化一般是指依靠制度变迁和技术变革，引入现代生产要素，完善农业物质基础，改造农业生产手段，重塑农业经营主体，创新农业组织方式，促进土地、资本、劳动要素均衡配置，不断提高土地产出率、劳动生产率、资源利用率，实现传统农业向现代农业转型的过程。这一过程是包括种植业、畜牧业、渔业和林业在内的整个大农业不断引进现代生产要素和先进经营管理方式实现转型发展的过程，也是涉及整个农业产业链转型发展的过程。

[3] 工业现代化一般是指在一国或地区的经济现代化过程中，在现代科学技术进步的推动下，新兴工业部门不断产生和增长、原有工业部门持续变革和发展，并由此导致工业结构变化和整体工业生产力水平的提高、最终达到当今世界先进水平，参见陈佳贵 黄群慧：《中国工业化与工业现代化问题研究》，第61页，经济管理出版社，2009年。

业现代化[1]三个部分。一般而言，农业现代化水平的标准从农业经济结构、农业基础设施、农业生产手段、农业科学技术、农业经营产业化等方面进行评判。工业现代化水平标准可以依据发达国家产业结构水平、产业变动的最新趋势（包括新兴主导产业的产生、产业发展的理念变化、产业的生产组织方式变化等内容）、产业的国际分工地位、产业技术创新能力等几个方面来进行评价。服务业现代化水平的评判标准包括现代服务业的发展状况，以及传统服务业的技术改造两个方面。

（二）国际趋势

发达国家是产业现代化的引领者，一直处于产业现代化的最前沿，它们经历了长期的工业化，积累了产业现代化的经验，在产业结构演变、新兴主导产业变化、产业发展理念等方面都成为后发国家推进产业现代化的标杆。

1. 服务业特别是现代服务业在发达国家产业结构中保持主导地位

从国际上产业结构演变规律来看，随着一个国家进入工业化中后期，服务业所占国民经济的比重将逐步占据主导地位，从全球 GDP 增长的贡献率来看，自 20 世纪的 60 年代开始，主要发达国家的服务业在整个国民经济当中的比重超过了 50%，美国在 50 年代就超过了 50%。1980—2000 年期间，全球服务业增加值占 GDP 比重中主要发达国家达到 71%，中等收入国家达到 61%。当前，金融、保险和流通服务业等现代服务业成为发达国家主导产业，广告、咨询、旅游、文化娱乐、研发、信息等现代服务业快速发展，新兴业态不断涌现。根据美国商务部经济分析局的资料，2010 年，美国以金融业等现代服务业为主的服务业增加值占 GDP 的份额为 81.9%。即使是近年来美国大力推进再工业化，2021 年，服务业增加值仍为其 GDP 贡献了 80% 的占比。

---

[1]服务业现代化没有明确的内涵，但是有现代服务业的概念。根据2012年2月22日，国家科技部发布的第70号文件，现代服务业是指以现代科学技术特别是信息网络技术为主要支撑，建立在新的商业模式、服务方式和管理方法基础上的服务产业。它既包括随着技术发展而产生的新兴服务业态，也包括运用现代技术对传统服务业的改造和提升。现代服务业的发展本质上来自于社会进步、经济发展、社会分工的专业化等需求，现代服务业既包括新兴服务业，也包括对传统服务业的技术改造和升级，其本质是实现服务业的现代化。

2. 新兴产业引领产业发展和结构调整

进入 21 世纪以来，科学技术发展日新月异，一场以数字智能制造技术、新能源技术和生命科学重大突破为标志的新一轮技术革命正在推进[1]。新一轮技术革命的过程推动一批新兴产业诞生与发展，信息技术将更多作为共用的平台技术，与新材料、可再生能源、生物等技术交叉融合，产生若干新兴技术和新兴产业新兴业态。目前，在新兴产业领域，加大研发投入，突破关键技术（以智能制造最为典型）并使之产业化，将成为未来一段时期各国促进新一轮产业发展和结构调整的重要内容。

专栏：智能制造发展现状与趋势

通常认为，智能制造（IM）是智能制造技术（IMT）和智能制造系统（IMS）的总称。自美国提出智能制造（IM）的概念后，发达国家纷纷制定重大战略和行动计划。特别是 21 世纪以来，美、欧、日等发达国家都将智能制造视为未来的制造技术和尖端科学，并认为是国际制造业科技竞争的制高点，且有着巨大的利益。这些国家科技协作频繁，参与研究计划的各国制造业力量庞大，试图主宰未来智能制造的发展趋势。如美国 2011 年提出"先进制造业伙伴计划（Advanced Manufacturing Partnership，AMP）"；2012 年发布"先进制造业国家战略计划（A National Strategic Plan for Advanced Manufacturing）"。德国则在 2011 年汉诺威国际工业博览会上提出工业 4.0 战略（INDUSTRIE 4.0）等。

当前，世界智能制造技术总体呈现出高性能化、智能化、集成化、绿色化的发展趋势。在工业机器人领域，日本、美国、德国和韩国处于第一方阵，ABB、发那科（FANUC）、安川电机（YASKAWA）、库卡（KUKA）、American Robot 柯马（COMAU）等厂商生产的工业机器人已成为一种工业标准在全球得到广泛应用。未来，工业机器人的应用范围将不断地从汽车制造业推广到其他制造业，进而推广到诸如采矿机

---

[1] 杰里米·里夫金在《第三次工业革命：新经济模式如何改变世界》一书中指出，"第三次工业革命"的发生主要是基于互联网信息技术与可再生能源的交叉融合，新经济模式的五个支柱分别是可再生能源的转变、分散式生产、储存（以氢的形式）、通过能源互联网实现分配和零排放的交通方式等。

器人、建筑业机器人以及水电系统维护维修机器人等各种非制造行业。此外，在国防军事、医疗卫生、生活服务等领域机器人的应用也越来越多，如无人侦察机（飞行器）、警备机器人、医疗机器人、家政服务机器人等均有应用实例。机器人正在为提高人类的生活质量发挥着重要的作用。在 3D 打印设备领域，欧美等西方发达国家在 3D 打印技术应用方面总体居于领先地位。3D 打印产业排名前 4 位的企业分别是美国 3D Systems 公司、Stratasys 公司，以色列 Object 公司和德国 EOS 公司，它们占据全世界近 70% 的市场份额，形成了寡头垄断的市场竞争格局。未来，3D 打印技术将应用于教育、建筑、工程设计、制造工艺等领域。

3. 新的制造范式和商业模式正在形成

以跨国公司为代表，新的制造范式和商业模式正在形成。体现在以下三方面：一是制造业垂直分离和业务外包日益明显。传统的、垂直一体化的企业内集成的价值链开始转型，被分散于全球各地的专业化公司之间的协作价值网络所取代，制造系统的组织边界已从单一制造工厂扩展到网络化制造联盟。与此同时，企业制造能力出现分化，出现原始设备制造商（OEM）、电子设备承包制造商（CEM）、电子设备制造服务供应商（EMS）等新型的专业化制造企业，使得制造业务外包程度更加明显。二是制造企业个性化生产、分散式生产、就近生产成为重要特征。随着数字化制造的不断推广，新软件、新工艺、机器人和网络服务逐步普及，某些行业规模经济变得不明显，而且，新技术在制造领域的应用便于个性化产品的设计和生产，具有更加贴近客户需求的优势，为更快响应市场需求，企业会更多选择在消费地进行本地化制造。三是与新的制造业生产范式相适应，制造企业利用互联网（含移动互联网）和信息技术，推进商业模式创新，从卖产品向卖设计、卖服务等高端环节延伸，加强对产品设计、品牌推广、营销方式、渠道物流、支付结算、售后服务等环节的革新，移动互联、云计算、免费搜索等新型商业模式的涌现。

4. 产业融合正在成为新趋势

当前，信息网络技术应用广泛，特别是近年来，发达国家推行"再工业化"，加强智能化制造，以信息技术为载体，产业间融合程度日益加深。以价值链、产业链延伸为重点，企业依托制造优势发展服务业，从生产加工跨界拓展为流程控制、产品研发、市场营销、客户管理等生产性服务，向服务提供商转型，促使传统制造企业向跨界融合企业转变。企业生产从以传统的产品制造为核心转向提供具有丰富内涵的产品和服务，直至为顾客提供整体解决方案，互联网企业与制造企业、生产企业与服务企业之间的边界日益模糊。

5.产业向绿色、低碳发展

当今世界，水资源问题、大气条件恶化、生态环境恶化、能源问题等交叠出现，其中产业特别是制造业是资源能源消耗和环境污染"大户"，实现可持续发展的理念深入世界各国（尤其是经济发达国家）。德国、意大利、澳大利亚、美国、日本等采取一系列战略策略和政策措施发展低碳经济，开发可再生能源和清洁能源，降低化石能源比重，降低"高碳"产业比例，鼓励低碳消费，促进产业绿色、低碳化发展。

二、当前我国推进产业体系现代化建设的阶段特征和主要问题

（一）当前我国推进产业体系现代化的阶段性特征

1.服务业占国民经济比重明显提升，我国产业发展逐步进入服务经济时期

服务业占国民经济的比重是衡量产业现代化与否的重要标志。改革开放以来，在需求带动、分工深化、城镇化拉动等因素的影响下，我国服务业在国民经济中的地位和作用不断增强。2013年，我国服务业增加值从1978年的872.5亿元增加到262204亿元，增加值比重从23.9%上升到46.1%（当年价），首次超过第二产业，服务业对国民经济增长的贡献明显提升。同时，服务业向制造业渗透，制造业的服务功能越来越突出，出现了"制造业服务化"等现象，金融、信息、商务、研发设计服务等生产性服务业快速发展，进一步推动了服务经济的兴起，我国开始进入服务经济时代。2013年

以来，服务业占 GDP 比重继续保持稳定增长态势，2015 年占比超过了 50%（50.5%），2021 年占比为 53.5%。我国服务业成为拉动 GDP 增长的主要力量，更为我国制造业高质量发展提供有力支撑，助力我国深入推进制造强国战略。

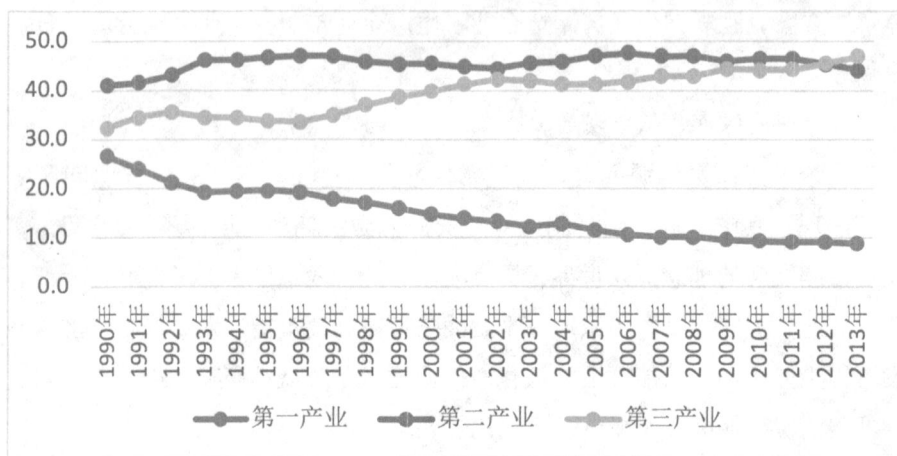

图 1-1　1990-2013 年我国产业结构变化示意图

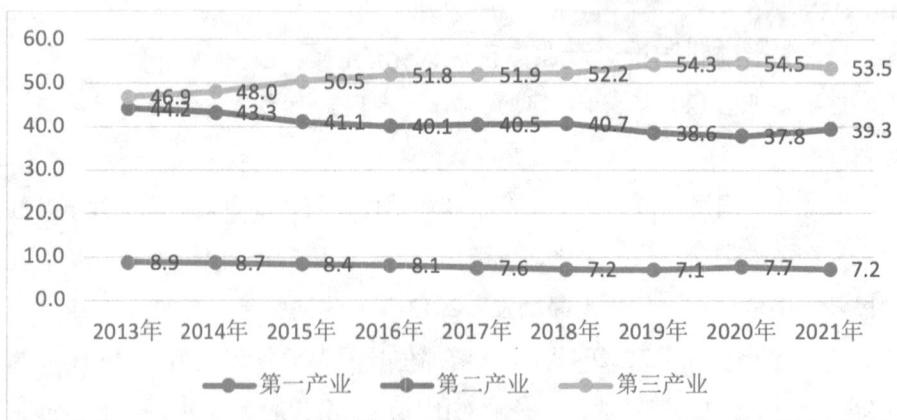

图 1-2　2013-2021 年我国产业结构变化示意图

数据来源：各年度《中国统计年鉴》。

2.一批新兴产业快速成长，逐步成为带动产业结构优化升级的重要力量

长期以来，钢铁、建材、造船、汽车等产业是拉动我国产业发展的主导产业。随着我国工业化阶段进入中后期，需求结构不断升级，加上新一轮科技革命和产业变革的影响，钢铁、建材等产业的增长将逐步放缓，汽车等产业将继续保持旺盛需求，电子信息、新能源与节能环保、生物与健康、文化创意、电子商务等一批新兴产业快速成长，年均增长在15%～20%左右，高于制造业平均水平，正在成为带动产业结构优化升级的重要力量。

3.我国产业发展参与国际分工程度日益加深，按价值链路线升级的特征越来越明显

从20世纪80年代中后期开始，我国制造业通过加工贸易和利用外资的方式不断参与以跨国公司为主导的全球价值链分工体系，产业发展切入国际分工的广度和深度不断拓展，加工贸易快速发展并成为外贸出口的主体。随着我国对外开放的深入推进，我国产业参与分工的形式日益多元化，从产业间贸易向产业内贸易、产品内贸易不断演进，产业门类也逐步增多，从单纯制造企业逐步转变为包括制造、研发、设计、服务外包等多元化企业，近年来在全球价值链中具有中高端位置的服务业企业数量也明显增多。从产业价值链升级路线看，我国电子信息等产业发展迅猛，并逐步从为国际代工的OEM向ODM、OBM发展转变，不断提升研发、销售、服务、芯片和元器件环节水平，涌现出华为、中兴等一批领先企业，产业沿价值链升级的能力不断增强。

4.我国资源环境约束加大，产业需要向绿色低碳发展转型

产业发展向绿色低碳转型是发达国家产业现代化发展的题中之义。改革开放以来，我国经济持续快速增长，但这种增长是一种粗放式增长，造成资源环境压力日益增加，近年来，已经到了难以为继的程度，迫切要求加快扭转传统资源环境高损耗型产业结构，实现产业发展向"高效益、低排放"的循环低碳发展模式转变。当前我国经济发展的资源环境成本不仅大大高于美国、日本和韩国等发达国家，甚至明显高于巴西、印度、南非等发展中国家。迫切需要着力推进节能减排，大力发展低碳产业，并逐步推进能源、原材料等传统重化工业的高新化、集约化、清洁化和循环化发展。

（二）存在的主要问题

1. 第三产业特别是现代服务业发展仍然滞后，工业产能过剩问题没有得到根本解决

从三次产业结构看，虽然我国第三产业增加值占国内生产总值比重已超过第二产业，成为国民经济的第一大产业，但服务业发展不优不强的问题仍比较突出，现代服务业发展滞后，特别是研发设计、文化创意、物流、金融等生产性服务业还滞后于制造业发展的需要。从工业内部看，钢铁、电解铝、水泥、平板玻璃、造船等曾经拉动中国经济高速增长的主导性产业，尽管国家近年来大量推进供给侧结构性改革，但仍然有大量落后产能难以淘汰，这些产业的产能过剩问题没有得到根本性解决，而且，部分战略性新兴产业也存在产能过剩隐忧，以面板行业为例，据市调机构 IHS 预计，到 2023 年，国内 TFT—LCD 面板产能将达到 23000 万平方米，各地投资的多条高世代产线带来的产能过剩隐忧不断显现。[1] 导致我国产能过剩的根本原因被普遍认为是体制机制，特别是地方政府主导的投资机制。我国已经进入高质量发展阶段，但促进产业高质量发展的体制机制没有完全建立，如果只是依靠中央政府的产能过剩治理政策，不完善地方政府主导的投资机制，产能过剩隐患体制性原因并没有消除，产能过剩问题容易出现反弹。

2. 核心技术缺失，制造业存在"产业空心化"问题

当前我国"产业空心化"问题最根本的内容就是，产业核心技术缺失和产业链关键环节薄弱。[2]

——制造业核心技术缺失。 囿于我国科研创新体制不健全，创新发展生态尚不完善，加上我国一直长期处于"追赶"型发展阶段，和发达国家相比，部分核心领域仍然存在很大差距。主要体现为：制造业核心技术仍然主要依赖国外，诸如集成电路产业的光刻机、通信装备产业的高端芯片、轨道交通装备产业的轴承和运行控制系统、电力装备产业的燃气轮机热部件，以及飞机、汽车等行业的设计和仿真软件等，这些环节仍需进口，产业基础能

---

[1]《面板行业产能过剩隐忧显现 价格短期内难回升》，《经济日报》，2019 年 2 月 14 日。

[2]2019年，基于中美贸易斗争和我国产业发展成本上升等多因素交叠，我国产业结构调整中出现产业加速外迁和部分供应链断供危机，其根本原因还是：核心技术被发达国家和国际跨国公司掌握；我国产业处于国际分工中低端，产业链关键环节薄弱。

力弱，部分领域核心关键技术受制于人，存在"被卡脖子"的隐患（周济，2019）。

——产业链关键环节薄弱。 长期以来，我国作为跨国公司的加工制造环节融入全球产业价值链，发达国家和跨国公司控制着市场订单、核心技术、产业标准、关键零部件和核心装备，我国从发达国家进口机器设备和关键零部件；我国许多加工环节依靠跨国公司提供中间产品，如电子信息产业链加工组装环节依靠富士康、伟创力等生产，中国加工企业在全球价值链中处于"被俘获"和"打工仔"地位，在国际经贸环境恶化的极端情况下，发达国家将对我国产业链薄弱环节进行定向定点打压，引发我国产业断链风险。

3、产业高耗能发展态势没有得到改善，资源环境压力明显加大

长期以来，我国产业结构呈现重型化态势，导致资源环境成本明显上升。2020年我国提出了碳达峰碳中和"双碳"的战略要求，给我国产业体系现代化建设增加了资源环境的压力。我国从碳达峰到碳中和仅有30年，由于我国经济现代化、城镇化等进程远未结束，不可能沿袭发达国家自然达峰和减排的模式，面临着比发达国家时间更紧、幅度更大的减排要求。从产业角度看，根据我们计算，部分主要高碳行业仍处于碳排放增长期，如电力、热力的生产和供应业，黑色金属冶炼及压延加工业，交通运输、仓储及邮电通信业，石油加工、炼焦及核燃料加工业。尤其是电力、热力的生产和供应业，交通运输、仓储及邮电通信业，增长趋势依然十分明显。

4. 农业发展基础薄弱，现代化水平偏低

近年来，国家持续加大强农惠农富农支持力度，加强农业基础设施建设，不断提高农业物质技术装备水平，农业发展取得积极成效，但是，我国农业发展的形势仍然严峻，部分长期积累的深层次矛盾和问题不断凸显，农业现代化水平仍然不高。主要体现在：耕地面积减少趋势不可逆转，质量下降态势难以根本改观，水资源短缺成常态，保障粮食等重要农产品供给与资源环境承载能力的矛盾日趋尖锐。农田水利设施建设依然滞后，农业物质技术装备水平不够高，科技创新和推广应用能力较弱，农业社会化服务体系不健全，国际农产品市场冲击日趋加大，保障农产品稳定生产和质量安全任务艰巨，等等。

5. 创新要素对产业现代化支撑不足

近年来，我国劳动力等生产要素供给成本不断上升，资源和环境约束不断强化，资本产出比持续走低，迫切需要培育创新要素，为产业结构优化升级提供支撑。近年来国家大力实施创新驱动战略，但创新要素培育是一个渐进式系统工程，是一个慢变量，我国创新要素对产业结构优化升级的支撑力仍然不足，重点体现以下方面：

一是自主知识产权成果质量不高，原创力不足。各个产业领域龙头企业在前沿创新和颠覆性创新方面仍然不足，引领产业国际化发展的能力有限，产业链关键环节的技术成果对发达国家依赖程度高。二是创新要素转化为产业要素困难。表现为科技成果产业化效率低。当前我国有效专利的产业化率不到40%，有一半的科研院所科技成果转化率不到10%。三是专业技术人才短缺。目前我国产业升级面临的困境是，升级生产线容易，技术工人难寻。我国人力资源素质普遍提高，但"工匠"仍然短缺，短时期内难以形成产业高质量发展的"人力资本"红利。

三、产业体系现代化建设的主要路径

（一）推进工业（制造）向中高端化发展

抓住国际产业转移的机遇，积极应对我国要素结构变化的挑战，加快创新驱动，转变发展方式，强化企业创新主体地位，提升产业价值链国际分工地位，优化资源要素结构，化解产能过剩和淘汰落后产能，推进节能减排，推动工业绿色发展，提高战略性新兴产业的核心竞争力。

1. 转变发展模式

当前，我国大部分工业品产量位居世界前列，在当前我国需求增长远远落后于供给增长条件下，导致了绝大多数行业出现产能过剩问题。而且，产量规模的扩张是靠投资拉动、大量耗费资源来实现。它造成了资源浪费和环境破坏等问题，与此同时，我国工业产品大量属于低附加值、初加工产品，处于国际价值链的低端地位。未来一段时期，我国工业发展要由产业的规模扩张向价值链中高端提升，要加快推进我国产业全球配置资源的能力。转变发展模式，关键是要充分发挥市场在资源配置中的决定性作用和政府的积极引导作用，企业的投资和发展方向应该由市场来决定，政府主要在基础设施环境完善、环境标准、技术标准、质量标准等方面来进行引导产业发展的方向和区域，以及政府通过加强公共技术创新平台建设来提升产业发展的层次。提升企业全球配置资源的能力，积极支持投资境外能源和矿产资源开发项目，鼓励冶金、化工、建材等重化工业向境外资源丰富、环境容量大的国家和地区转移，提高能源资源供给保障。

2. 强化企业的自主创新主体地位

鼓励企业加大对科研开发的投入。继续落实好企业研发费用加计扣除、高新技术企业认定政府采购等政策，积极探索与采用多种形式，鼓励使用自主创新的技术和产品，提升金融支撑能力。加快推进多层次资本市场建设，充分发挥新设立的创业板的作用，支持高新技术企业的风险融资。以骨干企业为依托建设关键核心技术研发和系统集成的工程化平台，支持建立以企业为主导、产学研有效合作的产业创新联盟，加强公共技术服务平台建设，促进中小企业创新发展。大力发展研发服务、信息服务、创业服务、技术交易、知识产权和科技成果转化等高技术服务业，构建产业创新支撑体系。要加强高层次创新人才的引进和培养，激励科技人员深入企业开展服务。加强知识产权保护和管理，鼓励企业建立专利联盟，建立知识产权评估交易机制，激励高校和科研机构的知识产权转移转化。

3. 推进制造业向价值链中高端化发展

加快提升我国产业在全球价值链分工向中高端发展，一是促进产业发展由传统的依靠单一的劳动力比较优势向品牌、质量、技术、市场等综合优势转变，要实施品牌战略等新的产业发展战略，形成一批以大企业为主导的技术创新和自主品牌建设的骨干企业。二是分类提升产业价值链。不同类型产业的价值链特征存在差异，提升产业价值链，就要把握产业特性，找准价值增值的主要环节，以及我国产业价值链的薄弱环节，重点突破，分类推进。一般而言，根据价值链的动力机制把价值链分为购买者驱动的价值链和生产者驱动的价值链，前者的主要价值增值份额偏向于流通环节，产业主要集中在非耐用消费品为主的轻型制造业如服装、鞋子、玩具等；而后者的主要价值增值份额主要偏向于生产环节，产业主要集中为耐用消费品如汽车、电脑、飞机等和投资品为主的重化工业。根据产业特性，对于轻型制造业，其核心竞争力体现在设计和营销环节，提升价值链的关键是加强设计，要加快商业模式创新。对于耐用消费品和投资品，其核心竞争力是在研发和生产环节，提升价值链的关键是加强研发投入，在关键零部件取得突破。

4. 优化资源要素结构

针对当前我国劳动力供给日趋紧张，劳动力成本日益上升的问题，要推动资源要素结构优化。一是要加大技术创新要素投入和结构优化。政府财政要进一步扩大研发支出预算，继续加大研发的投入力度，不断提高研发投入占 GDP 比重，要把资金投入用在关键性领域。要鼓励企业加大研发的投入，构建以企业为中心的技术创新体系，发挥本土企业在整合全社会创新资源中的主导作用。要加强对技术引进和消化吸收再创新的管理，避免盲目重复引进。二是不断提高劳动者素质，改善劳动力结构。随着现代制造业对知识和技术的要求越来越高，对使用复杂生产资料的劳动力的专业技能的要求也越来越高，教育作为最重要的"无形资本"，在未来经济增长的推动和制约作用将更加突出。通过提高人力资源的技术含量，增加人力资本积累，加速生产要素之间的替代，促使中国经济增长方式由粗放型转为集约型，促进劳动密集型产业过渡为技术密集型产业。综合考虑劳动力的数量和质量，大量低素质劳动力加上少数高素质劳动力构成了我国严重不合理的劳动力结构，我国仍然是一个高技能劳动力资源相当贫乏的国家。要在继续加大农村义务教育发展基础上，继续加大对高等教育、职业教育的投入，增加熟练劳动力的数量和质量。加大对农村剩余劳动力和下岗职工、转业职工的职业培训。着眼于关键环节，增强对研发、设计、营销、供应链管理、金融服务、咨询等专业人才培育，重视对企业家的现代素质的培育。

5. 化解产能过剩

不同类型的行业，产能过剩问题产生的原因存在一定的差别，需要从供给和需求两个方面进行分类治理。对部分新兴产业的过剩问题通过采取完善消费环境等方式来扩大需求以缓解过剩问题。如，部分战略性新兴产业的消费难以扩大，主要是专用的基础设施和服务体系不完善，需要政府在相关领域加大投资力度，或者鼓励各类资本进入相关领域来完善消费环境。对于大多数传统产业的产能过剩问题治理，则主要从供给角度加快推进"去产能化"来缓解。要加快传统制造业"走出去"，鼓励投融资系统加大对企业海外投资的信贷支持力度。进一步鼓励企业并购重组，尤其是跨区域的重组，在税收、信贷等方面制定优惠政策，使得相关产业在并购重组中淘汰落后产能，减少过剩产能。借鉴发达国家做法，尽快建立落后产能退出的补偿机制及其实施细则，建立激励机制淘汰落后生产能力，完善落后产能的退出机制。加快完善政府考核机制，把反映能源资源消耗、环境影响程度、社会全面发展情况的指标纳入地方政府政绩考核评价指标体系；将淘汰落后产能目标完成情况和措施落实情况纳入政府绩效管理。加强信息预警制度建设，加大产业信息发布的频率和范围。定期公布产品的市场供求信息、各产业的单位生产成本、各类资源价格差异以及相关的政策等信息，来引导和调节市场供求。披露行业的经济技术指标以及采用新技术、新工艺的情况，来促使产能过剩行业加快采用先进的技术工艺以淘汰落后产能。

6. 推进节能减排和绿色低碳发展

我国工业领域是节能减排和绿色发展的重点领域。加大工业投资项目节能评估和审查力度，提高新上项目的能效水平，坚决遏制高耗能行业能耗过快增长势头。推动行业能效对标达标，完善行业能效对比信息平台和对标指标体系，修订一批重点用能产品的能耗限额标准，定期发布主要产品能耗相关数据、节能减排和资源综合利用技术、最佳节能实践等，引导企业提高能效水平。实现节能新技术、先进工艺及高效节能产品研发的重点突破，积极推动传统产业低碳技术改造。以钢铁、有色、建材、化工、造纸等行业为重点，大力推进清洁生产和绿色制造。加强电子信息产品、汽车产品等污染控制，探索推进产品生态设计。推广无害、低害、废弃物回收处理的新工艺、新技术，提高资源利用和再利用效率。按照"减量化、再使用、再循环"的原则，以产业链为纽带，从企业、园区、基地三个层次，发展循环经济。强化排污总量控制，发展排污权交易市场。大力发展环保产业，加强环保技术的研发、推广和应用，开发绿色技术和绿色产品替代对环境有害的产品。

7. 提升战略性新兴产业的核心竞争力

一是强化关键核心技术、共性技术和前沿技术的突破。发挥国家科技重大专项核心引领作用，围绕经济社会发展重大需求，集中力量突破一批支撑战略性新兴产业发展的关键核心技术、共性技术和前沿技术。二是建设制造业创新网络。借鉴美国和德国等发达国家支持高技术产业发展的做法，通过政策支持、资金引导等措施，促使科技界和经济界联合，引导双方建立良性合作机制和利益分配机制，引导社会资金和企业资金的可持续投入，加强以企业为创新主体的网络内部产学研合作。三是强化新技术、新产品、新工艺等产业标准体系建设，提升产业的行业地位和话语权。鼓励一些研发能力强、技术含量高的企业，积极参与相关行业的国际标准的制定工作，率先掌握产业相关标准的制定权，掌握市场竞争的主动权，从而保障企业获得最大的利益空间和生存空间。完善标准体系和市场准入制度，加快建立有利于战略性新兴产业发展的行业标准和重要产品技术标准体系。四是鼓励国际合作，充分利用全球创新资源。从全球角度选择研发领域，谋划项目建设，配置产业要素，加强与国际领先者的合作，最终提高国际竞争力。鼓励境外企业和科研机构在我国设立研发机构，支持外资企业与内资企业、大学、科研院所合作申请国家科研项目，共同研制相关产品标准，最终形成国际标准。支持我国企业和研发机构开展全球研发服务外包，积极利用全球科技成果和智力资源。鼓励我国企业、大学和科研院所在境外设立研发机构或科技产业园区，拓宽技术来源，在国外申请专利，参与国际标准的研制。

（二）大力推进农业现代化

加快转变农业发展方式，稳步推进农业结构调整，大幅改善农业科技和物质装备条件，加快培育新型农业经营主体，完善农产品价格形成和调控机制，不断提高粮食等重要农产品综合生产能力，提升农产品质量安全水平和国际竞争力，促进农业规模化、集约化、低碳化发展。

1. 提升粮食等重要农产品竞争力

保障国家粮食安全和大宗农产品供求平衡事关国家长治久安，能够生产出具有成本竞争力的粮棉油糖等重要农产品是核心。为此，政府应继续优先支持发展粮棉油糖、生猪、牛羊肉和牛奶等关系国计民生的重要农产品。围绕重要农产品成本上升的关键领域，采取制度创新、技术创新、组织优化等方式，开展节本增效行动。坚持立足国内、确保产能、适度进口、科技支撑的国家粮食安全战略，基本稳定粮食播种面积，适当调整粮食产区布局，提高粮食质量安全水平，确保谷物基本自给、口粮绝对安全。加强粮食主产区和后备产区生产能力建设，深化与周边东南亚国家稻谷生产与加工合作。加强农产品优势产区和优势产业带建设，巩固棉花、油料、糖料等工业原料作物生产。

2. 改善农业科技和物质装备条件

提高农业科技水平是提高生产率、节约成本最直接有效的不竭源泉，改善农业基础设施是降低农业生产者外部成本的战略举措，山地丘陵农业机械化推进迟缓是农业综合生产能力提升的瓶颈，财政投入不足、方式不当是制约农业科技和物质装备水平提升的重要障碍。为此，应采取"生产者申请、财政支持、委托研发"等多种方式，引导和支持农业生产者和科研机构联合研发，加快建设以农业物联网和精准装备为重点的农业全程信息化和机械化技术体系，重点推进山地丘陵农业机械化。加强高标准农田、畜禽规模化养殖场（小区）和标准化池塘建设。加快提高财政支农比例，创新财政投入方式，重点投入农业科技和物质装备领域。

3. 加快培育新型农业经营主体

新型经营主体是提高生产率、节约成本、解决未来"谁来种地"的主导力量，农地流转难且不稳定、地租持续上升是阻碍新型农业经营主体的拦路虎。为此，应鼓励和支持社会资本发展农业生产，大力培育专业大户、家庭农场、专业合作社和龙头企业，提高农业资本积累能力。建立中央财政对新型经营主体种粮直补机制，农田水利、仓储烘干等基础设施建设项目及储备粮采购等政府涉农项目向新型粮食生产经营主体倾斜。支持农民一次性永久转让土地承包权给新型职业农民，奖补种粮新型经营主体长期流转土地的地租。鼓励涉农政策性银行为新型经营主体集中连片规模化的土地承包经营权长期流转提供低息贷款支持。

4. 提高农产品质量安全水平

农产品质量安全是转变农业发展方式，推进农业现代化的关键环节。要净化农产品产地环境，划定食用农产品生产禁止区域，建立农产品产地环境监测网络，推进农产品基地建设无害化、标准化、质量控制制度化、产品经营品牌化。加快重金属污染严重产区从食品作物向非食品作物种植调整，重点支持发展绿色、有机农产品。加强农产品质量安全监管装备标准化建设，培养提升一批专业性、综合性实验室。健全农业标准体系，完善农产品质量安全风险评估、产地准出、市场准入、质量追溯、退市销毁等监管制度，重点创造条件支持消费者和行业协会等社会组织监督农产品质量安全，健全检验检测体系，强化农产品质量全过程、全产业链监管。建立重点农产品供应基地溯源系统。在大型农产品批发市场、商场、超市、互联网公共服务平台等，健全重要农产品信息查询验证系统。

5. 完善重要农产品价格机制

目前我国粮棉油糖生猪等重要农产品实行最低收购价和临时收储相结合的价格支持政策，在成本不断上升、国内价格持续高于国际价格的条件下，国外农产品不断涌入国内市场，国家收储粮棉等重要农产品数量急剧上升，财政负担猛增，高价原料冲击农产品加工业，企业经营困难，现行价格支持政策难以为继，国家已围绕棉花、大豆探索建立目标价格制度。要按照市场定价、价补分离的原则，采取差价直补和定量收储相结合的方式，进一步完善棉花和大豆目标价格制度，逐步将目标价格制度扩大到稻谷、小麦、玉米、甘蔗等重要农产品领域，提高农民务农收益。扩大粮食、生猪等农产品目标价格保险范围，稳定生产者收入。

（三）促进服务业大发展

抓住国际服务业加快转移的历史机遇，以推进服务业新兴化为重点，加快市场化改革步伐，放宽准入，打破垄断，创新业态，突破薄弱环节，围绕服务实体经济，着力发展生产性服务，围绕满足人民群众多层次多样化需求，快速发展消费性服务，提升服务业知识化、信息化和便利化水平，促进服务业大发展。

1. 进一步推进市场化改革和放宽准入，创新服务业新业态

当前我国服务业许多领域还存在准入限制，民间资本和外资进入还存在许多障碍，造成资本进入不足和产业竞争不足，影响产业发展壮大和后劲，

需要进一步加快改革创新步伐，放宽准入，减少前置审批和资质认定项目，鼓励社会资本参与发展服务业。以金融、教育、文化、医疗、育幼养老、建筑设计、会计、审计、商贸物流、电子商务等领域为重点，鼓励社会资本依法依规以多种形式投资，有序放开外资进入限制，引导国际资本和先进技术投向金融服务、信息服务和专业服务等重点领域。加大社会化服务领域改革力度，重点将教育、医疗、文化、科技等领域营利性服务与公共服务分离开来，大力发展公共服务产业。加快推进社会办医疗、文化、科技、教育机构在专科建设、职称评定、等级评审、技术准入等方面采取同等对待的政策（医疗机构还要在社保定点方面采取同等对待政策），使社会力量成为公共服务产业的重要力量。深入开展国家服务业综合改革试点，鼓励各地结合实际开展服务业综合改革试点，尽快突破制约服务业发展的制度性障碍。顺应全球化、互联网和新技术潮流，疏通阻碍新业态发展的不利因素，积极引导新业态发展，重塑传统产业的商业模式边界。引导企业依托制造优势发展服务业，向服务提供商转型。引导企业利用互联网（含移动互联网）和信息技术，突破时空界限，大力发展境内外电子商务，鼓励企业为适应电子商务和消费新风尚，对产品设计、品牌推广、营销方式、渠道物流、支付结算、售后服务等环节进行革新，发挥实体店展示、体验功能，以新型业态促进互联网线下的生产与销售。

2. 围绕服务实体经济，着力发展生产性服务

当前我国生产性服务业发展相对滞后，一定程度制约我国制造业转型升级。要更多依靠市场机制和创新驱动，重点发展生产性服务领域的薄弱环节，提升国民经济整体素质和竞争力。一是加强新材料、新产品、新工艺研发应用，鼓励设立工业设计企业和服务中心，发展研发设计交易市场。二是建设物流公共信息平台和货物配载中心，加快标准化设施应用。三是推动商业模式创新，推动云计算、互联网金融、合同能源管理等发展。四是推广制造施工设备、运输工具、生产线等融资租赁，创新抵押质押、发行债券等金融服务。五是发展会计审计、战略规划、营销策划、知识产权等咨询服务。六是鼓励服务外包，加快发展第三方检验检测认证服务，支持建立检测、检验、信息发布与处理等公共服务平台。

3. 围绕满足人民群众多层次多样化需求，快速发展生活性服务

面向全面建成小康社会的需要，围绕满足人民群众多层次、多样化生活服务需求，大力发展生活性服务业，不断提升服务供给水平，完善服务标准，积极培育消费热点，为改善民生和加快生活方式转变提供强劲支撑。一是大力推进健康、养老、信息消费、文化、旅游服务业发展，鼓励各地培育形成各具特色的生活性服务大型骨干企业和著名品牌。二是推动商贸业优化升级。大力发展电商业及物流配送业，加强电商的监管，保证电商购物的质量和售后服务，加快商业模式创新。三是大力优化住宿业结构和布局。大力支持大众化产品开发，鼓励发展二三线城市的住宿业，更好地满足居民不同层次需求，积极发展经济型酒店、民俗酒店、农家乐、家庭旅馆等。加强节能环保，倡导绿色消费，创建绿色饭店。推动住宿业连锁化经营。培育自主品牌，延伸产业链，积极推进住宿业与文化、体育、旅游、会展等相关产业融合。四是提高生活性服务业的供给质量。根据发展需求，建立国家标准、行业标准、地方标准体系，对暂不具备标准化的服务产品，推行服务承诺、服务公约和服务规范等制度。根据便民消费、便利生活服务体系的诉求，在完善生活服务业相关的法律法规标准的同时，增强法规的约束力，提高企业诚信经营、依法依规的意识。

4. 提升服务业知识化、信息化和便利化水平

知识化、信息化是现代服务业发展的重要标志，便利化是服务业发展的基本要义。从满足人们消费需求、生产需求和加快服务业优化升级的角度出发，需要不断提升服务业知识化、信息化和便利化水平。一是提升服务业知识和技术水平。加快提高物流、软件、金融等现代服务业的技术水平，更好地提高服务效率和适应全球化的需要；运用现代经营方式和信息技术改造提升传统商贸、交通运输等传统服务业，不断提高传统服务业的技术水平；大力推进旅游、教育、文化、体育、房地产、社区服务等生活服务业的科技进步；积极发展信息、科技、中介等技术和知识密集型服务业。二是推进服务业便利化、信息化发展。服务业信息化能够带来服务的便利化。既要推动传统商贸业布点合理，又要推动文化、教育、医疗等公共服务资源向有条件的中小城市转移。通过信息化进行远程服务，缓解公共资源分布不均衡问题。三是推动生产性服务业的信息化平台建设。要大力推进云计算示范应用，建立适应各行业特点的专业信息化系统和平台，为相关产业优化升级提供支撑。

四、推进产业体系现代化建设的对策

（一）加快政府职能转变，完善外部环境

1. 完善政府审批制度

加快建立纵横联动的部门协同管理机制，加强发展规划、发展战略、产业政策、总量控制目标、行业准入等相关标准的制度和实施管理，建立健全行政审批事项的清单制度，严格依法设定和实施审批事项，创新行政审批服务方式，加强对行政审批权力运行的监督制约。

2. 完善政府绩效考核机制

建立健全科学合理的干部考核制度，改变地方官员的考核指标。更加注重有利于推进经济转型升级，有利于增进百姓福利和幸福感的指标纳入各级政府政绩考核范畴。要增加社会管理、公共服务、环境保护等在考核指标的比重，降低经济发展所占的权重。

（二）深入推进改革，发挥市场决定性作用

1. 促进垄断性行业的改革开放

加快银行、保险、铁路、民航、邮政、电信等垄断性领域的改革开放步伐。积极探索"负面清单"管理模式，按照"非禁即人"原则，支持非公有资本参股国有资本投资项目，允许国有资本投资民营领域。支持民营企业通过兼并、收购、联合等方式，参与国有企业改制重组。

2. 形成创新发展的市场结构

一是根据各产业及市场的特点，形成大、中、小型企业分工合作的组织结构。对于钢铁、石化、汽车、船舶等规模经济效益显著的行业，推进跨地区兼并重组，促进规模化、提高产业集中度。对于新能源、电子信息、生物医药等新兴产业，重点推进大中小企业在研发、生产、市场和人才培养上建立战略联盟，形成合力。培育和壮大一批具有总体设计、成套能力和系统服务功能的大型企业集团。二是改善中小企业发展环境。大力发展中小金融机

构，打造面向中小企业的技术创新和服务平台，引导、培育围绕集群主导产品的专业化市场，促成一大批专业分工明确、特色突出、技术能力和配套能力强的中小企业发展壮大。三是强化行业协会的协调能力和企业自律，规范市场行为，阻止恶性竞争。促进各种中介组织的发展，在协调市场行为、组织反倾销、反补贴以及应诉等行动中，充分发挥中介组织的特殊作用。

3. 健全农村土地承包制度

参照城市建设用地使用权 70 年规定，明确"长久不变"的土地承包期为 70 年，承包期届满后自动延长，实行"长久不变"与土地确权登记颁证挂钩，满足条件的流转土地核发土地经营权证。引导和规范工商资本流转土地，建立健全土地流转风险防范机制。扎实开展土地承包经营权抵押、担保，防范潜在风险。探索建立土地承包经营权市场化退出和集体经济组织回购等机制。

（三）定向引导，完善产业政策

1. 大力支持突破关键薄弱环节和促进新兴产业发展

一是通过财政、税收和金融支持等手段，直接推动关键薄弱环节取得突破和促进新兴产业发展。尽快将"营改增"试点扩大到服务业全领域。继续落实好企业研发费用加紧扣除，将研发、设计、创意等技术服务企业认定为高新技术企业，享受相应的高新技术企业优惠政策。二是加快推进多层次资本市场建设，充分发挥新设立的创业板的作用，支持高新技术企业的风险融资。三是以骨干企业为依托建设关键核心技术研发和系统集成的工程化平台，支持建立以企业为主导、产学研有效合作的产业创新联盟，加强公共技术服务平台建设。四是培育新兴产业的市场需求。组织实施全民健康、绿色发展、智能制造、材料换代、信息惠民、新能源等重大应用示范工程，引导消费模式转变，培育市场。实施自主创新产品购买补贴和政府采购制度，扩大自主创新产品的市场空间，鼓励自主创新。五是制定标准引导产业技术创新方向。政府通过制定能耗、安全、环保、自主知识产权、质量标准、国产化率等标准，建立市场准入门槛，统一市场准入，公平支持各种不同的技术路线，由市场选择新兴产业的技术方向。六是建立完善服务业创新体系、标准体系、知识产权服务体系。

2. 调整农业发展政策

加快提高财政支农比例，创新财政投入方式，优化财政支农结构。规范涉农部门支持农业发展的职能和方式，全面推进财政预算编制环节整合各级涉农资金，规范引导类、应急类农业专项资金。健全农业金融政策体系，充分调动大型金融机构支农积极性，扩大小微金融机构覆盖面，支持农民互助金融组织发展，提高农业金融政策执行力。借鉴美国联邦土地储备银行制度，研究涉农政策性银行增加土地银行职能。加大涉农金融产品开发扶持力度，支持互联网金融为代表的新型金融业态参与现代农业建设。

3. 完善化解产能过剩政策

一是通过政府、专家、企业多方研讨，科学选择产能过剩行业。二是分类治理，不同类型的过剩产能行业制定相应的化解之策。对于传统产业的产能过剩问题治理，要制定和完善适当技术、能耗、环保标准，进一步提高行业准入门槛。要修订完善《产业结构调整指导目录》，完善"组合政策"，突出差别电价、能源消耗总量限制、问责制、新老产能挂钩等对企业投资和生产的约束作用，抑制产能过剩行业盲目扩张。三是建立过剩产能正常退出援助机制：设立产业调整援助基金，援助企业的退出和产业转型。通过特别折旧、贷款贴息甚至是资金补偿（政府购买淘汰产能），加快过剩产能退出。实施再就业培训支持和再就业补助等特别政策。制定和完善资源枯竭地区转型发展的一揽子政策。

4. 完善绿色低碳发展政策

采取适宜的政府投资、税收、政府采购和财政贴息等财税政策，推进节能减排，压缩高耗能、高污染产业，提高能源和资源利用效率，鼓励发展绿色低碳产业。

（四）完善人才政策

鼓励大学、科研机构与企业联合建立高级技术人才培养基地，促进科研机构与高等院校联合在创新人才培养方面的合作以实现教育资源共享，造就一批具备国际战略眼光、市场开拓创新能力、现代经营管理水平的企业家，形成一批掌握国际前沿核心技术，具有较强创新能力的尖端人才。改革人才激励制度和评价制度，形成产业内公平、开放、流动、人尽其才的灵活用人机制，营造有利于创新创业人才脱颖而出和充分展示才能的制度环境。

参考文献

1. 王云平，蓝海涛等 . 加快推进产业新体系建设 . 经济研究参考，2016（28）.

2. 陈佳贵，黄群慧 . 中国工业化与工业现代化问题研究 . 第 61 页 . 经济管理出版社，2009.

3. 涂颖清 . 全球价值链下我国制造业升级研究 . 复旦大学博士学位论文，2010.

4. 国家发展改革委产业经济与技术经济研究所著 . 中国产业发展报告（2022）. 经济科学出版社，2022.

5. 韩鑫，丁怡婷 . 加快建设现代化产业体系 . 人民日报，2023-01-06 .

6. 杨丹辉 . 未来产业发展与政策体系构建 . 经济纵横，2022（11）.

7. 唐晓华，李静雯 . 中国制造业现代产业体系的测度及时空演变特征研究 . 西南民族大学学报（人文社会科学版），2022（11）.

第二章　全面推进产业高质量发展 [1]

党的十八大以来，特别是"十三五"时期以来，我国产业高质量发展取得较好成绩，但也存在许多不足。要把握未来一段时期影响我国产业高质量发展的国内外环境，以及可能面临的风险，提出有针对性的推动产业高质量发展的思路和对策。

一、产业高质量发展的内涵界定与我国态势评判

（一）内涵界定

随着中国特色社会主义进入新时代，"我国经济已由高速增长阶段转向高质量发展阶段" [2]，高质量发展问题成为研究的热点。目前学术界对"高质量发展"的内涵日益清晰，宁吉喆（2018）认为，"高质量发展"是创新、协调、绿色、开放、共享的发展；林兆木（2018）进一步认为，"高质量发展"是"能够更好满足人民日益增长的美好生活需要的发展，是体现创新、协调、绿色、开放、共享发展理念的发展，也应是生产要素投入少、资源配置效率高、资源环境成本低、经济社会效益好的发展"。逄锦聚（2018）、杨瑞龙（2018）、刘志彪（2018）、张军扩等（2019）等也从"创新、协调、绿色、开放、共享"等5个方面对"高质量发展"内涵进行了阐述。

---

[1] 盛朝迅、任继球、王海成参与了本章撰写。

[2] 习近平：《决胜全面建成小康社会 夺取新时代中国特色社会主义伟大胜利——在中国共产党第十九次全国代表大会上的报告》，人民出版社 2017 年版，第 30 页。

产业是经济的核心，产业发展和经济发展有其共同点，也有其自身基本特性。基于"经济高质量发展"内涵，本报告对"产业高质量发展"内涵界定为：产业高质量发展是指一个国家（或地区）产业体系向高水平演进的发展过程，产业结构持续优化、创新驱动下生产要素配置高效、生产方式转向绿色可持续、区域分工日益协调、国际分工趋向高端（产出品质持续提高）的发展。

（二）评价标准

判断一个国家或地区的产业发展质量水平高低，首先需要明确三个基本认识：（1）产业高质量发展是一个历史性的、动态的概念，高质量发展水平的判断标准随着时代不同而不同，20世纪二三十年代产业的高质量发展标准显然不适用于评价21世纪产业高质量发展水平；（2）产业高质量发展是一个世界性概念，高质量发展的标准在同一时代、在世界范围内是统一的，无论是发展中国家还是发达国家，高质量发展的标准应该一致；（3）产业高质量发展是多维度概念，而非单一维度概念，高质量发展自然与经济增长、绿色发展、可持续发展、结构优化等单一维度概念有关，但内涵更为丰富。

基于上述三个方面认识[1]，从"产业高质量发展"内涵出发，结合发达国家产业发展经验教训，建立一个国家或地区产业高质量发展水平评价标准：

一是结构优化标准。一个国家或地区的产业结构是否实现高度化和合理化，是衡量产业高质量发展的基础性标准。（1）产业结构高度化。正如钱纳里所指出"发展就是经济结构的成功转变"[2]，产业发展水平高低表现为结构水平高低。依据经济先行国家工业化规律，产业结构高度化体现为：在工业化过程中，第一产业占GDP比重不断下降，第二产业比重不断上升，第三产业的比重也不断上升，并在第二产业上升到一定程度后第三产业上升速度大于第二产业；工业内部结构变化呈现阶段性变化，体现劳动密集型向资本

---

[1]根据上述三个方面的认识，决定了高质量发展水平的研究和判断不可能是完全严格和绝对科学的，因为我们实际上是在用相对静态的标准判断动态事物的发展水平、用国际比较的方法研究不具有完全可比性的各国的经济发展问题。

[2]钱纳里等:《工业化和经济增长的比较研究》，吴奇等译，上海三联书店、上海人民出版社，1995年，原版前言第1页。

密集型、进而向技术密集型产业逐步升级过程；服务业内部结构逐渐优化，现代生产性服务业占比不断提高。（2）产业结构合理化。产业结构合理化体现的是产业间的聚合质量，它一方面是产业之间协调程度的反映，另一方面还应当是资源有效利用程度的反映，是要素投入结构和产出结构耦合程度的一种衡量（干春晖等，2011）。

二是创新效率标准。 经济增长和产业发展的供给侧动力来自于生产要素（包括物质和劳动力）投入数量增加、生产要素配置效率（包括劳动力效率、劳动工具革新、科学技术和管理创新等）状况；创新则既可以视为一种新的生产要素，又可以看作是资源配置效率提升的内容。创新和效率提升是产业高质量发展的动力标准。需要从两个方面来评价产业高质量发展水平：一是生产要素在产业发展作用的变化情况，特别是创新的作用变化情况；二是要素配置效率变动情况。

三是绿色可持续标准。 党的十九大报告明确提出了"绿色发展"新理念，环境和资源是产业发展的"终极约束"，需要形成绿色生产体系，保证产业与环境协调发展，产业发展才能更好推进社会进步和改善人类福祉。为此，实现产业高质量发展必然要求产业发展与资源环境相协调。能否形成绿色生产方式，保证产业发展与环境协调发展，是一个国家或地区是否实现产业高质量发展的环境标志。

四是区域分工协调标准。 我国各区域间经济发展条件和产业基础差异较大。提升区域专业分工水平的意义在于，能够使各区域充分发挥资源、要素、区位等方面比较优势，进行产业专业化生产，避免区域产业同构化竞争问题，从而提升产业发展效率，提高各区域经济效益和国民经济总体效益。为此，产业发展的区域专业分工水平是产业高质量发展的区域协调性标准。

五是国际分工地位标准。 国际分工是国际贸易和各国（地区）经济联系的基础，国际分工地位一定程度反映一个国家或地区经济的国际地位。一个国家或地区产业发展，最终是为了能够成为发达国家，乃至成为世界强国，因此，国际分工地位提升是产业高质量发展的内在要求。当前国际分工形式从过去的产业间分工转向产业内分工，为此，国际分工地位的标准，主要考察产业价值链的国际分工地位是否不断提升，一批国际竞争力的企业、国际品牌和国际技术标准是否不断增加等内容。

（三）指标体系构建

1. 指标体系

在科学界定产业高质量发展概念基础上，结合中国产业实际发展情况和发展目标定位，本报告从结构优化、创新效率、绿色可持续、区域分工协调、国际分工地位 5 个一级指标刻画产业发展质量水平，每个一级指标包括不同数量的二级指标，共计 26 项（见表 2-1）。

表 2-1　产业高质量发展指标体系

一级指标	二级指标	方向
结构优化	产业结构合理化指数（干春晖等，2011）	正向
	第三产业增加值与第二产业增加值之比	正向
	高新技术企业工业增加值占规模以上工业增加值比重（%）	正向
	信息传输软件和信息技术服务业占第三产业比重（%）	正向
	租赁和商务服务业占第三产业比重（%）	正向
创新效率	规模以上工业企业有 R&D 活动企业所占比重（%）	正向
	R&D 经费支出占 GDP 比重（%）	正向
	国内外专利申请授权合计（件）	正向
	规模以上工业企业 R&D 经费支出与主营业务收入之比（%）	正向
	R&D 科技活动人员折合全时当量（万人年）	正向
	技术合同成交额（万元）	正向
	知识产权使用费支付（美元）	正向
	TFP（%）	正向
	劳动生产率（万元/人）	正向
绿色可持续	单位 GDP 能源消费量	逆向
	单位 GDP 二氧化碳排放量（千克/万元）	逆向
	单位 GDP 废水排放量（吨/万元）	逆向
	单位 GDP 化学需氧量（COD）排放量（千克/万元）	逆向
	单位 GDP 二氧化硫排放量（千克/万元）	逆向
区域分工协调	结构相似系数	逆向
	区域分工指数	正向
国际分工地位	世界 500 强企业数（家）	正向
	世界品牌 500 强企业数（家）	正向
	一般贸易占贸易比重（%）	正向
	高科技出口占制成品出口的比重（%）。	正向
	国家嵌入全球价值链的位置	正向

2. 数据来源与数据处理

产业高质量发展指数计算所采用的资料来自中国国家统计局、中经网数据库、世界银行数据库、BvD-EIU Countrydata 数据库、CEIC 数据库、EPS 数据库、WIND 数据库、联合国工业统计数据库、中国环境统计年鉴、中国能源统计年鉴、中国区域经济统计年鉴、历年中国对外直接投资统计公报。考虑到数据的可得性以及可比性，我们以 2004 年为基期剔除价格波动的影响，缺失数据使用插值法进行补充。

由于许多指标是通过测算而来，对重要指标的测算过程说明如下：

（1）产业结构合理化指数。借鉴干春晖（2011），使用泰尔指数进行衡量。计算公式如下：

$$TL = \sum_{i=1}^{N} (Y_i/Y) \ln \left(\frac{Y_i}{L_i} / \frac{Y}{L} \right)$$

其中，Y 表示产值，L 表示就业，i 表示产业，n 表示产业部门数。如果经济处于均衡状态下，也有 TL=0，泰尔指数不为 0，表明产业结构偏离了均衡状态，产业结构不合理。

（2）结构相似系数。结构相似系数由联合国工业发展组织国际工业研究中心提出，用来描述产业结构的相似性：

$$S_{ij} = \frac{\sum_{k=1}^{n} X_{ik} X_{jk}}{\sqrt{\sum_{k=1}^{n} X_{ik}^2 \sum_{k=1}^{n} X_{jk}^2}}$$

式中，S_{ij} 表示 i、j 两区域产业结构相似系数，X_{ik} 和 X_{jk} 分别表示 k 产业在 i 区域和 j 区域生产总值中所占比重，共有 n 个产业。$0 \leq S_{ij} \leq 1$，当 $S_{ij}=0$ 时，表示 i 区域和 j 区域的产业结构完全不同；相反，当 $S_{ij}=1$ 时，表明 i 区域和 j 区域的产业结构完全相同，即产业完全同构。联合国工业发展组织认为，当 $S_{ij} \geq 0.9$ 时，即表示 i、j 两区域产业具有同构性。

（3）区域分工指数。区域分工指数也称克鲁格曼指数，用来衡量区域间分工程度的高低和产业结构的差异，能从反面测度区域间产业的同构性，其计算公式为：

$$KI_{ij} = \sum_{k=1}^{n} |X_{ik} - X_{jk}|$$

KI 表示 i、j 两区域的区域分工指数，且 $0 \le KI_{ij} \le 2$，其余参数的含义与公式（2）相同。当 $KI_{ij}=0$ 时，说明区域 i 和 j 区域各产业的产值份额相等，即 i 区域与 j 区域的产业结构完全相同。反之，当 $KI_{ij}=2$ 时，则说明 i 区域与 j 区域的产业结构完全不同。KI 越小，说明两区域分工和产业专业化程度越低，从而区域间产业结构差异越小，即产业同构越严重。

（4）全球价值链位置。参照 Miller and Temurshoev（2017）以及 Antràs and Chor（2018）的方法，采用产出上游度（Output Upstreamness, OU）指数来衡量一国特定部门嵌入全球价值链的位置。在"等间距假设"下，即将任意相邻的两个生产阶段之间的距离设定为 1，则 i 国 m 部门的产出上游度指数可由式给出：

$$OU_m^i = 1 \cdot \frac{f_m^i}{x_m^i} + 2 \cdot \frac{\sum_{n,j} a_{mn}^{ij} f_n^j}{x_m^i} + 3 \cdot \frac{\sum_{n,j} \sum_{s,k} a_{mn}^{ij} a_{ns}^{jk} f_s^k}{x_m^i} + 4 \cdot \frac{\sum_{n,j} \sum_{s,k} \sum_{t,l} a_{mn}^{ij} a_{ns}^{jk} a_{st}^{kl} f_t^l}{x_m^i} + \cdots$$

式中的 OU_m^i 测度了 i 国 m 部门与最终消费者的"距离"，衡量了该部门在全球价值链中的嵌入位置。该指标的值越大，则该部门嵌入全球价值链的位置越靠近上游，与最终消费者的距离越远；反之，该部门嵌入全球价值链的位置越接近下游，与最终消费者的距离越近。其中，i 国 m 部门的产出上游度指数值在以下情况下将较大，或者该部门中间产出占其总产出的比重高（换句话说，该部门最终产出占其总产出的比重低），或者该部门与其他类似部门之间存在复杂和强的中间品供给关系。进一步地，可以用矩阵表示为：

$$OU = \hat{X}^{-1}(F + 2AF + 3A^2F + \cdots) = \hat{X}^{-1}L^2F$$

根据该式，我们可以测度各国（地区）各部门的产出上游度指数，从而明确其全球价值链嵌入位置。

3. 评价方法

学术界常用的定量评价方法主要分为两类：一类是基于专家经验对各指标进行打分赋权的主观评价法，如层次分析法等，该方法的主观色彩较强；另一类是根据变量变动的特征来确定权重的客观评价法，包括因子分析法、主成分分析法、铺值法、逼近于理想解的排序法等。后一类分析方法容易因为降维而损失原始变量的经济含义，并且产业高质量发展水平是结构优化、创新效率、绿色可持续、区域分工协调、国际分工地位的有机统一，因此，我们借鉴联合国人类发展指数和经济脆弱度指数，采用简单而透明的均等权重法赋值，对五个维度各赋予 1/5 的权重，以凸显各项指标维度的同等重要性。相应地，各项二级指标采用均等权重法。采用该方法赋值具有一定主观性，但这里旨在强调产业高质量发展需要多方位均衡发展。

（四）我国产业高质量发展态势评判

改革开放以来，我国只用 30 年左右时间，就走完了发达国家经历近百年才进入的工业化后期（黄群慧，2015）。我国走的是典型的"压缩型工业化"道路，经济增长和产业发展高速扩张，具有明显的数量扩张型特征。近年来特别是"十三五"以来，我国进入经济高质量发展阶段，产业发展加快推动由数量型向质量型转变。

1. 总体判断：中国产业发展质量水平呈现快速提升态势，正在由数量型向质量型转变

在样本考察期内，中国的产业发展质量呈现出明显提升态势，但在不同阶段表现出差异性。"十一五"期间，产业高质量发展态势并不明显，平均分值为 0.2452，自 2006 至 2010 年甚至是略有下降，由 0.2885 变为 0.2483。从分项指标看，这一时期结构优化指数、绿色可持续指数明显低于综合指数，这与新世纪以来加入 WTO 后我国工业全球化进程开始加速，重化工业主导的工业化特征非常契合；特别是 2008 年国际金融危机全面爆发后，中国政府于与当年 11 月推出了进一步扩大内需和促进经济平稳较快增长的十项措施，计划到 2010 年底，新增中央投资 4 万亿元人民币的政策措施，使

得民营经济纷纷进入重化工业，在位企业也普遍加大了投资规模。尽管国家对重化工业过剩产能展开治理，但效果并不明显，出现了越治理产能过剩越严重局面，导致重化工业主导的工业化趋势日趋明显，而且与重化工业快速发展相匹配，单位 GDP 能耗消费量、排放量不断上升。"十二五"开始特别是十八大以来，产业发展呈现明显的高质量提升趋势，其中国际分工地位和创新效率对产业高质量发展的贡献最大。党的十八大以来，我国大力实施创新驱动发展战略，着力加强制造业创新体系建设，推动产业价值链向中高端水平迈进；与此同时，国际影响力稳步提升，根据联合国工业发展组织的数据，"十二五"时期，我国规模以上工业增加值年均实际增长 7.94%，而世界主要国家同比增速仅在 2%~4% 的区间徘徊，我国工业增长在世界主要经济体中仍位居前列，仍是推动全球经济持续增长的重要力量。"十三五"期间，产业高质量发展继续保持快速提升态势，供给侧结构性改革成效在 2015 年后开始显现，产业结构进一步优化、创新效率得到提升、绿色可持续能力进一步得到增强。

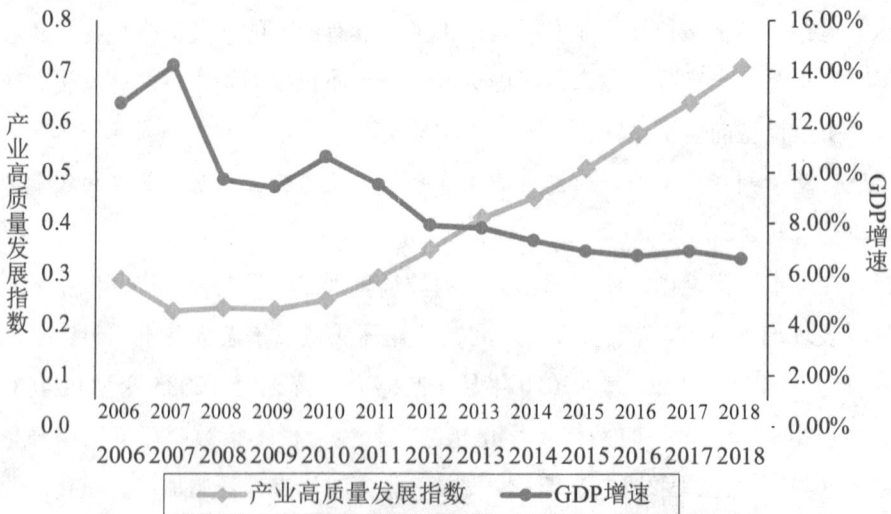

图 2-1　中国产业高质量发展指数变动趋势与 GDP 增速

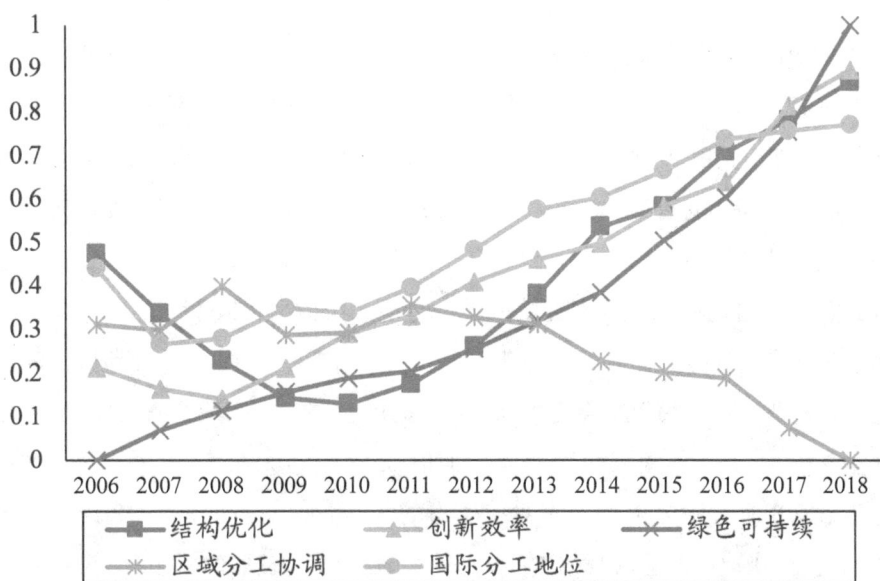

图 2-2　中国产业高质量发展分项指标变动态势

2. 分项指标看产业高质量发展态势

在样本考察期内，可以通过分项指标指数来分析反映不同阶段中国产业发展的质量差异：

表 2-2　各时期分项指标贡献度（单位：%）

时期	结构优化	创新效率	绿色可持续	区域分工协调	国际分工地位
十一五（2006—2010 年）	56.90	-107.96	-30.34	276.04	-94.64
十二五（2011—2015 年）	36.61	22.22	24.16	-7.47	24.48
十三五（2016—2018 年）	17.19	19.45	29.49	-12.46	6.32

——产业结构优化总体向好，但结构优化态势放慢，表现为：结构优化指数的贡献度不断下降，但始终为正，由"十一五"时期 56.90% 下降至

"十三五"时期 17.19%。

结构优化指数贡献度不断下降，和近年来我国工业特别是制造业比重下滑，出现"过度去工业化"有密切关系。2006—2018 年，我国第二产业增加值占 GDP 比重从 49.5% 下滑至 40.7%（其中，工业占比从 42.0% 下降至 33.9%），服务业占比从 46.1% 提升至 52.2%。中国尚未完全实现工业化就出现"去工业化"特征，是产业结构不合理的重要表现，其后果是大量资本进入到金融、房地产以及虚拟经济领域，造成经济效率下降和"泡沫化"。美、德、日等发达国家在工业化中后期和后工业化初期，这些国家制造业占 GDP 比重均高于 30%；随后，经过 7 至 30 年的产业调整，制造业占 GDP 比重才降至 25% 以下。我国人均制造业增加值 2018 年为 2862.25 美元 / 人，远远低于表 2-3 所显示的发达国家对应年份的水平，但制造业占 GDP 比重已由 2006 年 33.0% 下滑至 2018 年的 29.3%，跌破 30% 关口。

表 2-3　部分发达国家制造业占 GDP 比重变化节点（单位：美元 2010 年为基期）

国别	制造业占 GDP 比重首次低于 30%		制造业占 GDP 比重首次低于 25%	
	年份	人均制造业增加值	年份	人均制造业增加值
美国	1939	4800.91	1961	5033.90
德国	1989	4455.58	1996	5974.98
日本	1987	5260.44	1999	7466.09

数据来源：美国商务部、德国联邦统计局、日本内阁府。

——创新效率水平不断提升，表现为：创新效率的贡献度由负转正，由"十一五"时期的 -107.96% 上升至"十三五"时期的 20% 左右。

需要注意的是，总体上看，我国核心创新能力仍严重不足，要素配置效率亟待提高。以工业基础为代表的制造业核心技术仍然主要依赖国外，根据中国工程院《工业强基战略研究报告》分析，我国关键基础材料、核心基础零部件（元器件）、先进基础工艺、产业技术基础等对外依存度仍在 50% 以上，虽然新一代信息网络技术与产业创新应用机遇无限，但在大数据、云计算、人工智能技术与产业领域与发达国家差距明显，也面临可能被发达国家从云端掌控和信息网络安全受威胁等挑战（路甬祥，2017）。从资源配置效率看，仍有较大的改进空间。资金要素方面，金融服务对象以国有企业、大企业和政府性投融资为主，对小微企业、民营企业、三农领域等薄弱环节服务不足，多层次资本市场特别是股权融资市场仍不成熟；劳动力要素方面，由于养老、教育、医疗等基本公共服务不均等且不能随劳动力跨区转移，劳动力在城乡和区域之间流动的制度性交易成本仍然较高；在土地要素方面，我国目前还存在着农村土地要素未被充分盘活，城乡要素双向流动受阻等问题。

——绿色发展水平不断提升，表现为：绿色可持续的贡献度同样由负转正，由"十一五"时期的 -30.34% 上升至"十三五"时期的 29.49%。

需要指出的是，虽然近年来污染排放不断减少，但工业领域二氧化硫、氮氧化物和烟粉尘等主要污染物的排放量占比仍然高达 90%、70% 和 85% 左右。我国产业绿色发展方式尚未完全形成，基础制造工艺绿色化水平尚待提升，产品（零件）制造精度低，材料及能源消耗大。企业、行业和区域节能减排发展水平不均衡，中小企业工艺装备普遍落后，能耗、水耗、土地和矿产资源消耗相对较高，污染物排放量小面广。农业面源污染也在不断扩大，污染程度从轻到重，污染源从单一到多元，在一定时段内则呈现出线性增长态势（丘雯文等，2018）。

——区域协调分工进一步同质化，表现为：区域分工协调的贡献度由"十一五"时期的 276.04% 下降至"十三五"时期 -12.46%。

目前我国区域产业结构趋同，产业空间分布扭曲加剧[1]。主要原因在于三个方面：一是行政区经济致使区域间存在的行政和市场壁垒广泛存在，制约区域产业分工深化；二是地方发展重点产业，往往优先发展国家选择和确立的重要产业或者是模仿发达国家或地区发展成熟的产业类型，没有发挥区域要素禀赋比较优势，在一定程度上造成重复投资、产业结构趋同；三是区域

---

[1]区域经济发展实践表明，区域资源禀赋、区域经济发展水平与发展阶段趋同有利于实现区域资源优势互补，有利于深化区域产业分工和形成区域性市场，由此产生的区域产业结构趋同一般不会对区域经济增长带来太大影响。

经济合作机制不健全。这种由于市场体制机制不完善等制度性因素所产生的区域产业结构趋同，对区域经济增长将是一种消极影响，甚至造成"结构趋同—恶性竞争—资源耗散—产业空间分布扭曲—经济增长滞后"的一种恶性循环状况（李桢，2012）。

——国际分工地位不断提升，指数表明十一五、十二五、十三五时期贡献度分别为-94.64%、24.48%、6.32%，但这也意味着我国产业处于全球价值链分工中低端地位仍然没有发生根本性变化。

我国严重依赖发达国家的市场订单、生产工艺技术和质量标准，从发达国家进口机器设备和关键零部件，完成贴牌生产后，再返销美国等发达国家市场，中国代工企业在全球价值链中的"被俘获"和"打工仔"地位，被发达国家跨国公司价值链"低端锁定"。对于中国而言，"被俘获"在全球价值链底部的全球分工与发展模式长期来看难以为继。2010年以来，随着要素成本上升、人民币升值、环境约束收紧等一系列因素综合影响，中国很多代工企业面临着外包订单下降压力，又需要面对着成本、价格的多重挤压。在中短期，中国企业无法通过提价或提高生产率的方式，来消化这些压力，由此导致很多企业经营惨淡甚至大面积破产倒闭。从地区发展差异看，融入"被俘获"的全球价值链，弱化了中国经济发展的主动性，国内产业关联体系出现了断裂和循环不畅，沿海和内陆间经济带发展差距日益扩大（刘志彪，2018）。

二、未来一段时期我国产业高质量发展的外部环境和影响因素：机遇与挑战并存

（一）机遇

1.新一轮科技革命和产业变革深入推进，创新驱动我国产业高质量发展有更多支撑

近年来，以5G、人工智能、云计算、大数据、新能源、新能源汽车、数字经济、共享经济等为主导的新一轮科技革命和产业变革深入推进，"十四五"时期世界将进入科技革命和产业变革的拓展期，这为我国创新驱动产业高质量发展提供良好机遇：

——大数据、云计算、物联网、移动互联网、人工智能等新一代信息技术快速突破和广泛应用，数据正在成为重要的生产要素，有助于大力推动智能制造、创新设计等新的制造模式以及服务外包、电子商务、移动支付等新的商业模式快速发展。

——基因组学、再生医学和合成生物学技术正以比"摩尔定律"更快的速度发展，生物技术加速进入产业化阶段；生物技术向农业生产、工业制造、医疗健康等领域广泛渗透，正引发产业发展深刻变革。

——新能源和节能环保技术经济性不断提高，产业化前景看好。国际上太阳能电池转化效率大幅提高，2018年已达到26.3%（我国太阳能电池转化效率也高达25%），比10年前提高超过10个百分点，成本却从1990年的每瓦8美元降到2018年的10美分以下，我国中西部地区部分光伏发电上网电价不足每千瓦时0.2元，新能源、新能源汽车和节能环保产业快速发展，低碳经济成为绿色复苏和经济增长的重大引擎。

——工业互联网作为新一代信息技术与制造业深度融合的产物，日益成为新工业革命的关键支撑和深化"互联网＋先进制造业"的重要基石，正驱动工业经济由数字化向网络化、智能化深度拓展。

——我国产业各领域各环节的技术突破进一步加快，部分领域取得重大创新成果，高速动车、5G、人工智能、生物医药、量子通信、北斗导航等产业有可能在"十四五"时期成为我国产业高质量发展的新增长点。

2. "一带一路"建设深入推进为产业高质量发展提供国际合作空间

未来一段时期特别是"十四五"时期是"一带一路"建设深入推进期，我国将继续完善各项机制，加快推动国际产能合作，提升产业高质量发展国际空间。对外投资方面，通过对新兴与发展中国家直接投资，打破资源短缺限制、缓解国内资源紧缺问题，为产业高质量发展提供持续稳定的资源供给。国际产能合作方面，通过中国—发展中国家模式推动我国产品、技术"走出去"，有效结合发展中国家土地、劳动力、能源资源和市场需求等优势与我国强大的优质、高效、绿色产能优势，不断扩大利益汇合点；通过中国—发达国家模式则有助于我国获得技术、市场等战略资源，实现从价值链中低端到中高端的跨越。深化贸易投资便利化方面，加强对"一带一路"

国家出口贸易，发挥贸易结构先导效应、贸易自由化竞争效应、市场规模扩张效应，促进国内产业结构高度化、行业生产率提高和企业技术创新（黄剑辉等，2019）。我国还将继续加快推动与周边地区及"一带一路"沿线国家自贸区建设。另外，国内各区域在加快"一带一路"建设中，整合本地区优势，加强改造，增强自主发展能力，优化产业结构和产业转型发展，以点带面，促进我国产业高质量发展。

（二）挑战

1. 世界经贸格局加快重构，推进产业高质量发展面临冲击

近年来，世界处于百年未有之大变局，世界经济出现"去全球化"趋势，美国采取各种措施加速推动全球产业链重构，并试图重建新的区域贸易协定强化其在全球供应链中的主导地位，特别是针对中国产业发展制造贸易摩擦，迫使在华高端制造业回流欧美、中低端制造业加速外迁；目前来看，部分跨国企业订单外转加强，企业开始考虑产能外迁，加上国内要素成本快速上升、环保约束强化、快速老龄化等因素影响，传统优势领域部分企业加速向外转移现象日益明显，对我国产业链完整性和供应链安全性产生了一定的影响；更为严重的是，发达国家对我国芯片和集成电路、高端装备等"卡脖子"技术的封锁力度加大，我国依靠外部力量推进创新将更为困难，如果"卡脖子"技术不能得到攻克，我国产业链完整性和供应链安全性将真正得到威胁。

2. 经济发展阶段进入转换期，产业高质量发展面临新旧主导产业转换压力

根据我国经济发展各项指标判断，在 21 世纪 10 年代开始进入工业化后期，由重化工业快速发展带来的高要素投入、高投资率步入尾声，经济总体增速将呈现与发达国家一致的趋势性放缓变化。我国工业化进程面临从高速、低成本、出口导向、不平衡发展的"旧常态"向中速、基于创新差异化、内外需协调和区域平衡的发展"新常态"的转变，这个转变能否实现，事关我国能否顺利走完工业化后期阶段，最终实现工业化（黄群慧，2014）。各国历史经验也表明，工业化后期面临主导产业加快转换、潜在经济增长率下降，经济增速将会自然回落。根据我们预判，在不出现重大问题的情况

下，我国经济增速将保持在 6% 左右，将于 2025 年左右完成工业化，进入后工业化时期，"十四五"时期是我国能否顺利实现向后工业化期过渡的关键时段。在此时期，我国人口老龄化加速，到 2025 年，我国 60 岁以上老年人口将达到 3 亿人，占总人口的比重超过 20%，劳动力人口绝对减少，劳动力要素成本优势将加快丧失；资本拉动经济增长和产业发展的边际贡献日益减弱，反过来低效率投资所带来的低回报将阻碍资本高速增长；城镇化速度将明显下降，剔除受人为城乡地域划分变化影响，城镇化率提高不得不转向依靠城镇人口自然增长和普通高校农村籍新生增长（两项合计约每年 760 万人左右），年均增速将由 2010 以来年均超过 1.2 个百分点快速下降到 0.6 至 0.7 个百分点。在此背景下，工业化中期以来高速扩张并拉动我国经济快速发展的重化工业，如汽车、钢铁、机械、化工、建材等，在"十三五"时期增速已经放缓情况下，在"十四五"时期将继续放缓。为了实现经济和产业高质量发展，需要推动加快培育新兴主导产业，而当前人工智能、5G、物联网、高端装备、生物、新能源、新能源汽车、新材料等新兴产业体量规模偏小，还难以弥补传统主导产业下滑带来的缺口。传统主导产业升级和新兴主导产业加快培育对于产业高质量发展是一个重大挑战。

3. 体制改革进入深化期，产业高质量发展的体制机制面临加快创新压力

党的十八大以来，改革进入攻坚期和深水区，我国以发挥"市场在资源配置中起决定性作用"为主线，不断深化经济体制机制改革，为我国经济增长和产业发展起到了保驾护航作用。基于体制机制和经济发展的相适应性，我国现有经济体制机制仍是和产业数量扩张发展模式相匹配，不适应产业高质量发展模式需要，未来一段时期，在前期各项改革成果基础上，需要继续深化推进体制机制改革创新，才能为产业高质量发展提供有效保障。一方面，产业发展的体制机制"顽症"问题需要加快改革创新，特别是需要继续推进市场主体在市场竞争中的公平性问题，包括推动形成不同所有制主体市场竞争的平等地位，特别是加快推动形成国有企业在市场竞争中立的体制机制；形成大中小企业市场竞争平等、协同配合的体制机制。另一方面，产业高质量发展要求要加快探索建立产业绿色生态发展、创新驱动发展的体制机制；另外，在新的发展环境下，如何培育和有效发展新主导产业，需要进行

体制机制创新探索 [1]。

三、推进我国产业高质量发展需要迈过三道坎

（一）宏观经济波动下行坎

当前我国产业体系中仍然存在比重较大的低端、高耗能、高污染产业和房地产等传统支柱产业。推动产业高质量发展，要加快推动供给侧结构性改革，发展中高端、低能耗、绿色产业，培育发展一批新兴主导产业。"十四五"时期，长期累积形成的产能过剩问题、政府债务、金融市场波动等因素叠加交织，国际经贸环境日趋恶化，在此背景下推进产业高质量发展，将进一步导致宏观经济出现震荡下行，反过来又影响我国产业高质量发展深入推进，主要基于以下原因：

1. 传统主导产业增长乏力，新兴主导产业尚未培育壮大

政策干预特别是通过刺激内需方式试图延续传统主导产业的带动力，可能会使得传统主导产业如建材、房地产、机械装备、汽车等行业短期内继续得到较快增长，但新兴主导产业在短时期内难以培育壮大，而刺激需求缺乏可持续性，经济会陷入新一轮低迷。

2. 系统性经济危机爆发的风险

体现在两个方面：一是长期以来，产能过剩行业的企业盲目扩张而形成债务链，已经累积成为宏观经济发展的潜在危机，在国家宏观调控特别是供给侧改革政策推进下日益凸显，去产能、去杠杆等客观上对已经累积的潜在危机有触发作用，一旦某个企业、行业或地区发生问题，将可能蔓延成为系统性危机。二是近年来产业资本"脱实向虚"，热衷于回报率更高的房地产、金融等领域，房地产既关系到国计民生，又对宏观经济发展起到巨大推动作用，国家加大对房地产业的宏观调控力度，调控力度一旦把握不好，房地产繁荣的泡沫破灭，将可能引发一系列问题，爆发系统性经济危机，20 世纪 80 年代末期日本就是前车之鉴。

---

[1] "十三五"时期出现"共享经济"发展混乱，证明现有的产业发展体制机制不适应新产业、新业态、新商业模式发展。

（二）"产业发展动力转换"坎

我国进入工业化后期以来，产业发展动力加快转换：需求端看，消费需求结构升级、投资结构不断优化；供给端看，"人口红利"正在转向"人力资本红利"，创新驱动力不断增强，这为我国产业高质量发展提供了动力源泉。值得重视的是，"十四五"时期仍然是产业发展新旧动力转换的关键时期，产业高质量发展的动力源泉仍不稳定，产业动力转换存在停滞乃至倒退风险，基于以下两个方面原因：

1.需求侧传统动力的"路径依赖"强大

出口、消费、投资"三驾马车"是带动我国产业发展的需求侧动力，近年来，随着我国经济发展阶段和国际环境发生变化，出口和投资对我国经济增长和产业发展的带动力日益弱化，消费的作用日益凸显。消费和人们收入水平增长密切相关，"十四五"时期，宏观经济增速将继续趋缓，国民收入增长趋于缓慢，在宏观环境没有大的改善情况下，一旦出现影响经济发展的"黑天鹅"事件如房地产企业大面积倒闭崩盘、债务链断裂等，人们对未来信心更加不足，容易出现"延期消费甚至降级"问题[1]，导致消费对经济增长和产业发展的拉动边际效用下降。为了对冲消费减弱效应，需要更大发挥投资牵引作用。从近年来投资情况来看，受产业发展前景不明朗的影响，新兴产业和制造业等政府政策引导发展领域难以实现快速增长，房地产持续保持较快增速（参见表2-4、表2-5），也就是说，投资方向并没有和政府政策完全保持一致；政府投资主要在基础设施领域，特别是习惯依靠"铁公机"等重大基础设施领域投资来拉动经济增长，尽管投资需求拉动力已经衰减，投资对经济增长的边际拉动率已经大幅下降，当前宏观经济增速不断放缓，一旦退到增速"底线"，考虑到就业和社会稳定等因素，将不得不继续采取"放水"政策，重新回归强化传统领域投资的老路。

---

[1] "消费降级"问题被人们广泛关注，最早在20世纪80年代—90年代"日美贸易战"后。当时，日本一度繁荣的泡沫经济崩溃，日本进入"失去的二十年"，日本人消费观念又发生了变化，追求素简的生活方式，提倡共享经济，被人们称作"消费降级"，但对于"消费降级"的具体内涵没有明确说明。从现实来看，一个国家只要不断进步发展，消费需求结构升级是一种趋势。之所以提出"消费降级"，主要是基于消费对经济增长和产业发展的拉动作用减弱。基于此，可以把消费降级分为绝对降级和相对降级。绝对降级是指消费结构降级，消费增速负增长；相对降级则是指对消费品的品质追求降低，当期消费推迟，从数据上表现为消费品需求放缓。

表2-4　2010—2018年全社会固定资产投资领域分布

年份	制造业	建筑业	房地产业
2010	31.86	1.01	23.33
2011	32.98	1.08	26.22
2012	33.24	1.00	26.46
2013	33.10	0.82	26.62
2014	32.62	0.81	25.65
2015	32.09	0.88	23.89
2016	30.99	0.76	23.47
2017	30.21	0.60	22.80
2018	31.24	0.49	23.31

数据来源：根据《中国统计年鉴》（2018、2019）计算整理

表2-5　2019年1—8月全社会固定资产投资增长情况（单位：%）

指标	基础设施	社会领域	制造业	房地产开发
增长速度	4.2	13.8	2.6	10.5

数据来源：国家统计局网站整理

2. 创新驱动可持续能力不足

创新驱动是一个渐进式系统工程，创新要素培育提升是一个慢变量，其创新效率取决于复杂的创新生态系统运行效率。体现我国创新驱动发展的重要指标—制造业全要素生产率增速近年来仍然下滑，根据蔡昉（2016）计算，中国全要素生产率从1995年到2009年间每年3.9%下降到了2011年到2015年间每年3.1%；而且预判2016—2020年全要素生产率会下降到2.7%。"十四五"时期，我国创新驱动是否取得重大进展，主要来自于两个方面。一方面，拥有一个良好的产业创新生态。我国创新生态仍然存在诸多问题，其中最为关键的是，创新驱动产业发展的体制机制仍然不完善，造成

创新效率低下；我国利用国外创新资源进行开放式创新难度加大。[1] 另一方面，拥有众多的专业技术人才。目前我国产业升级面临的困境是，升级生产线容易，技术工人难寻[2]。当前我国人力资源素质普遍提高，但"工匠"仍然短缺，短时期内难以形成产业高质量发展的"人力资本"红利。[3] 按照目前我国产业转型升级趋势，到 2020 年，我国高级技工缺口高达 2200 万，其中，机器人产业缺口仅深圳市就达几万人，而且，作为培育专业技术人才的技校却面临招生难问题[4][5]。"十四五"时期，如果不能够采取有效措施，我国"工匠"缺口将进一步扩大，两方面因素叠加，影响我国产业创新驱动力可持续提升。

（三）"世界制造中心 2.0"坎

20 世纪末期，我国依靠强大的生产集聚而在国际产业分工中占据加工中心位置，依靠强大的市场需求而在全球供应链中占据中心地位，取代日本成为"世界制造中心"。这个"世界制造中心"严格意义还只是一个"世界加工厂"，存在"心脏"不够强大，核心技术缺失，关键环节缺位等问题。随着我国经济发展阶段转变，为适应产业高质量发展，我国产业结构调整步伐

[1] 基于两个原因：一是随着我国经济发展和发达国家水平差距日益缩短，技术创新水平向工业发达国家收敛，二是发达国家特别是美国对我国高技术引进的封锁，从外部吸收知识和技术的空间越来越小。

[2] 我们对长三角和珠三角一些企业调研发现，升级生产线容易，让工人们随之升级不容易。如江浙地区某家企业投资建了智能车间，专门用来生产厨房灶具。以前一条流水线必须要 20—30 个工人，现在只需要一个人。普通工人招聘难问题得到解决，但新问题又出现了，即懂这套智能化设备的技术工人严重短缺，而且有些高科技人才也不愿意进工厂车间，唯一的解决办法是自行培训。

[3] 根据 2017 年人才蓝皮书《中国人才发展报告（NO.4）》，纵观世界工业发展史，凡工业强国都是技师技工大国。在日本，整个产业工人队伍的高级技工占比 40%，德国达到 50%，而我国这一比例仅为 5% 左右，全国高级技工缺口近 1000 万人。近年来，我国"技工荒"的情形普遍存在。2017 年，在四川，省人社厅统计显示，全省技能人才总量 680 万，其中高技能人才 100 余万，现代制造业等领域高端领军技能人才稀缺；在浙江，杭州市工商联 2016 年针对全市建筑业、传统制造业等上百家企业的调研显示，有 71.43% 的企业反映中高级技术工人短缺，低技能劳动力过剩；在天津，据劳动力市场信息反馈，企业高级技术人才的供求比例已经达到 1∶10 左右。参见："大国工匠"何处觅？我国高级技工缺口高达千万，经济参考报，2017 年 4 月 17 日。

[4] 我国高级技工缺口高达 2200 万，技校却面临招生难，http://www.gkong.com2019/1/1610：38：58，来源：央视财经。

[5] 根据预测，到 2020 年全国工业机器人装机量达 100 万台，相应工业机器人操作维护、安装调试、集成等应用人才需求量将达 20 万人，2017 年仅在深圳工业机器人产业人才缺口就有几万人。参见李昌鸿：全国工业机器人才缺口数万工匠高手受青睐，大公报，2018 年 11 月 10 日。

需要加快，迫切需要加快推进"世界制造中心2.0"版建设。"十四五"时期，打造"世界制造中心2.0"主要来自于以下四个方面制约：

1. 服务业"早熟"制约

从2013年开始，以服务业所占GDP比重首次超过工业比重为标志，我国服务经济时代来临。但是，近年来服务业和工业化规律不相匹配的快速增长，以致和制造业发展需求不协调、和人们生活需求不协调，例如，我国金融业增加值占GDP比例已经大大超过美国、英国、日本等早已实现了工业化、服务业在经济中占主导地位的国家，引发低质量供给过剩和供给不足并存，自循环发展和"泡沫化"并存等问题，称之为服务业"早熟"问题[1]。我国服务业快速增长不完全是市场内在要求，更多来源于政策推动，如，全国各地兴建"城市综合体"、构建"物流中心"、打造"金融中心"等来促进服务业快速增长。"十四五"时期基于工业领域产能过剩严重、实体投资回报率下降等原因，导致资本投向回报率高的服务业"虚拟经济"领域甚至在此领域空转[2]，服务业"早熟"问题将更加严重，资本和服务业难以为实体经济特别是制造业高质量发展提供支撑作用。

2. 产业链、供应链"撕裂"的制约

我国成为"世界制造业中心"，是以相对完整的产业链和积极融入全球供应链为基础。基于我国经济属于赶超式发展、压缩型工业化，我国产业链整体水平不高，具有全球竞争力的主要是中低端产业链，如航空航天、光学仪器、精密机床等高端产业链核心技术和核心环节、关键零部件和基础装备仍然是发达国家所占据控制地位，关键设备的供应商大多属于国际跨国公司[3]。从当前国际形势看，"十四五"时期，以美国为代表的发达国家将对我

---

[1] 一份研究表明，中国贸易部门（主要是工业部门）与非贸易部门（主要是服务业部门）的TFP增长率之比为2.04，而美国为1.47，日本为1.17，欧盟为1.0（陈昌盛、何建武，2014）。

[2] 从现有情况看，主要表现为：金融行业大量资金内部自循环，服务于实体经济的意愿不强；大量实体经济企业也纷纷寻找机会介入银行、保险、信托、证券、基金等金融行业；金融保险机构通过高杠杆，频繁进行"资本运作"，强行入股或者收购优质制造业企业，使得大量资金云集于货币市场或者通过在资本市场短期运作，谋取短期盈利，金融业发展迅速；房地产泡沫化，无序发展，资金过多地向房地产集中；房地产泡沫加剧。

[3] 以5G供应链为例，虽然我们有全球影响力的生产企业华为公司，但上游的供应商大多数是国际跨国企业，甚至组装加工代理商还是被国际代工企业如富士康、伟创力等占据主导地位。

国产业发展进行打压的态势不会改变。我国境内跨国公司为了规避风险，加速外迁到东南亚或者其他国家乃至回归本土；更为严重的是，部分跨国公司高端产业环节有可能断绝与中国企业的供应链关系[1]。我国许多产业链条面临着研发、创新、管理等高端要素难以支撑、"升级无源"，加工制造能力低水平扩张而无"用武之地"的困境，造成我国产业链碎片化、供应链撕裂，产业链完整性和参与全球供应链受到冲击，我国"世界制造中心"的基石将有可能萎缩。

3. 主导产业接续断层的制约

当前到未来一段时期是我国新旧主导产业转换的关键期。进入"十四五"时期，基于经济发展阶段向后工业化时期过渡，加上国内外技术和产业形势，发达国家工业化时期不同阶段主导产业选择的传统经验和依据难以直接给我国提供给明晰参考，将给新兴主导产业培育和发展提供难题，导致新兴产业发展成为新主导产业还存在很大不确定性，甚至引发主导产业断层的问题。近年来，我国一直大力培育发展新兴产业。在政府政策大力推动下，受资本热炒，许多新兴产业快速增长，形成虚假繁荣。实际上，部分行业的盈利模式仍不清晰，产业可持续发展能力不强，如共享经济、石墨烯等新材料产业，由于政策不当介入，虽然一度出现了繁荣泡沫，但最后的结果是出现企业大量倒闭的混乱局面[2]。

4. 老工业城市和资源型城市"产业塌陷"的制约

我国老工业城市和资源型城市[3]，大多是以煤炭、建材、冶金、工程机械等重化工业为主导产业，而且相当多处于产业链中低端的资源挖掘或者资

---

[1] 2019年，国际上许多跨国公司要对中国5G产业链龙头企业华为公司"断供"，境内供应商伟创力公司突然中断和华为公司合作，富士康一度也提出不和华为公司合作，对华为公司供应链造成冲击。

[2] 资本市场也在热炒石墨烯概念股，在2017—2018年上半年，石墨烯概念股非常之火，而在各行各业，石墨烯概念炒作不绝于耳。各地兴建石墨烯产业园，前几年就连个别县级行政区也要建立石墨烯产业园，甚至会出现如果不做石墨烯，项目都无法成立的状况。

[3] 根据《国务院关于全国老工业基地调整改造规划（2013—2022年）的批复》国函〔2013〕46号），老工业基地是指"一五"、"二五"和"三线"建设时期国家布局建设、以重工业骨干企业为依托聚集形成的工业基地，老工业基地的基本单元是老工业城市，全国共有老工业城市120个，分布在27个省（区、市），其中地级城市95个，直辖市、计划单列市、省会城市25个；根据《全国资源型城市可持续发展规划（2013—2020年）》，我国资源型城市包括：成长型城市（31个）成熟型城市（141个）衰退型城市（67个）再生型城市（23个）。

源粗加工环节，而且，这些城市走的先污染、后治理，边污染、边治理的发展道路，许多地方生态环境出现了问题。我国已经走过了重化工业高速发展的阶段，"十四五"时期，在我国供给侧结构性改革深入推进，国家加大生态建设力度，加上国际经贸环境不佳的背景下，重化产业链加速"老龄化"，这些城市发展面临着"产业塌陷"困境，转型升级压力相比其他地区更为严峻。大多数老工业城市和资源型城市把加快培育新的接续主导产业作为推动产业转型升级和高质量发展的关键所在，在全国主导产业培育都很困难的情况下，相比发展新兴产业具有先行优势的沿海发达地区，大多数老工业城市和资源型城市培育新主导产业难度更大。

四、推动我国产业高质量发展的战略思路

（一）需要处理好四大关系

把握产业高质量发展的国内环境变化，直面我国产业高质量发展存在的问题，要处理四个方面关系。

1. 需求侧新旧动力转换和供给侧结构性改革的关系

供给侧结构性改革是用改革的办法推进结构调整，减少无效和低端供给，扩大有效和中高端供给，增强供给结构对需求变化的适应性和灵活性，提高全要素生产率，使供给体系更好适应需求结构变化，供给侧结构性改革把产业的无效低端供给进行直接减少或剔除，是推动产业高质量发展最直接的做法，而且能够从供给侧推动形成新动力，但由于涉及触动传统的产业发展体制机制，需要长期推进才能取得明显效果；需求侧发展动力同样决定发展速度、质量和可持续性。因此，一方面，供给侧结构性改革和需求侧动力转换是并行不悖的，另一方面，要把二者有机结合起来，共同发力推动产业高质量发展。

供给侧结构性改革和需求侧动力转换都是一个长期任务，特别是新旧动力转换，从"十三五"甚至更早时期我国就开始在推进，而且"十四五"时期未必能够完成。从需求侧来看，"十四五"时期，传统动力对产业发展的拉动边际效率继续下降，新动力尚未形成巨大能级，传统动力总量一旦下降

过快，将出现动力转换空档，从而在短期内影响产业发展速度。需求侧的调整要有限度，要有力度上的把握。基于就业、财政收入增长等考虑，需要树立一个"底线"思维，要在需求侧采取一些措施，逆向调节，保持总供求平衡，在保"底线"经济增速基础上推动产业高质量发展。在继续采取扩大消费政策的同时，通过政策推动，促进合理总量规模的传统动力牵引，特别是形成较大规模的投资动力是必要的。要根据我国高质量发展要求，要把握好投资和消费方向，加强生态绿色领域基础设施建设的投资力度，鼓励绿色消费，形成绿色动力源。

2. 绿色发展和增长速度的关系

绿色发展是高质量发展的内核，它不仅仅是传统意义上的生态环境保护或污染治理，还包括绿色消费、生产、流通、创新，以及绿色的金融，实际上是要建立一个日趋完善的绿色经济体系（刘世锦，2019）。为此，绿色发展的成败归根到底取决于经济结构和经济发展方式，要坚持在发展中保护生态环境、在保护生态环境中发展。长期以来，我国产业发展的很大部分是以牺牲资源环境为代价，当前中国产业结构仍然偏重，产业布局不合理，经济总量增长与污染物排放总量增加尚未脱钩，生态退化、环境污染问题依然严重。"十四五"时期，要进一步发挥生态环境保护倒逼作用，加快推动经济结构转型升级，协同推进高质量发展和生态环境高水平保护，在高质量发展中实现高水平保护、在高水平保护中促进高质量发展。

推进绿色发展，必然会影响到发展速度。我国已进入提供更多优质生态产品以满足人民日益增长的优美生态环境需要的攻坚期，也到了有条件有能力解决生态环境突出问题的窗口期。要有战略定力，在客观认识生态环境现状的基础上，加大生态系统保护力度，全面优化产业布局，加快调整产业结构，构建高效、清洁、低碳、循环的绿色产业体系，发挥从源头预防环境污染、生态破坏和倒逼经济高质量发展的作用。

3. 产业外迁和区域协调发展的关系

长期以来，我国区域工业化是依靠承接国际国内产业转移而推进的，由于我国产业已经融入全球产业链和供应链分工，而且处于非核心地位，尽管国内区域间工业化水平存在较大差距，但是欠发达地区和发达地区产业分工并没有有效形成，产业同构化问题严重，影响了产业高质量发展水平提升。我国推进区域协调发展，除了要加快欠发达地区工业化进程，更为重要的是，要有效推动区域产业分工协作，从而真正实现产业高质量发展。

受经济发展阶段变化[1]、成本要素上升、国内市场竞争加剧、中美贸易摩擦等各种因素叠加，近年来，产业外迁或者说产业对外转移特别是东部沿海地区产业外迁成为近年来我国产业发展的重要现象，"十四五"时期趋势将更加明显，也就是说，当前我国产业外迁是经济发展规律和国际环境恶化的结果，有其一定的合理性。而且，从正面来看，更强的内资企业通过竞争取代外资企业地位造成外企外迁，这是我国产业链水平提升和产业高质量发展的体现。

处理好产业外迁和我国区域协调发展关系，主要体现为：一方面，中西部地区包括大量老工业城市和资源型城市面临产业转型升级，需要大力承接和发展新产业进入来提升产业发展质量。当前我国土地、劳动力等资源日趋紧张，保持适度产业外迁不仅不会影响区域工业化进程，还有助于我国低端产能转移出去，为中高端产业发展腾挪空间，特别是对于中西部地区某些条件较好的城市，发挥中西部地区和传统老工业基地雄厚的制造业基础，能够充分利用全球先进资源加快推进工业化进程，重新调整其国际国内产业分工地位，促进区域间产业合理分工，强化重点区域工业化提质，提升产业竞争力，实现区域均衡工业化。另一方面，要防止出现大型外企外迁打乱多年来形成的产业生态。与外资配套的一些供应链企业，可能会随外资撤出中国市场，对我国"产业链完整性"产生一定负面影响，而且有部分为外资配套的供应链企业布局在中西部地区，如果这些企业外迁对于中西部地区工业化有

---

[1] 根据英国经济学家邓宁（J.H.Dunning）的对外投资周期理论，人均GDP超过4750美元的国家，对外直接投资的力度明显加强，对外直接投资净额明显表现为正值，并呈逐步扩大的趋势。实际上，东部沿海地区产业转移现象在十多年前已经出现。2007年至2009年，受困于环保政策与金融危机，沿海诸多制造业外迁或者内迁，沿海发达城市部分外资企业将产能剥离、移转后，开始强化本地研发、供应链、生态化合作。制造业发达城市如深圳、苏州（含昆山）、东莞、佛山等地，提出"腾笼换鸟"的发展思路，意在走向科技、智慧、创意文化、服务型的城市。企业加强全球布局和加速对外产能合作密切相关。

很大的负面影响。

4.产业链水平提升和新旧主导产业转换的关系

我国进入工业化后期以来，传统主导产业钢铁、石化、汽车、建材、机械装备等行业增速放缓，亟需培育一批新兴主导产业带动经济增长；经过近10年培育发展，我国战略性新兴产业初具规模，对国民经济发展起到一定的带动作用。从特性来看，战略性新兴产业大多数还是脱胎于传统主导产业，如新材料行业、高端装备等行业，或者是传统产业通过全产业链提升发展而来。也就是说，新主导产业的培育并没有脱离传统产业。事实上，在当前新一轮技术革命和产业变革时代，新产业往往来自于传统产业的融合衍生。更为重要的是，我国新产业包括战略性新兴产业的发展初期，很多是粗放式快速发展，甚至出现严重的产能过剩，无论是生产要素配置，还是产业供给水平，都难以称得上是产业高质量发展。而当前产业国际竞争，实际上也是产业链整体水平竞争，产业链水平体现产业高质量发展的状况。为此，"十四五"时期，一方面，要大力培育新主导产业发展壮大，另一方面，要把提升传统主导产业的产业链水平放在更为突出的地位。

（二）推动产业高质量发展的路径

1.提升我国产业链整体水平

重点提升制造环节的创新水平和生产效率。基于"微笑"曲线来提升产业价值链水平已经成为共识，根据日本的研究，依据"武藏曲线"提升产业链水平同样有现实意义，而且，日本在20世纪70—80年代实现制造业飞速发展和此密切相关[1]。实际上，当前我国制造企业相当重视研发设计及销售品牌经营，但忽视了制造环节技术创新和提高生产效率，我国制造业的"制造环节"利润还远远没有挖掘出来。要加强制造环节的创新提升，提高产业产品质量，提升产业效率。针对重大工程、重点装备的关键技术和产品急需，紧盯科技含量高、市场前景广、带动作用强、保障程度低的重点领域方向，

---

[1]武藏曲线是2004年日本索尼中村研究所的所长中村末广所创。根据该研究所对日本制造业进行调查，发现制造业的业务流程中，组装、制造阶段的流程有较高的利润，而零件、材料以及销售、服务的利润反而较低。

集中突破重点产业链关键性短板环节。加强基础研究储备和积累，攻克制约产业发展的共性、基础瓶颈，提升产业基础能力。鼓励产业融合发展，重点是要把推动制造业和现代服务业深度融合发展，推动制造业内部的军民产业融合发展，提升产业发展效率，提高产业附加值，催生新产业。

2. 高质量推进区域均衡工业化

一是建设世界级现代产业集群提升区域工业化发展质量。以京津冀地区、长江经济带等为重点区域，依托国家中心城市和区域中心城市，以国家级产业园区为主要载体，在电子信息、高端装备、汽车、家电等若干领域，形成具有世界领先核心技术和持续创新能力的世界级现代产业集群。以"群中群"带动欠发达地区加快工业化：鼓励发达省份和中西部省份、相邻区域合作共建园区，大力发展"飞地经济"和"边界经济"，支持不同区域发展特色产业"小"群，鼓励产业间和产业链分工协作。二是深入推进承接产业转移示范区建设带动欠发达地区工业化。鼓励和支持国内世界五百强企业向中西部布局。鼓励中西部省份条件优越的相邻地区合作共建承接产业转移示范区，基于当前东南亚国家是与我国中西部地区争夺产业转移的主要地区，可以研究比照东南亚国家的外资政策，在示范区内采取税收减免、抵扣，设立保税区等，以更大优惠政策力度吸引域外资本、人才、技术等要素集聚。三是分类推进老工业和资源型城市产业转型。[1] 对于成长型城市，要强化绿色高效的资源开发方式，形成一批重要矿产资源战略接续基地，发展高水平的资源精深加工产业，打造若干产业链完整、特色鲜明、主业突出的资源深加工产业基地。对于成熟型城市，提高资源型产业技术水平，加快培育一批资源深加工龙头企业和产业集群，形成若干支柱型接续替代产业。对于成熟型城市，要深化供给侧结构性改革，积极稳妥化解钢铁、煤炭等行业过剩产能，引导有实力的资源型企业参与"一带一路"建设产能合作，支持资源开采、深加工优势产能"走出去"。对于衰退型城市，要实施资源枯竭城市接续替代产业培育行动计划，支持资源枯竭城市承接发达地区产业转移。对于

---

[1] 根据资源开发和产业转型情况，可以将老工业城市和资源型城市分为成长型城市、成熟型城市、衰退型城市、再生型城市。

再生型城市，要聚集新要素，引导产业创新发展，从能源资源粗放利用向绿色循环低碳发展转变，加强智能化、数字化改造提升传统产业，做优做强高新技术产业，大力发展具有资源型城市特色的生产性服务业，发展壮大贴近群众生活、需求潜力大、带动力强的生活性服务业，加快服务业向质量效率型转变。

3. 推动产业绿色可持续发展

一是建设绿色产业体系。加强对传统产业绿色化改造，大力推进绿色开采、清洁生产、达标排放，打造循环经济产业链，构建绿色工业体系；大力推动农业生产资源利用节约化，生产过程清洁化，废物处理资源化和无害化，产业链接循环化。大力发展低消耗、低污染的服务业，发展培育新能源、可再生资源、节能环保等新兴战略性产业和节能环保产业。推动互联网与绿色产业融合发展，促进绿色产业的数字化提升。积极推动绿色生产，推进"绿色示范工厂、绿色示范园区、绿色产品和绿色供应链"等"四绿"建设，将经济生产过程与生态资源环境统筹管理，从源头上控制废弃物的产生，加强绿色设计，减少废弃物排放，提高资源的利用率。二是加强绿色技术创新和应用。绿色技术创新关键在于实现环境治理与修复、资源节约和循环利用，以及新能源开发等核心、关键技术突破。组织实施一批国家级绿色技术创新重大攻关和重大环保装备产业化项目，加快推进拥有自主知识产权的重大环保成果转化。加强绿色生产工艺研发、节能环保技术、再制造技术研发，鼓励企业强化绿色低碳技术的应用和创新。全面推广绿色基础制造工艺和装备，选择一批基础制造工艺、节能关键技术、重大环保技术装备、资源综合利用适用技术装备等领域成熟的绿色制造工艺技术与装备，在全国全行业实施应用示范。发展从事绿色技术和产品开发、绿色产品装备制造和生态环境建设的绿色产业。

4. 提升产业高质量开放合作能力

一是提升我国在全球供应链中的安全和主导能力。面临全球供应链重构，为了推动我国产业高质量发展，要通过巩固我国企业在全球供应链的有利地位，抢占全球供应链战略地位，提升我国产业在全球供应链中的安全和主导能力，并充分利用全球供应链推进开放式创新[1]。（1）推动我国产业和国际产业相互渗透，形成相互制约的格局。一方面推动新一轮高水平对外开放，吸引更多外资企业进入我国产业领域。要全面落实准入前国民待遇加负面清单管理制度，加大吸引全球资本投资我国各类产业进入我国力度，引导外资更大程度进入高端、智能、绿色等先进制造业和工业设计等生产性服务业领域。另一方面，支持大型企业完善全球化布局和国际上产业实现相互渗透。重点加强对"一带一路"等沿线发展中国家的制造业投资和产能合作，将其整合纳入我国主导的供应链体系。（2）培育发展一批拥有国际话语权的供应链龙头企业。供应链不同环节如制造领域、流通领域、供应链管理服务领域企业拥有的资源存在差异，要在各产业领域不同供应链环节围绕自身核心资源发展形成一批骨干企业，打造一批知名度高、美誉度好、竞争力强、附加值高的自主品牌。鼓励核心龙头企业深度参与全球产品研发设计、采购、生产、销售和服务，积极参与国际标准、规范和国际规则制定。（3）建立我国产业全球供应链抗风险机制。由政府部门、研究机构、行业组织和企业共同参与，构建国家供应链风险预警系统，实时监测突发性供应链中断风险信息，向可能受到影响的相关产业、企业及时发布供应链风险预警。

二是高质量推动产业走出去。在遵循现行国际贸易规则框架下，以稳定、扩大对欧洲、日韩等传统市场，拓展"一带一路"沿线国家和新兴国家市场为目标，建立政府间合作机制，推动企业承揽项目和订单，持续释放产能合作需求。完善企业主导与政府推动的产能"走出去"协同机制，以钢铁、有色、建材、铁路、电力等行业为重点，突出重点区域、重点项目，在相关国家或地区打造一批合作共赢的典范。加快制定《对外直接投资法》，

---

[1]随着全球进入智能化和数字经济时代，创新活动日益复杂化，传统的熊彼特式"封闭式创新"模式受到挑战，许多企业开始注意到外部资源在技术创新中的重要性，更加重视能够跨越传统组织边界进行知识整合的创新活动（Chen等，2004），即推行所谓的"开放式创新"，通过整合内外创新资源，跨越组织边界，有效整合组织内外部创新资源，促进新技术发展，创造出更高的商业价值，（Chesbiough，2003）。特别是基于全球供应链的开放式创新，核心企业将供应商、制造商、分销商、零售商、直到最终用户连成一个整体的功能网链结构，围绕供应链核心企业，充分利用全球创新资源，以供应链中企业之间的联系为出发点，供应链内部参与者共同协调资源，减少创新成本和提高创新效率，促使供应链技术创新价值最大化，促进整个产业提升发展。

确保企业对外直接投资有法可依；发挥好央企、特大型国企的引领作用，通过以大带小合作出海，构建全产业链战略联盟；加强企业海外投资监管，重视发挥行业协会和中介机构的作用，协助解决企业开展国际合作中遇到的问题、风险，防止中国企业之间恶性竞争。积极推动供应链安全国际合作。在"一带一路"等对外开放战略和国际贸易规则下，与主要贸易国家或地区达成供应链安全联合声明合作协议，共同处理潜在的供应链中断风险；为了保障某些关键原材料供应安全，或者在"一带一路"某些友好国家设立贸易中转站，预留的产业缓冲地带仿美国扶植韩国，积极扶植战略性产业生态[1]。

五、对策建议

（一）建立促进产业高质量发展的政策体系

政策重心转向解决产业高质量发展的"市场失灵"问题。改变传统产业政策涉及过宽的状况，明确产业政策重点主要集中在以下几个方面：一是产业升级和技术创新领域的"市场失灵"问题，特别是推动制约产业升级的核心环节取得突破；二是推动衰退型行业组织结构优化问题。衰退型产业的产业特性决定了市场失灵的存在，通过优化衰退型行业产业组织来援助产业发展；三是以产业集群建设为抓手推动产业区域布局优化，在发达地区形成一批世界级产业集群，在欠发达地区打造一批特色产业集群。四是产业绿色发展的市场失灵问题。

产业政策发力点转向供需两端。改变传统的产业政策主要通过供给角度发力的做法，强化供给侧与需求侧统一发力推动产业高质量发展。供给侧方面产业政策要通过提供技术与服务平台、放松管制、强化产权保护、全面减税等方式激励企业的创新活动，激励新产品、新技术、新服务的出现，催生出更多的市场需求。需求方面产业政策要通过引导消费拉动反映出市场需求信号，为供给提供广阔需求空间，要运用消费端补贴等方式创造需求，进而引领产业结构升级和产品更新换代，如针对当前我国装备制造落后现状，要

---

[1]2019年7月开始发生的日韩半导体摩擦中，韩国就有声音提出通过南亚国家作为贸易中转站，避免日本的"移出白名单"造成严重影响。

完善重大装备首台（套）政策，有力发挥首台（套）使用的示范效应。

政策手段转向经济手段引导为主。完善补贴政策，重点支持研发补贴等公共财政手段，对于新兴产业发展强化普惠性税收优惠政策，对特定行业（如产能过剩行业）采取征收高税收、附加费等经济手段引导和淘汰不达标准的企业；完善产业投资基金政策，针对不同产业（企业）发展阶段决定投资基金的使用方式，引导产业高质量发展。在需求端，综合利用公共支出、政府采购以及消费补贴等手段创造自由市场在短期内无法形成的需求规模，引导企业的生产活动和投资行为，激励企业创新。更好发挥标准在产业高质量发展的引领作用，建立政府主导制定的标准与市场自主制定的标准协同发展、协调配套的新型标准体系，建立标准，制定门槛。强化能耗、环保、质量、安全等标准在产业准入和项目审批的约束力，限制或淘汰不合标准的项目。

建立完备的产业绿色发展政策体系。促进绿色科技研发、推广、应用，包括加强知识产权保护、强化绿色科技财税支持、实行政府对绿色科技成果采购；支持企业推动节能减排、降耗、新能源、新材料等方面技术创新研发。发挥绿色金融对产业绿色发展助力作用，发展绿色金融，包括发展扩大绿色债券试点、发展绿色基金等直接融资手段，发展碳排放权期货、碳基金等碳金融产品和衍生工具，探索大气污染治理的市场化机制。完善促进制造业绿色化发展的税收立法，科学设计绿色税收制度，推动绿色生产税收差别化，扩大资源税、消费税征税范围。

（二）营造产业高质量发展的制度环境

加快推动国有企业混改，提高国有企业竞争力，推动国有企业在市场竞争中保持中性地位。保障民营企业的合法权益，促进各种所有制经济企业依法平等获得土地、信贷等生产要素，公平参与市场竞争，同等受到法律保护。加大产权保护力度，完善物权、合同、知识产权相关法律制度，形成正向产权激励机制。加快要素价格市场化改革，促进生产要素在城乡、地区、行业、企业间顺畅流动与优化组合。

建立产业绿色发展的制度环境。建立水生态红线管理制度，倒逼沿江省（市）淘汰高耗水、高污染行业，引导钢铁、石化、造纸等行业推行水资源循环利用；完善能权交易制度，提高产业的节能减排效率。建立以绿色发展为导向的发展评价体系，构建有效的绿色监督机制。

（三）完善产业发展创新生态

增强人力资源新动能。以国家重大人才工程为抓手，培育一批具有国际视野和战略眼光、能快速攻克产业技术瓶颈的科技顶尖专家；推动大学、科研机构与企业联合建立培训基地，培育高级技术人才；支持职业教育和培训企业发展，鼓励企业联合职业学院打造批量"工匠"；鼓励各地根据本地产业特色和未来产业发展用工需求，大力推行现代学徒制和企业新型学徒制，采取订单培养模式，联合各职业学院培育普通技工。

建设一批高水平技术创新平台。支持以行业龙头企业为主导，联合各种配套企业的力量建设技术创新联盟；支持行业共性技术创新平台、实验体系和企业研发体系建设；推动战略性和新兴产业的基础和关键共性技术开发，构建全国性技术交流、合作与转化平台。推动人工智能、生物医药、医疗器械等相关领域国家实验室建设，追踪发达国家前沿技术发展。

完善市场主导的技术创新体系。聚焦重点科学问题和与产业技术难题相关的基础研究，以及具有公益性质的研发项目，特别是我国受制于人的重点高技术领域，鼓励突破性创新。培育以市场为导向的科技研发需求信息平台，促进各个领域技术成果的信息共享，为科技成果的市场化创造良好渠道。鼓励产业链各环节主体联合创新，推动建立领先用户主导的创新模式。调整国有企业科技成果转移转化激励政策，探索实施国有企业科技人员工资总额单列制度。强化知识产权有效激励，激发企业家和科技人才创新创业热情。

布局全球合作开放式创新。鼓励优势企业通过并购等方式，建设海外研发中心。搭建国际化交流平台，推动人工智能、基因编辑等新技术在全球范围内交流和实践，破除国外先进技术和资本来我国产业化的隐形障碍，促进全球前沿技术在我国率先进行成果转化和落地。充分利用我国庞大的应用市场优势，选取一批"卡脖子"技术，加强与以色列、欧盟等国家和地区合作开展联合攻关，推动与以色列、德国等创新国家签署技术合作备忘录，支持我国企业与这些国家独角兽企业、技术研究中心等创新性机构开展产业化合作。继续实施外资优惠政策，吸引海外高科技企业来华设立研发中心和新建工厂。

参考文献

1. Antras P, Chor D. On the Measurement of Upstreamness and Downstreamness in Global Value Chains. NBER Working Paper, 2018: No.24185.

2. Miller R E, Temurshoev U. Output upstreamness and input downstreamness of industries/countries in world production. International Regional Science Review, 2017, 40（5）: 443-475.

3. 干春晖，郑若谷，余典范．中国产业结构变迁对经济增长和波动的影响．经济研究，2011（5）．

4. 郭克莎．"八五"期间我国加工工业的发展分析．财经问题研究，1996（6）．

5. 黄剑辉等．"一带一路"建设对我国产业结构转型升级的影响及商业银行业务机会分析．民银智库研究（内部刊物），2019（1）．

6. 黄群慧．工业化后期中国经济面临的趋势性变化与风险．中国经济学人，2015（2）．

7. 金德尔伯格·赫里克．经济发展．上海译文出版社，1986．

8. 李桢．区域产业结构趋同的制度性诱因与策略选择．经济学动态，2012（11）．

9. 林民书，刘名远．区域经济合作中的利益分享与补偿机制．财经科学，2012（5）．

10. 林兆木．关于我国经济高质量发展的几点认识．人民日报，2018-01-07．

11. 刘志彪．理解高质量发展：基本特征、支撑要素与当前重点问题．学术月刊，2018（7）．

12. 刘志彪．中国参与全球价值链分工结构的调整与重塑——学习十九大报告关于开放发展的体会．江海学刊，2018（1）．

13. 路甬祥. 建设世界科技创新强国的新长征. 科技导报, 2017（1）.

14. 马尔科姆·吉利斯等. 发展经济学. 经济科学出版社, 1990.

15. 宁吉喆. 贯彻新发展理念推动高质量发展. 求是, 2018（3）.

16. 逄锦聚. 贯彻新发展理念 着力高质量发展. 经济学动态, 2019（7）.

17. 丘雯文, 钟涨宝, 原春辉, 李兆亮. 中国农业面源污染排放的空间差异及其动态演变. 中国农业大学学报, 2018（1）.

18. 佟家栋, 陈霄. 中国工业要素配置扭曲变动及构成研究——基于行业间和行业内分解的视角. 上海经济研究, 2019（1）.

19. 王智新, 赵景峰. 开放式创新、全球价值链嵌入与技术创新绩效. 科学管理研究, 2019, 37（1）.

20. 魏后凯, 王颂吉. 中国"过度去工业化"现象剖析与理论反思. 中国工业经济, 2019（1）.

21. 杨瑞龙. 高质量发展需要高质量的制度来保障. 经济学动态, 2019（7）.

22. 张军扩, 侯永志, 刘培林, 何建武, 卓贤. 高质量发展的目标要求和战略路径. 管理世界, 2019（7）.

23.（美）亨利·切萨布鲁夫. 开放式创新：进行技术创新并从中赢利的新规则. 清华大学出版社, 2005.

24. 1991—2010 年经济发展思路课题组. 中国经济发展的理论思考与政策选择（上）. 管理世界, 1994（4）.

第三章　发挥创新型企业对提升我国产业基础能力的关键作用

提升产业基础能力是我国经济走向高质量发展的必然要求，也是我国经济应对外部复杂环境的立足之本。创新型企业是提升我国产业基础能力的微观主体，深入研究推动大中小创新型企业共生共荣，对于加快提升我国产业基础能力具有重要的现实意义。

一、创新型企业对我国产业基础能力提升发挥着关键性作用

产业基础能力是一个国家和地区所具有的产业形成和发展的基础性支撑的保障条件和综合实力，尤其是在基础核心零部件（元器件）、基础材料、基础工艺、基础技术、基础软件和基础动力等方面的研究生产条件和力量（黄群慧 倪红福，2020）。新中国成立以来特别是改革开放以来，我国迅速融入国际产业分工体系，制造业规模已经居全球首位，拥有全球最完整的产业体系，产业基础能力得到大幅提升。这一成绩的取得，得益于我国充分发挥了以企业为微观市场主体的重要作用，而创新型企业则更是促进我国产业基础能力提升的主力军。

创新型企业既包括核心技术能力突出、集成创新能力强的创新型领军企业，又包括大量的专精特新"小巨人"企业。创新型领军企业对产业基础能力提升作用体现为：作为科技创新的中流砥柱，创新型领军企业将人才、资本、技术等创新要素加以集聚整合，充分发挥着示范效应和倍增效应，起到

了服务器、孵化器和推进器的作用，现有领军企业主要集中在通信、人工智能、装备制造、能源、交通等产业。专精特新"小巨人"企业的产业基础能力提升的作用主要体现为：长期专注并深耕产业链某一环节或某一产品，其中深耕'四基'领域的占比 90% 以上，为国内外知名大企业配套的占比近93%。据介绍，专精特新"小巨人"企业平均研发强度 6.4%，平均拥有发明专利近 12 项，其中近 170 家企业产品填补国内空白，超过 70% 的企业设有企业技术中心或企业工程中心。专精特新企业主要集中在新一代信息技术、高端装备制造、新能源、新材料、生物医药等中高端产业。自 2019 年 7 月公布首批入选名单以来，截至目前，已培育出 1832 家国家级专精特新"小巨人"企业。

二、我国产业基础能力和发达国家仍然存在较大差距

（一）我国产业基础能力的国际差距

我国产业基础能力尽管近年来不断提升，但和发达国家比较仍然存在较大差距，可以从三方面得到反映：

一是重点领域技术水平远远落后于发达国家。根据韩国 2018 年发布的《韩国国家战略技术水平评估》，可以看出在电子、信息、通信，医疗，生物技术等十大重要领域技术水平，我国处于一个全面追赶的状态（见表3-1）。

表 3-1　我国和国际先进水平的重点行业技术差距比较

十大领域	技术水平（%）					技术差距（年）				
	韩国	中国	日本	欧盟	美国	韩国	中国	日本	欧盟	美国
电子、信息、通信	84.2	72.6	90.3	89.6	100.0	2.2	3.7	1.4	1.6	0.0
医疗	77.5	69.5	89.9	92.7	100.0	3.8	4.8	1.6	1.2	0.0
生物技术	77.4	69.4	92.5	94.5	100.0	4.3	5.8	1.7	1.2	0.0
机械、制造、工程	81.8	71.0	95.7	97.3	100.0	3.4	4.7	1	0.8	0.0
能源、资源、极限技术	78.3	74.0	93.1	96.7	100.0	4.5	4.9	1.5	0.6	0.0

（续表）

十大领域	技术水平（%）					技术差距（年）				
航空、航天	67.5	81.5	84.5	93.1	100.0	9.7	5.2	4.3	2	0.0
环境、地球、海洋	78.6	66.9	94.3	97.6	100.0	4.5	6.8	1.4	0.6	0.0
纳米、材料	78.6	73.5	96.4	94.2	100.0	3.8	4.5	0.7	1.1	0.0
建设、交通	79.6	70.1	97.0	97.0	100.0	4.2	5.9	0.7	0.6	0.0
灾难、灾害、安全	73.5	65.7	92.9	91.9	100.0	5.4	7	1.8	2.1	0.0

注：资料来源于《韩国国家战略技术水平评估》（2018）。

二是重点领域发展存在严重的"卡脖子"问题。2018年7月5日《科技日报》梳理了涵盖35项我国产业发展的"卡脖子"技术清单，"卡脖子"技术主要集中在基础零部件、关键材料、先进工艺、产业技术等基础领域。[1]

三是关键基础材料严重依赖进口。工信部对30多家大型企业130多种关键基础材料调研结果显示，32%的关键材料在我国仍为空白，52%依赖进口，计算机和服务器通用处理器的95%的高端专用芯片，70%以上智能终端处理器以及绝大多数存储芯片依赖进口。装备制造领域，高档数控机床，高档装备仪器等，运载火箭，大飞机，航空发动机，汽车等关键件精加工生产线上95%以上制造及检测设备都依赖进口。部分关键基础材料、零部件缺失，无法形成有特色、有竞争力的高端产品及系统设备；部分基础产品性能、质量难以满足整机用户需求，导致一些主机和成套设备、整机产品陷入"缺芯""少核""弱基"。

（二）我国产业基础能力落后发达国家从微观主体看体现为创新型企业存在较大差距

我国在5G、电商、高铁、核电等领域已培育了一批创新型领军企业，也在新一代信息技术、高端装备制造、新能源、新材料、生物医药等培育了众多的专精特新"小巨人"，但总体而言，和发达国家比较仍然有不小差距，表现为：

[1]http://mp.163.com/article/ENPDLCC5051183JS.html;NTESwebSI=FE9792B1962E318E9770E69AA5D6D3E8.hz-subscribe-user-docker-cm-online-sx6hk-xpxsx-qeltz-6ffbfcxzvj-8081

一是创新型企业数量偏少。一方面，当前我国迈入世界 500 强的中国企业数量增长迅猛，但具有原创性技术、颠覆性技术的世界级大企业企业相对较少。另一方面，推动一个国家产业创新发展的"隐形冠军"企业不足[1]。赫尔曼·西蒙（2018）统计发现，德国 370 万家企业中，拥有 1307 家"隐形冠军"，是世界"隐形冠军"数量最多的国家，接近全球的一半。美国 366 家，日本 220 家，中国只有 68 家。

二是企业科技创新能力不足。对我国内资企业与外资企业的科技创新能力进行比较，从创新的投入产出效率[2]来看，2017 年内资企业每投入 1 元创新费用带来的新产品销售收入平均水平（8.9 元）低于外资企业（12.7 元）；从创新成效[3]来看，2017 年内资企业平均水平（15.1%）同样明显低于外资企业（22%），表明我国内资企业创新效率整体相对偏低。从创新层次[4]来看，2017 年仅有 18.6% 的内资企业推出了代表较高层次的国际水平新产品，依旧明显低于外资企业水平（33%），表明内资企业创新层次相对较低。

三是企业研发人力投入强度在国际上仍处于落后水平。2017 年，在研发人员总量超过 10 万人年的国家中，我国每万名就业人员的研发人员数仅高于巴西等发展中国家。多数发达国家的每万名就业人员的研发人员数量仍然是中国的 2 倍以上。2017 年，我国每万名就业人员中研发研究人员数在研发人员总量超 10 万人年的国家中排名倒数第 2，发达国家这一指标值普遍是中国的 4 倍以上。

四是创新型企业的业分布集中在少数领域。现有创新型领军企业主要集中在通信、人工智能、装备制造、能源、交通等产业，尚未形成一批战略性新兴产业集群，未能全面发挥人才、资本、技术、信息等创新要素的集聚

---

[1] 德国管理大师赫尔曼·西蒙研究发现，德国制造业在全球久负盛名，拥有巨大的影响力和带动力。"德国制造"的神话并不仅仅是那些大型跨国企业所造就，反而是数百万家的中小企业起了更为关键的推动作用，在德国众多中小型企业中隐藏着一批无名英雄，它们被称为"隐形冠军"。这些"隐形冠军"企业在全球某一领域市场占有率极高，通常为大企业生产配套连接件产品，以德国伍尔特公司为例，是一只只生产螺丝和齿轮的"隐形冠军"企业，生产的产品大都并非终端消费品，而是间接应用与全球各行业的生产型企业，如机械、化工、精密仪器、家具，甚至汽车和飞机等，年销售额达到 70 多亿欧元。参见赫尔曼·西蒙 阿丁：著《隐形冠军：谁是全球最优秀的公司》，新华出版社，2018 年。

[2] 新产品销售收入与创新费用之比可在一定程度上反映企业创新的投入产出效率。

[3] 新产品销售收入及其占主营业务收入比重是反映创新成效的重要指标。

[4] 新产品的新颖度水平可在一定程度上反映创新层次。

优势。

（三）我国创新型企业国际差距的原因分析

1. 经济发展阶段性原因

我国尚未完成工业化，仍处于工业化后期是我国创新型企业存在国际差距的阶段性原因。从宏观层面，一个国家研发投入强度和一个国家的经济发展阶段是密切相关的。当前我国研发投入强度相比发达国家明显偏低，我国研发经费中基础研究经费占比长期维持在5%左右，而发达国家该比例均超过了15%，研发投入强度低和我国工业化发展尚未结束有密切关系。从微观层面看，长期以来，我国一直处于工业化加速赶超状况，企业经营、研发、生产工艺流程等方面都存在模仿发达国家做法的痕迹。近年来，我国经济发展阶段进入了工业化后期，我国经济发展的驱动因素发生了深刻变化，从主要依靠资本投入转变到主要依靠技术进步上来。面对现实挑战，很多制造业企业过于急功近利、投机取巧，缺乏专注、耐心、品质追求和创新概念，无法做到脚踏实地进行精细化生产。从处于市场完全垄断位置的大型企业来说，市场支配地位足以保证其获得丰厚的资本回报，从而缺乏足够的替代性竞争压力，弱化创新动机。从处于市场激烈竞争位置的中小企业来说，大多生产同类的低附加值产品，不专、不精、不特、不新，难以获得政府资金、政策、人才等方面的支持，从而不利于调动通过创新参与竞争的积极性。

2. 制度性原因

我国科研制度、知识产权制度等不合理是落后国际先进水平的制度性原因。一方面，长期以来，我国基础研究和应用基础研究主要依靠政府投资，而且存在"撒胡椒面"的问题。另一方面，从承担基础研究和应用基础研究的主体来看，仍然存在与科研探索机制不相匹配的以行政管理体制和僵化官僚特征主导的科研组织架构，造成激励机制不足、政产学研用结合不够紧密，长期以来我国科技成果的转化率平均仅为20%，远远低于发达国家60%的水平。另外，由于知识产权保护制度欠完善，企业家投入大量资源从事创新活动的动力不足。

3. 国际性原因

国际技术封锁是我国创新型企业落后国际先进水平的国际性原因。以美国为代表的发达国家为了打压我国高技术产业发展，对高技术和高技术产品出口采取严厉的管制措施，最为典型的就是，为了打压我国集成电路产业发展，阿斯麦公司的 EU 光刻机对我国企业出口受到严厉管控。国际技术封锁直接导致了我国大多工业行业对全球工业制品尤其是高技术工业制品的依赖程度较高。各类重点工业制品进口方面，按进口比重高低顺序，前十类工业制品依次为集成电路、自动数据处理设备及其零部件、初级形状的塑料、医药材及药品、未锻轧铜及铜材、汽车（包括底盘）、汽车零配件、二极管及类似半导体器件、美容化妆品及洗护用品、液晶显示板，其中集成电路占了整个工业制品进口额的 21.57%。整体来看，高端工业制品需要大量进口，国产化程度较低，和世界顶尖水平依然存在较大的差距。

三、发展创新型企业、提升我国产业基础能力面临的形势分析

（一）第四次科技革命席卷全球，企业争夺科技革命制高点的竞争异常激烈

改革开放以来，我国企业国际化发展进程不断加快，逐步形成了以低端要素吸引高端要素，以承接发达国家外包、接受 FDI 为主的要素集聚模式，技术外溢成为我国产业规模迅速扩张和技术水平大幅提高的重要来源，发挥了不可替代的重要作用。一方面，技术外溢推动了产业基础能力的技术有效供给，对我国产业发展和升级起到了引领作用。另一方面，技术外溢扩大了产业基础能力的技术有效需求，对理解产业竞争力实现产业高质量发展具有重要意义。

从产业基础能力提升的技术供给来源来看，我国企业主要通过国际贸易、外商直接投资（FDI）、对外直接投资（OFDI）等方式实现企业的国际化经营战略。国际贸易层面，近年来我国进出口贸易一直呈现持续、稳定的增长态势，是技术外溢渠道中对产业基础能力影响的最主要的方式。外商直接投资层面，通过外商直接投资为我国企业起到示范、竞争和资源互补的作用。对外直接投资层面，我国对外直接投资力度不断加强，通过对外直接投资获取国际技术外溢更具主动性和针对性，为我国企业"走出去"实现技术

学习和赶超提供了更有益的启示。

从产业基础能力提升的技术需求机理来看，主要来自我国产业集群的发展与创新需求，尤其是集群内龙头企业，其技术需要更加强烈。当前以人工智能、物联网、区块链、生命科学、量子物理、新能源、新材料、虚拟现实等技术为驱动力的第四次科技革命正以前所未有的态势席卷全球。这场科技革命融合了数字、物理、生物等不同领域的技术，将过去的产业结构和产业布局打乱重组，争夺产业基础能力提升的技术优势正在成为企业参与高层次国际竞争的新焦点。

在新一轮世界技术创新与变革中能否占领制高点，将直接决定我国行业、企业未来在技术领域的全球竞争力。尽管技术外溢一定程度促进了我国产业基础能力的提升，但我国产业基础在高端关键技术方面仍缺乏有效供给，发达国家一直对我国采取技术封锁政策。这就要求企业围绕关系我国战略安全和产业发展全局的关键科技需求和重点领域，加快技术创新，尽快取得一批世界领先的自主创新成果，以技术创新提升我国产业基础能力。

（二）企业同时面临全球贸易衰退和全球产业链重构分别带来的机遇与挑战

尽管疫情的扩散冲击着全球供应链的供给与需求，但这种影响是短期的，值得注意的是全球产业链重构给我国企业带来的中长期需求及供给双面冲击，需求侧的压力来自于主要发达国家或鼓励制造业企业回流，减少对我国制造业的依赖，供给侧的威胁来自于全球产业链的迁移和重构。当然，也应看到疫情所带来的全球产业链重构过程中的机遇，补齐产业基础能力短板，打造最具竞争力的中国制造产业链集群。

从面临的挑战来看，一是在全球需求侧层面，全球贸易衰退下我国制造业对外出口将面临严峻的形势。从 2019 年 SITC 十大类贸易品[1] 的贸易差额数据来看，我国是非食用原料、矿物燃料、化学品的净进口国和原料分类的制成品、机械与运输设备和杂项制品的净出口国（图 3-1）。从 2008 年金融

---

[1]根据国际贸易标准（SITC）1位数商品编码，国际贸易商品可被划分为10大类：0类食品和活动物、1类饮料和烟草、2类非食用原料、3类矿物原料及润滑油、4类动植物油脂、5类化学制品及有关产品、6类按原料分类的制成品、7类机械与运输设备、8类杂项制成品类、9类未分类其他商品。数据来源于海关总署。

危机对全球贸易的影响来看，工业原料、机械与运输设备和杂项制品均呈现出较大的贸易量萎缩幅度。因此，全球贸易衰退对出口原料分类的制成品、机械与运输设备、杂项制品的企业将产生较大的冲击。二是在全球供给侧层面，全球产业链重构对我国依赖全球产业链的企业将产生重大影响。从我国制造业供应链对全球的依赖领域来看，计算机电子光学产品投入品的16%来自进口，主要集中来源于日本、韩国、美国和台湾地区。在机械和医药、化工、动力机械、专业机械、通用机械、公路车辆、其他运输设备（飞行器为主）等多领域对美国和德国存在集中的进口需求。因此，全球产业链重构将对计算机电子光学产品存在进口需求的企业产生不利影响。

图 3-1　2019 年 SITC 十大类贸易品的进出口差额（单位：亿美元）

从潜在的机遇来看，一是我国在疫情控制上做出的努力为全球产业链中心向中国市场转移赢得了机会。随着全球范围疫情的扩散，一些国家的工厂陆续宣布停工，我国反倒成为世界上生产能力最稳定的地区，一些企业订单实现了较大幅度的增长，比如在苏州、重庆等地的电子制造产业。其背后真正的原因在于这些地方的电子制造产业已经形成了产业链集群，降低了从全球采购零部件所带来的风险，在疫情时期更突显现了其竞争力。我国已经形成或即将形成的产业链集群是吸引全球高端制造产业链落户中国的基础，因此也必将获得更多的发展机会。二是中国巨大的市场规模将获得更多的国际资本关注，加速产业链集群的建设。疫情导致的全球经济衰退极大降低了各国的投资意愿，各国政府为了推动恢复经济发展，不断向市场注入流动性。我国目前疫情控制得最好，投资风险最小，客观上有助于全球流动性涌向中国市场，这将为我国建立产业链集群带来更多的发展机遇。

（三）我国进入高质量发展阶段，需要创新型领军企业和"专精特新"企业共同发力推动产业创新发展

目前我国产业发展正处于从数量追赶转向质量追赶、迈向全球价值链中高端的关键阶段，但实体经济发展趋缓、创新要素市场发展不足、大中小企业融通发展环境不完善等问题突出，制约了产业体系从有到优、由优变强的高级化跨越。

从实体经济发展来看，实体经济的迟滞将直接影响产业的高质量发展。受劳动力、原材料等成本上涨、中美经贸摩擦影响，我国实体经济企业盈利状况恶化，再加上新冠疫情，实体企业的经营压力进一步加剧。从全部工业增加值、规模以上工业增加值、出口交货值等指标来看，我国实体经济均呈现较为明显的下行态势。

从创新要素市场发展来看，当前的创新要素状况仍然不能有效满足我国产业高质量发展需求。研发人员密度方面，我国每万名劳动者拥有研发人员数量为 48 人，而丹麦则高达 213 人，韩国、日本、德国等国平均为每万人 140 人—168 人，约为我国的 3—5 倍。研发经费投入强度方面，2018 年我国研发经费投入强度为 2.19%，接近经合组织平均水平（2.37%），但与美国（2.79%）、日本（3.21%）等世界科技强国相比仍有较大差距。顶尖科技集群数量方面，2019 年我国为 18 个，美国仍然是集群最多的国家，为 26 个。

从大中小企业融通发展来看，大中小企业之间的分工还处于初级阶段。大企业难以从中小企业获得低成本、高质量和互动性好的配套服务，中小企业则难以从大企业得到资金、技术和管理等方面的支持。随着我国进入深化改革阶段，亟需市场和政府分别发挥决定性作用和引导作用，建立一个大中小企业长期共存的生态环境。

因此，要紧密结合我国当前实体经济、创新要素市场、大中小企业融通的发展实际情况，做好产业发展面临的重大"考题"，全面提升产业发展的支撑水平。企业是市场经济的主体，也是产业转型升级的主体。这就需要一批龙头企业引导带动和创新型企业群共同推动我国产业转型升级。龙头企业常常主导相关供应链网络，在国家产业生态中处于核心地位，与创新型企业形成合作网络，具有以点带面的辐射作用和溢出效应。

四、发达国家发展创新型企业，提升产业基础能力的经验做法

（一）注重顶层设计，从国家战略高度推动产业基础能力提升

工业革命以来，所有发达国家都是以其强大的制造能力实现了国力强盛，而且都与时俱进地推进着产业基础能力不断提升。20世纪美国通过制定和实施战略单项计划推动产业技术水平保持全球领先或前列的地位，曼哈顿计划、阿波罗计划、星球大战计划等形成的溢出效应促进了半导体、空天、材料、电子信息等产业的发展。2008年金融危机以来，发达国家提出再工业化战略，通过加强已有产业高附加值环节再造力度并推动新兴产业的诞生与发展，从国家战略高度布局和推动产业基础能力提升和制造业转型升级。美国先后发布了"推动可持续增长和高质量就业""美国创新战略：确保我们的经济增长与繁荣""先进制造业合作伙伴"计划、"先进制造业国家战略计划""美国创新战略"等顶层战略，强调重振制造业，大力支持企业发展，保持全球创新优势和主导地位。德国提出了"工业4.0"计划、"国家工业战略2030"等顶层战略，强调互联网与制造业的深度融合，注重企业智能化转型，并培育冠军企业，从而提高德国工业全球竞争力。英国提出了"英国工业2050计划""产业战略：建设适应未来的英国"等顶层战略，强调信息通信技术等高科技对生产的改变。日本先后提出了"日本再兴战略"、新版"日本再兴战略"、"机器人新战略"等顶层战略，将人工智能技术视为新一轮工业革命的核心技术，加大企业投资，发展日本特色制造业。

（二）加强制度建设和政策扶持引导，推动企业自主创新

发达国家通过制定法律法规形成制度性保障机制，推动企业自主创新。

美国 20 世纪 90 年代通过了《高性能计算法案》，为美国在高性能计算领域保持领先地位奠定制度基石。为应对金融危机，美国 2009 年颁布《美国制造业促进法案》，为再工业化提供支持，美国通过《联邦采购法》，扶持了IBM、德州仪器等一批信息产业龙头公司，通过《出口管理条例》对关键零部件技术出口进行限制，确保本国利益。日本 1956 年的《机械工业振兴临时措施法》，扶持通用基础零部件、工作母机、测试设备的发展，《电子工业振兴临时措施法》为电子工业企业提供贷款、税赋、出口、引进等方面的优惠待遇。

发达国家还通过构建政策支持体系，对企业创新提供供给面、环境面、需求面等多方面支持。[1] 整体来看，各国政府在创新链 [2] 上的政策工具布局有着各自不同的侧重点。从各国政策工具部署来看，对于创新链前端来说，供给型政策下，美国侧重基础设施，日本侧重基础设施和信息支持，韩国侧重人才培养；环境型政策下，美国、英国和韩国都侧重财务金融和税收优惠。对于创新链中端来说，供给型政策下，美国侧重资金支持和信息支持，英国侧重人才培养，日本侧重公共服务，韩国侧重信息支持；环境型政策下，美国侧重法规管制和策略性措施，英国侧重财务金融和税收优惠，日本和韩国都侧重法规管制；需求型政策下，英国和日本侧重政府采购，韩国侧重政府采购和海外机构。对于创新链后端来说，环境型政策下，英国和日本侧重法规管制，韩国侧重策略性措施；需求型政策下，美国侧重政府采购和贸易管制。

---

[1] 把企业创新政策支持工具划分为供给面政策工具、环境面政策工具、需求面政策工具这三类。其中，供给面政策工具主要包括人才培养、科技信息支持、科技基础设施建设、科技资金投入、公共服务等改善企业创新相关要素供给状况的政策工具。环境面政策工具主要包括财务金融、税收优惠、法规管制、策略性措施等改善企业创新环境的政策工具。需求面政策工具主要包括政府采购、服务外包、贸易管制、海外机构等拉动市场对企业创新应用的政策工具。

[2] 将创新链大致分为三个阶段：第一阶段包括创意产生与技术源和基础与应用研究；第二阶段包括实验发展、试产试销和批量生产；第三阶段包括创新保护、创新扩散和创新评估。

表 3-2　基于创新链的国际发达国家政策工具分析（单位：%）

创新链各端	工具类型	政策措施	国家			
			美国	英国	日本	韩国
创新链前端	供给型	公共服务	33.3	0	0	0
		人才培养	25	25	0	66.7
		基础设施	41.7	25	42.9	0
		资金支持	0	25	14.2	33.3
		信息支持	0	25	42.9	0
	环境型	财务金融	80.6	60	0	50
		税收优惠	19.4	40	0	50
		策略性措施	0	0	100	0
创新链中端	供给型	公共服务	0	25	60	16.7
		人才培养	0	50	40	16.7
		基础设施	0	0	0	16.7
		资金支持	57.7	25	0	16.7
		信息支持	42.3	0	0	33.3
	环境型	财务金融	0	37.5	18	33.3
		税收优惠	0	37.5	18	8.3
		法规管制	67.6	12.5	45	58.3
		策略性措施	32.4	12.5	18	0
	需求型	政府采购	0	100	100	50
		海外机构	0	0	0	50
创新链后端	环境型	法规管制	0	100	100	33.3
		策略性措施	0	0	0	66.7
	需求型	政府采购	60	0	0	0
		贸易管制	40	0	0	0

资料来源：林敏，张艺民，王帅，戴淑芬，张群：《发达国家支持企业技术创新政策研究》，《中国科技论坛》2015 年第 11 期。

（三）精准施策，促进大中小创新型企业共生共荣

注重大企业研发投入，形成重点领域长远布局。欧美发达国家在大企业

研发投入占据了绝对优势，日本是亚洲大企业研发投入最多的国家[1]。根据欧盟发布的全球研发投入最高的 2500 家企业总研发投入调查榜单[2]，美国有 769 家企业上榜，研发金额占比 38.0%，大部分是人工智能、IT 通信、芯片研发以及制药业，其次包含传统的汽车和通用电气类。欧盟有 551 家企业上榜，研发金额占比 28.3%，其中德国主要以汽车和电子类为主，英国则是以制药为主。日本 318 家企业上榜，研发金额占比 13.3%，主要以汽车和电子类为主。[3]

推动专精特新企业建设，抢占深耕细分市场。国际发达国家重视中小企业创新发展，更重视专精特新企业"以专补缺"，德国的做法最富代表意义。德国始终坚持走精细化分工道路，在世界制造业领域的细分市场占据重要地位，涌现大量的"隐形冠军"。从德国联邦政府推动专精特新企业建设的经验做法来看，一是引导企业提升创新能力，加快数字化转型。《数字化战略 2025》中专门描述了中小企业数字化转型，涉及重点领域目标以及实施措施。二是长期专注细分市场，注重产品和服务质量。德国联邦政府鼓励中小企业将资源集中于某个细分领域，将单一产品做到极致，打造细分市场的领先者、主导者。三是注重专业技术人才培养，保障企业发展核心。德国实行"双元制"职业教育体系[4]，培养了大批兼具基础能力和实践能力、以"慢、专、新"为主要特点的德国工匠。

大中小企业融通发展，促进政产学研用紧密结合。发达国家主要通过鼓励"以大带小、以小补大"的方式实现大企业和中小企业的相联合发展。日本大企业自身主要从事关键性零部件的生产和产品的最后装配，其余则转包给中小企业来生产。中小企业自身与大企业结成资产纽带和生产经营纽带，专门从事关键部件的生产和零件的整装，为大企业生产零部件、中间产品或从事各类辅助工程。同时，通过将企业的发展战略与产业政策相结合，选择

---

[1] 为推动半导体产业发展，1976 年 3 月，日本政府联合日立、NEC、富士通、三菱、东芝等启动了 VLSI（超大规模集成电路）计划，筹集资金 737 亿日元，其中通产省补助 291 亿日元，几乎相当于通产省的一半支出。VLSI 计划完成于 1980 年，不仅直接促进了日本集成电路产业的发展，其溢出效应更是提升了日本产业整体竞争力。

[2] 来源于《2019 年度欧盟产业研发投入记分牌》（2019 EU Industrial R&D Scoreboard）报告。

[3] 中国 507 家企业上榜，研发金额占比 11.7%，主要是互联网和通信类为主。

[4] 所谓"双元制职业教育"就是整个培训过程是在工厂企业和国家的职业学校进行。

重点产业进行扶持，加快实验室建设，加强研究机构及人才的管理，促进政产学研用紧密结合。德国兼顾大企业和中小企业的创新和发展，强调大企业、中小企业、研究机构、高校、科技园、孵化器共同形成集聚发展，注重产业链上、中、下游行业的竞争力培育。

重视全球布局，强化打造国际化生态系统。一方面，支持跨国公司利用全球布局来强化创新发展，注重将技术专利化、专利标准化，以其丰富的工业化和国际化经验，在全球布局中注重以建构产业技术生态系统来进入壁垒，进而实现对整个产业的控制。以手机制造为例，核心装备高端光刻机由荷兰 ASML 公司掌握，芯片架构设计由英国 ARM 公司主导，美国高通占据了大部分手机芯片市场，谷歌则提供了 Android 操作系统。另一方面，支持中小创新型企业抢占国际市场。韩国支持具有技术竞争力及输出竞争力的企业，根据技术需求调查和贸易统计分析，韩国政府集中支持中小企业的产品输出种类共 14160 种。韩国重视本土化技术，与民间投资机构合作，对主要进口产品实行战略技术开发。韩国努力构建国际技术创新网络化平台，促进国际合作，通过外交等手段寻求国际的合作项目。韩国在美国、欧洲、中国等海外战略地区建立并运营"全球创新中心（KIC，KoreaInnovationCenter）"，支持韩国中小企业的国际化战略，推广本国优秀的创新中小企业进入国际市场。

五、推动我国大中小创新型企业共生共荣、提升产业基础能力的对策建议

（一）攻难补短，完善关键核心技术攻关的新型举国体制

新型举国体制以国家发展战略为根本目标，通过集中力量、协同攻关，实现核心技术的全面突破。相较于传统举国体制，新型举国体制更加注重市场在资源配置的决定性作用、目标实现与经济效益并重发展、技术链与价值链的双轨并行等方面，有利于充分发挥集中力量实现核心技术的全面突破。应从多方面加快完善关键核心技术攻关的新型举国体制，充分发挥集中力量办大事优势。

一是强化对基础研究的认识及基础研究的投入，健全鼓励支持基础研究、原始创新的体制机制。从国家战略高度上将企业基础研究摆在重要位置，坚持将企业基础研究作为产业转型升级和研发创新的重要动力，注重知识积累、技术储备和人才培育等基础功能，对基础研究的长期性、积累性等特点形成深刻的认识。围绕国家战略导向、产业发展前沿、产业共性技术的难点和短板，支持企业参与源头基础研究的积极性，加大针对核心基础元器件及零部件、关键基础材料、先进基础工艺、产业技术基础水平、基础软件设计与生态化应用等产业链高端环节基础技术和产品的研发投入。借鉴发达国家成功做法，鼓励和支持大企业组建联盟进行关键共性技术攻关，合作发起、共同投入、市场导向、自主运作、成果共享、风险分担，着力解决影响产品性能、质量和稳定性的关键共性技术和着力突破"卡脖子"技术。鼓励企业和社会资金投入应用（基础）研究，形成支持应用（基础）研究的多元投入机制。注重"揭榜挂帅"、众包众筹等方式的充分应用，吸引更多的团队、机构、企业关注和参与到相关产业基础能力提升中来。

二是建立以企业为主体、市场为导向、产学研深度融合的技术创新体系。与市场机制充分结合，推动企业成为技术创新决策、研发投入、科研组织和成果转化的主体，集中各方力量协同攻关，充分引导并利用市场资源要素，通过并购重组等方式促进资本进一步向符合国家战略的重点行业、关键领域和优势企业集中，提高全行业资源配置效率。

（二）针对行业差异性培育一批龙头大企业和"专精特新"中小企业群

龙头大企业通常在全球价值链中占据产业高端和关键环节，在全球产业规则形成、行业标准制定、产业发展方向引领等方面具有较强的话语权和影响力。"专精特新"中小企业通常在细分市场或特定领域具有技术的独特性和关键性，是行业的"隐形冠军"。结合我国世界 500 强企业和专精特新企业行业分布以及与国际上差距来看，我国应加强在汽车、油气与化工、钢铁及建材、电信、电力、建筑、矿产资源、装备制造、软件与信息技术服务、运输等行业龙头企业培育，同时加强在产业技术基础领域、核心基础零部件、关键基础材料、先进基础工艺领域等"四基"领域的专精特新企业的培育。发挥国家中小企业发展基金等引导作用，带动社会资本加大对专精特新企业的股权投资力度，鼓励有条件的地方在区域股权交易市场开设"专精特新板"。引导和支持各地结合"小巨人"企业共性需求和本地产业发展特点，因地制宜制定培育计划和扶持措施，在服务体系、人才引进、财税支持、国际合作等方面推动配套政策细化落地。要鼓励产业集群的龙头企业通过纵向合并等方式，联合国内外大专院校、科研院所，把资源和要素集中投放在知识技术密集的基础领域和关键环节，不断提升技术层级，逐步向上延伸产业链，掌握产业链中不易被替代的核心技术和诀窍。

（三）齐心协力，建立大、中、小企业协同创新发展的产业生态

大中小企业之间共生共荣协同发展的必然要求已不再是单一配套的供应链关系，而是以提高产业整体技术及关键技术水平、改善企业经营业绩、促进产业整体发展为根本，加强技术创新协同、管理创新协同、产业链发展协同，建立完善的公共服务体系和政策体系，构建协同创新、共生共荣的企业生态系统。

一是促进技术创新协同，打破行业技术垄断。即以提高产业整体技术及关键技术水平为根本，通过大企业的技术创新带动与其配套的中小企业技术创新，形成大企业带动下的大中小企业技术协同创新体系。以大企业技术研究机构为核心，围绕关键技术积极整合平台资源，打造开放共享共创式创新平台，为中小企业提供技术服务与支持，共享行业共性技术资源与成果，开展产业链关键环节的创新合作研究，共同推动产业整体技术及关键技术水平的发展与进步。

二是加强管理创新协同，建立平等竞争的经营环境。即以改善企业经营业绩为根本，同步创新大企业与配套中小企业的管理理念、机制、组织、流程等，提高快速适应内外部环境变化的能力，形成大中小企业协同管理创新体系。将大中小企业协同管理创新理念融入企业生产经营管理的各个层面，增强企业平等竞争、价值共创、互利共赢的意识。通过大企业与中小企业之间的管理合作，建立企业管理的动态调整机制。加强企业组织之间信息交流与共享，建立畅通、高效、便捷、安全的协同管理信息平台，引领组织方式从官僚制向扁平化、流程化、价值网络方向转变。完善大中小企业配套体系，逐步从低端无序向高端有序发展。

三是推进产业链发展协同，促进产业整体发展。通过产业链层次上全方位和深层次的融通发展以及协作配套，形成产业集群下的大中小企业产业链发展协同创新体系。围绕产业集群，发挥大企业产业链带动优势，从供应链、创新链、信息链、资金链、价值链等方面与中小企业共建融通产业生态圈，坚定中小企业"专精特新"的发展道路，积极利用数字化网络化智能化为大企业提供专业化配套服务，提高产业整体发展水平。

四是完善公共服务平台和政策体系，保障大中小企业协同发展。搭建各类服务平台，深化对专精特新企业的发展战略规划、资本结构优化、与大企业的协作配套等方面的引导服务；搭建专业化配套协作平台，引导专精特新企业提高与大企业的协作配套能力，并通过大项目、大工程，引导大企业主动寻求与专精特新企业的合作。建立良好的政策体系，引导企业共生共荣发展。在符合 WTO 规则的情况下，通过政府购买服务、设定技术标准等需求侧创新政策的应用，为核心元器件、零部件、关键基础材料、先进基础工艺、基础软件、尖端设计企业提供现实应用需求和迭代优化环境。加强对专精特新企业转型升级的阶段化财政补贴、税收优惠或减免，加大对创新型龙头企业和专精特新企业的金融支持力度，探索多元融资模式，拓宽融资渠道，扩大信贷规模。

五是创造创新发展的文化氛围，大力弘扬企业家精神和工匠精神。帮助企业戒除浮躁和急功近利，形成浓厚的从事基础产业技术研究的能力、环境和氛围，形成容忍失败的鼓励创新的文化。一般来说，诸如工艺流程的改进、产品质量提高等维持现行秩序下的渐进性创新，需要精益求精、刻苦工作、用户为上的工匠精神；如果面临的是那种必须从无到有的或带有破坏性特性的创新，光凭工匠精神还远远不够，必须形成容忍失败的鼓励创新的文化，发挥企业家精神，这种创新较多地出现于技术和市场变化迅猛的新兴产业的初创期，主要体现为新产品涌现和技术范式的彻底变化。要培育企业家精神和创新人才，探索适应经济高质量发展和创新型人才发展的长效激励机制。要借鉴德国职业教育"双元制"理念，突出校外实训教育比重，注重基本技能、从业能力和综合职业能力的培养，完善工程师培养和发展体系，造就一大批"大国工匠"。

（四）积极开展创新型企业国际合作，部署安排产业链供应链备份

针对当前及未来全球贸易衰退和全球产业链暂停带来的直接或间接冲击，围绕我国对全球依赖程度较高的工业制品尤其是高技术工业制品，以"一带一路"建设、企业改革、提升产业基础能力和产业链水平为契机，秉承开放创新和自主创新相结合的理念和策略，在更全面地融入全球相关产业创新体系的同时，在新兴领域和未来产业方向上，鼓励和支持通过开源、合作等方式，把握并巩固先发优势。积极开展国际合作，部署安排产业链备份。一是以"一带一路"建设为契机，加强与沿线各国政府和企业在产品、资本、技术、服务、管理等多方面的合作，总结我国企业走出去的关键经验，构建多层次合作模式及格局。借鉴日本"母工厂"制度做法，鼓励和支持我国企业在国内建立覆盖产业关键核心基础的"母工厂"，在"走出去"过程中有效降低"制造业空心化"的负面影响，确保产业安全。二是以企业改革为契机，加强与国际各类所有制企业在改革发展方面的合作，探索合作路径与模式，实现健全完善现代企业制度、推进公司治理体系和管控能力现代化国际化的目标。三是以提升产业基础能力和产业链水平为契机，加强与国际同行企业在产业链、价值链等方面的合作，搭建更多重点领域产业交流合作平台，建立稳定的产业战略合作伙伴关系及长效机制。四是打造国际化创新主体。引导 VC/PE 等投入产业基础能力相关领域，发掘和涌现更多的创新型创业者和创意型企业家，围绕硬科技和（设计、模式等）"暗创新"领域，实施颠覆型创新，充分利用国际并购，快速消化吸收掌握相关关键核心技术，实现跨越式发展。

参考文献

1. 白涌如.中小企业走"专精特新"发展道路的实践及建议.中国经贸导刊,2013（26）.

2. 黄群慧,倪红福.基于价值链理论的产业基础能力与产业链水平提升研究.经济体制改革,2020（5）.

3. 黄群慧,余菁,王涛.培育世界一流企业：国际经验与中国情境.中国工业经济.2017（11）.

4.戴翔.中国制造业国际竞争力——基于贸易附加值的测算.中国工业经济.2015（1）.

5.董楠楠，钟昌标.美国和日本支持国内企业创新政策的比较与启示.经济社会体制比较，2015（3）.

6.赫尔曼·西蒙.隐形冠军：未来全球化的先锋.机械工业出版社，2015（5）.

7.机械工业信息研究院.我国中小企业"专精特新"发展调查研究.中国中小企业，2014（4）.

8.贾生华，杨菊萍.产业集群演进中龙头企业的带动作用研究综述.产业经济评论，2007（1）.

9.蒋仁爱，冯根福.贸易、FDI、无形技术外溢与中国技术进步.管理世界，2012（9）.

10.林敏，张艺民，王帅，戴淑芬，张群.发达国家支持企业技术创新政策研究.中国科技论坛，2015（11）.

11.柳卸林，何郁冰.基础研究是中国产业核心技术创新的源泉.中国软科学，2011（4）.

12.罗仲伟，孟艳华."十四五"时期区域产业基础高级化和产业链现代化.区域经济评论，2020（1）.

13.倪峰.2019年中美关系回顾.现代国际关系，2020（1）.

14.任腾飞，高蕊.2019中国大企业发展分析报告：从世界500强和中国500强看中国企业高质量发展进程.国资报告，2019（9）.

15.芮明杰.构建现代产业体系的战略思路、目标与路径.中国工业经济，2018（9）.

16.盛朝迅.推进我国产业链现代化的思路与方略.改革，2019（10）.

17.石建勋，李海英，刘力臻，孔同昌.德日大中小企业融通发展经验.中国中小企业，2018（10）.

18.孙黎，邹波.再创能力：中国企业如何赶超世界一流？.清华管理评论，2015（21）.

19. 王庭东 . 新科技革命、美欧"再工业化"与中国要素集聚模式嬗变 . 世界经济研究, 2013（6）.

20. 谢锐, 王菊花, 王振国 . 全球价值链背景下中国产业国际竞争力动态变迁及国际比较 . 世界经济研究, 2017（11）.

21. 杨超 . 德国隐形冠军的成长逻辑 . 中国工业和信息化, 2019（11）.

22. 余振, 周冰惠, 谢旭斌, 王梓楠 . 参与全球价值链重构与中美贸易摩擦 . 中国工业经济, 2018（7）.

23. 赵奉杰 . 境外"专精特新"企业发展经验借鉴 . 中国中小企业, 2014（4）.

24. 郑志来 . 欧美高端制造业发展战略对我国的影响与应对 . 经济纵横, 2015（4）.

25. 朱建民, 金祖晨 . 国外关键共性技术供给体系发展的做法及启示 . 经济纵横, 2016（7）.

26. 李万 . 加快提升我国产业基础能力和产业链现代化水平 . 中国党政干部论, 2020（1）.

27. [德] 赫尔曼·西蒙, 阿丁 . 隐形冠军: 谁是全球最优秀的公司 . 新华出版社, 2018.

第四章 建立效率、安全、低碳导向"三位一体"的新型产业结构

产业结构有效变迁和转换是我国加快建立现代化产业体系的重要内容。近年来，国际产业结构变迁呈现效率、安全、低碳"三位一体"导向的新趋势。我们要对标这种新趋势，解决我国产业结构变迁中存在的问题和误区，有效推动我国产业结构调整和变迁。

一、国际产业结构变迁正在由效率导向转变为效率、安全、低碳"三位一体"导向

（一）传统的工业化过程中产业结构变迁以经济效率为主要导向

纵观发达国家工业化过程的产业结构变迁，在工业化不同阶段，呈现不同产业变化特征，高增长行业经历了由劳动密集型产业向资本密集型、技术密集型产业转变。从本质上看，是按照经济演变的本质规律不断推进，从要素配置角度看，是以效率为导向，实现产业间资源要素优化配置，资源要素向高增长行业集中转移，高效率的产业结构变迁的具体表征是，在不同经济发展阶段拥有一批带动经济较快增长的主导产业，如在工业化初期，以纺织服装等为高增长主导行业带动经济快速增长；在工业化中期乃至周后期，则是以钢铁、建材、化工、机械装备等重工业为高增长主导产业；到工业化中后期乃至后期，则是以电子信息等高技术产业，以及现代服务业等为高增长主导产业。

（二）立足于效率导向，更加重视安全和低碳导向正在成为国际产业结构调整新趋势

近些年来，国际社会和世界政治格局正在发生深刻调整，安全和环保已经成为世界发展的主题。从国际上看，产业结构变迁和经济发展不单纯是一个经济效率配置的问题，转向追求效率、安全和低碳导向相融合的趋势。

1. 产业结构变迁的安全导向体现为追求制造业比重稳定和产业链安全

一是强调制造业在产业结构中比重的稳定性。制造业被人们称作富国扶梯、发展引擎，创新主体。发达国家经历完成工业化后，虽然制造业在产业结构的比重不高，但仍然高度重视制造业。20 世纪 80 年代美国里根政府曾经高度重视制造业发展。在经济全球化和信息革命的大背景下，尤其是全球金融危机爆发以来，主要发达国家更加重视制造业的价值，重新拟定制造业发展战略规划，采取了一系列措施加强制造业的发展，推行所谓的"再工业化"，把高技术产业和新能源产业领域作为其发展重点，抢占全球制造业制高点。以 G7（七国集团）为代表的西方发达国家在经历了近 30 年制造业占比快速下降之后，在 2008 年国际金融危机之后，制造业占比下降趋势明显趋缓，部分国家已出现制造业占比上升态势。以美国为例，1980—1990年、1990—2000 年、2000—2010 年等 3 个十年内，美国制造业占比分别下降 2.76%、3.73% 和 2.87%，但 2010—2018 年期间仅下降 0.02%，2017、2018 两年，美国制造业增加值的年度增长率分别达到了 2.65% 和 3.92%，制造业已开始止跌回升。而德国、日本的制造业占比近 20 年来基本保持稳定，在 2010—2018 年期间还保持了一定增长。

二是重视重点行业的产业链安全。近 10 年来，随着国际形势日益复杂，世界各国推动产业发展的同时，更加重视产业链的安全，部分产业链涉及科技、军事、战略资源等内容，主要发达经济体在敏感核心领域加强了对外资的审查力度、设置了更多障碍。特别是近几年来，中国与外部经济体特别是以美国为首的西方发达经济体的关系从以互利为主逐渐演化为以竞争为主，逆全球化趋势出现促使主要国家之间的战略博弈更加明显深刻，以美国为首的西方国家对遏制中国发展逐渐形成共识并开始采取协调性行动，中国面临的外部环境开始由"有利宽松"转向了"制约压制"。特别新冠疫情以来，

美、日等国家鼓励医疗设备、药品、半导体、汽车、军工、信息通讯等涉及国家安全的产业回流本国，降低核心环节在华生产比重。部分跨国企业为分散大国博弈和疫情扩散导致的双重风险，在生产效率、经营利润之外更看重产业链本土化带来的安全性、稳定性，加速产业链核心环节回流本国步伐，国际产业链格局出现"美国阵营化"或者"去中国化"调整倾向，导致国际产业链调整出现了两种倾向：一是和美国市场密切相关或对美国技术高度依赖的跨国企业，或者在美国加强投资，或者弱化与中国企业和市场的联系，将投资转移至东南亚等地，二是与中国市场和中国企业密切相关的企业，被迫在全球范围内寻找能够规避美国关税墙或保护主义壁垒的出口基地作为生产的"原产地"，最后的结果是导致了大量企业采取"中国+1"布局战略，这将冲击我国产业链韧性和稳定性，影响产业链安全，还将大大削弱我国的全球制造业中心地位。

2. 产业结构低碳绿色变动导向体现为新能源产业和低碳产业快速发展

当今世界，水资源问题、大气条件恶化、生态环境恶化、能源问题等交叠出现，产业特别是制造业是资源能源消耗和环境污染"大户"，世界各国（尤其是经济发达国家）为实现可持续发展，重视绿色低碳改造。与此同时，当前世界经济处于康德拉涅夫第五周期的经济增长点之间，这一时期的技术革新和产业发展以新能源、新材料和生物科技为主，带有明显的"绿色""低碳"特征，美国、欧盟等发达国家和地区纷纷提出"发动一场清洁能源革命"、"欧盟2050能源战略路线图"和"欧盟2050低碳经济路线图"等战略，并大幅度提高清洁能源支出在财政预算中的比例，通过推动"绿色经济"、"低碳经济"发展，改变当前能源生产和消费版图，寻找新的增长引擎。产业结构变迁的绿色低碳趋势包括：

一是开发可再生能源和清洁能源，降低化石能源比重。拜登政府把发展清洁能源和新能源汽车作为其施政政策的重要内容。日本把"低碳革命"作为投资未来的核心内容，提出了"节能可视化"以及包括新能源示范区建设、智能电网、太阳能发电等在内的多项政策。澳大利亚专门设立可再生能源专项基金，重点用于可再生能源项目和技术的开发利用，全方位建设低碳能源体系。德国政府鼓励可再生能源发电占总发电量。

二是降低高碳排放产业比例。欧盟鼓励新能源技术和低碳技术产业发展，推动新能源、可再生能源产业和清洁能源服务业的发展，并成为支柱产业。日本持续投资化石能源的减排技术装备，如投资燃煤电厂烟气脱硫技术装备，形成国际领先的烟气脱硫环保产业，积极发展低碳交通业。美国加大对混合动力汽车、电动车等环保型交通工具的开发利用，重视新能源装备制造业的发展，还鼓励发展适应低碳经济的建筑业。

二、我国建立"三位一体"产业结构面临的问题

（一）传统产业在产业结构仍然占主导地位

改革开放到十八大，我国经济发展经历工业化初期、工业化中期乃至工业化后期等不同阶段，我国产业结构变迁也呈现不同产业变化的特征，这是按照经济演变的基本规律来不断推进的，本质上也是一种经济效率导向型的结构变迁，表现为：20 世纪 80 年代的"轻工业补课"的工业化初期，快速增长的劳动密集型行业带动结构变迁；20 世纪 90 年代工业化中期，快速增长的重化工业带动结构变迁；进入 21 世纪的工业化中后期，我国部分具有高加工的重化工业和技术密集型行业快速增长带动结构变迁。随着我国进入工业化后期，特别是当前我国开始向后工业化时期过渡，我国高技术产业和战略新兴产业快速发展，现代服务业和新兴业态不断涌现，但基于传统产业基数大，目前我国高技术产业占比仍然不高，2021 年，高技术制造业占规模以上工业增加值比重为 15.1%（估算占 GDP 比重约为 4.9%），劳动密集型产业、重化工业、房地产等在国民经济中仍然占主导地位，特别是房地产业占 GDP 比重高达 6.8%，而且我国的高技术产业，很多属于产业链的劳动密集型环节或者中低端环节，如电子信息产业链，严格意义还只是一个"加工厂"。

（二）产业结构安全性有待加强

体现在两个方面：一是我国制造业增加值占 GDP 比重呈现逐年下降趋势。根据计算，2018 年、2019 年、2020 年制造业增加值占 GDP 比重，结果分别为 29.41%、27.17%、26.18%，三年中下降超过了 3 个百分点，这一

下降幅度不可谓不快，值得警惕。而且，2010 年以来，在西方发达国家制造业开始止降回稳甚至回升的同时，中国制造业占比在加速下降；在西发达国家服务业开始止升回稳甚至下降的同时，中国服务业占比则在加速上升。近年来服务业和工业化规律不相匹配的快速增长，以致和制造业发展需求不协调、和人们生活需求不协调，例如，我国金融业增加值占 GDP 比例已经大大超过美国、英国、日本等早已实现了工业化、服务业在经济中占主导地位的国家，引发低质量供给过剩和供给不足并存，自循环发展和"泡沫化"并存等问题。我国服务业快速增长不完全是市场内在要求，更多来源于政策推动，如，全国各地兴建"城市综合体"、构建"物流中心"、打造"金融中心"等来促进服务业快速增长。"十四五"时期基于工业领域产能过剩严重、实体投资回报率下降等原因，导致资本投向回报率高的服务业"虚拟经济"领域甚至在此领域空转。美、德、日等发达国家在工业化中后期和后工业化初期，这些国家制造业占 GDP 比重均高于 30%；随后，经过 7—30 年的产业调整，制造业占 GDP 比重才降至 25% 以下。我国人均制造业增加值 2018年为 2862.25 美元 / 人，远远低于显示的发达国家对应年份的水平，但制造业占 GDP 比重已由 2006 年的 33.0% 下滑至 2018 年的 29.3%，跌破 30% 关口。

二是产业链安全受到挑战。我国作为后发国家，长期以来，为了赶超重视速度，在许多领域和许多环节的发展步伐需要大于先行国家，往往追随先行者的路径，忽视了关键领域和关键环节的"精耕细作"，产品、工艺粗糙，核心环节和技术难以突破；我国产业关键核心领域技术创新水平提升，很大程度时依靠发达国家技术引进而获得，从而导致关键核心技术依然受制于人。据中国工程院对 26 个制造业行业开展的产业链安全性评估，目前 6 个行业自主可控，占比 23%；10 个行业安全可控，占比 38.5%；2 个行业对外依存度高，占比 0.8%；8 个行业对外依存度极高，占比 30.8%。据工信部对全国 30 多家大型企业 130 多种关键基础材料的调研，我国关键零部件、元器件和关键材料自给率只有 1/3，32% 关键材料在中国仍为空白，52% 依赖进口。硅片、光刻胶、电子特种气体、光掩膜等是生产半导体的关键基础材料，对外依存度均超过 80%，而且进口来源国单一，这些国家一旦"断供"，对我国相关产业链安全的影响和冲击较大。近年来，美国在半导体、生物、医疗器械、新能源等重点领域对我国进行大力遏制，意欲迫使全球关键技术和核心部件供应商对我国企业"断供"，部分跨国公司高端产业环节有可能断绝与中国企业的供应链关系。我国许多产业链条面临着研发、创新、管理等高端要素难以支撑、"升级无源"，加工制造能力低水平扩张而无"用武之地"的困境，造成我国产业链碎片化、供应链撕裂，产业链完整性和参与全球供应链受到冲击。

（三）产业结构低碳化改造难度大

一方面，我国资源禀赋特征是"富煤、少气、缺油"，这决定了我国的一次能源结构只能以煤为主。近年来，我国大力发展非煤能源，但是以煤为主的能源结构没有根本性改变。根据计算，焦炭与原煤的碳排放强度分居第一、第二位，分别是油田天然气的 1.81 和 1.64 倍，也远高于原油、汽油、柴油等其他石油能源。以煤为主、"富煤贫油"的能源结构导致在一次能源消费中煤炭占化石能源消费比重过高。虽然当前化石能源仍然是世界主要国家能源消费的主体，但煤炭在我国一次能源消费的比重远超其他国家。2019年我国一次能源消费中，化石能源占比为 85.1%，美国为 83.3%，欧盟和日本分别为 74.1% 和 87.4%，化石能源是各国消费主力，各国之间差异并不大。我国煤炭消费占一次能源消费的比重为 57.6%。与之相对应，美国为 12%，欧盟和日本分别为 11.2% 和 26.3%。欧美与日本等发达国家的石油与天然气消费占据了一次能源消费的主要位置。我国制造业的能源消耗依然在快速提升，而煤炭多、少油缺气造成了制造业依然以煤炭能源为主的实际情况，这给其往低碳化方向转型发展带来比较大的阻力。

另一方面，我国经历以重化工业为主导产业的工业化中期，形成当前的产业结构中，高碳特征明显的重化工业占比仍然比较高。根据四经普查计算，2018 年，六大高耗能行业占全部工业企业数比重高达 15%，营业收入占比高达 31.7%。未来一段时期，我国还处于工业化后期向后工业化过渡时期，根据工业化规律，在工业化尚未结束前，虽然对于碳（能源）的消耗将开始出现下降，但仍然拥有巨大市场需求。而且重化工业产品多是中间产品，是其他产业的主要原料，由此还将高碳传导到国民经济的大多数部门，高碳的产业结构仍然将持续保持。

最后，长期以来，我国产业发展的用能技术路线和工艺路线并没有太多考虑碳排放，甚至还是以高碳能源为基础高碳技术的路径依赖以及伴随产生的"锁定效应"，产业低碳转型需要大量设备更新研发投入、绿色设计与生产、绿色回收和废弃物的处理，增加运营成本和投资风险，从而现有这种基础设施及其高碳技术的支撑系统将严重阻碍低碳技术的进一步研发、应用。

三、建立"三位一体"新型产业结构要避免陷入理论和政策的误区

推动从效率导向的产业结构变迁转向"三位一体"型导向的结构变迁，需要避免走入以下误区：

（一）理论和观念误区

1.主导产业选择标准沿袭先行国家工业化选择基准的误区

沿袭先行国家工业化选择基准发展主导产业，一方面将不可避免走传统工业化的老路，污染和环境问题难以得到根治，低碳化发展更是难以得到保障；另一方面则将继续"跟随"发展。当前我国已经进入向后工业化时期过渡的时期，主导产业选择标准，既要考虑传统工业化理论中的需求旺盛、技术进步率、产业带动力等指标，但更要考虑到统筹发展和安全的关系，要以国家战略为重点，突出产业在抢占国际战略制高点的作用。

2.保制造业比重稳定就是要保制造业占比不下降的误区

当前我国中国制造业比重下降应该还有一定的客观性和必然性。我国当前仍然还在大力推进工业化进程，非制造环节的不断分离，形成服务性产业等；而且比较同经济发展阶段时期的先行国家，我国当前制造业占比还比较高，应该说制造业占比下降总体上还是一种趋势。当前我国服务业中，高端服务业或生产性服务业占比较低，低效率的低端服务业、房地产与金融业占比过高。保持制造业比重稳定，其实质是防止产业结构变迁出现"虚拟化泡沫化"，防止大量资本进入到金融、房地产以及虚拟经济领域，造成制造业比重下降过快和经济效率下降和"泡沫化"。

3. 保产业链安全就是全产业链发展的误区

基于当前复杂的国际发展环境，我国日益重视产业链供应链安全，在逆全球化的情况下，出现了"为产业链安全稳定而推动全产业链发展"的倾向，这个观点从国际分工角度和参与国际竞争来看是值得商榷的。尽管逆全球化趋势出现，但产业参与国际分工和国际竞争是不可逆的，产业只有参与国际竞争，拥有国际竞争力才能得到更大发展，即使是近年来美国不断叫嚣要和中国的产业链脱钩，也主要是想在高科技产业和高端产业环节与中国实现"半脱钩"。在产业国际竞争力和产业链安全之间取得平衡是促进产业发展的关键。

国际经验表明，一个国家越是有国际竞争力的产业，对外国进口的中间品越是依赖，脆弱性越强。即使是发达经济体、老牌工业强国和全球科技领域顶端的国家，也同样强烈依赖于全球生产网络。例如，日本、韩国、美国的半导体产业都很强，但产业链脆弱度居前的也是电子、电气产业；英国、法国、德国、意大利的机械制造业比较强，但这些国家产业脆弱度居前的正是机械设备。我国技术密集型行业也存在这种悖论。电机—电气—音响设备、机械设备、光学—医疗等仪器是中国供应链脆弱性最高的三个行业（但在劳动密集型行业中并不存在这种悖论）。相较于美国，中国的全球供应链风险更容易受到政治因素影响。美国通过政治关系、国家间同盟实现了产业链安全保障，拜登政府发布了关键领域供应链百日评估报告，该报告中再次提及美国需要强化政治关系，从而维护供应链安全。仅考虑经济因素，中国的全球供应链风险低于美国。但是在考虑政治关系、断供能力后，中国全球供应链风险显著提升。从国际经验做法和我国发展实践来看，如果能够获得国际政治优势，保产业链安全关键还是在核心环节和重点行业获得自主可控的保障，对于一般行业和产业链的普通环节，应该充分发挥企业公平竞争的积极性，对于近年来我国部分产业环节和非核心企业"外迁"现象，我们要客观分析，理性对待，对于因为成本上升引发的普通企业外迁，我们不必过于紧张。

4. 产业结构低碳化就是限制高碳产业发展的误区

产业结构低碳化改造，由于我国要素禀赋和产业结构现状，绕不开的一个重要问题就是如何看待高碳产业。当前理论界和决策部门存在一个高碳排放行业"认知标签化"误区，即将高碳行业、高耗能行业等同于高碳排放行业。其中，高碳行业是以高碳含量原材料作为主要生产要素的产业。虽然当前我国高碳行业、高耗能行业碳排放水平较高，但如能采取措施有效控制生产过程中要素加工和能源消耗造成的碳排放，相关行业就不能简单认定为高碳排放行业。如化工行业通过产业链深加工将本应排放到大气中的碳转化为中间产品，同时降低能耗，就不一定是高碳排放行业。同一行业不同产业链环节在碳排放上也会存在较大差异，如钢铁、有色金属的冶炼及压延加工均被列为高碳排放行业，但实际上压延加工环节碳排放并不高；化工行业精细化工环节虽然以高碳原材料为生产要素，但碳排放量也不高。进一步具体到企业层面，同一领域的不同企业在碳排放量上也会因为技术工艺不同而差异较大。由于"认知标签化"现象的存在，地方政府在出台有关政策时往往对高碳行业、高耗能行业实行"一刀切"，甚至通过"去相关行业产能产量"降低碳排放，导致目前许多新材料行业高技术企业由于存在"高碳排放嫌疑"不能落地。更为严重的是，由于某些行业不能得到合理发展，最终导致产业结构失衡，引发结构性矛盾。

（二）政策实施的误区

1.在现在目标多元条件下，要避免陷入政策刚性化考核

政策刚性化考核容易导致追求极端化、短期化、指标化。作为"三位一体"导向，具有目标多元的综合，需要由一个综合性政策体系，否则将出现政策的"合成谬误""分解谬误"。如果过度追求指标化就有点类似过去的计划指标，目标很多，政策也很多，每个指标都要考核，一项没做好就被否决。政策上的过度指标化还导致了地方缺乏必要的因地制宜的政策创新空间。在政策多元且刚性的情况下，地方政府财力有限，又不能变相融资，自主空间日渐收窄。"分解谬误"就是，不该分解的系统性任务被分解了，有的分解到各个部门、各个地方，有的分解到各个时间段。比如减污降碳问题，如果五年一考核，地方有些弹性空间，来得及做必要的准备，企业也就有了明确的预期，知道应该如何转变调整；如果半年一考核，地方就只好采取强硬的行政措施，导致发展停滞，这就形成"分解谬误"。

2.要避免以工程化思维的政策措施推进产业结构变迁

盖房子可以分得很细，甚至由几个单位同时进行，因为可以进行精确计算，施工位置、所需材料如钢筋和水泥都有非常精确的标准。但如果把"三位一体"的产业结构变迁的解决当成工程去实施，进行指标化分解，一个个分得越细，越增加了不确定性。由于产业结构变迁有很多不确定性以及信息不对称性，随着时间的推移，难以完全充分地预见可能的变化，因此在这种情况下需要预留一点模糊地带。在宏观环境不确定的条件下，需要为政策留有更多余地和弹性，政策考核方向是引导而不应过分追求指标化。

四、建立"三位一体"导向的新型产业结构的对策建议

（一）创新产业结构变迁理论

统筹经济发展和安全，对于我国产业结构变迁具有指导意义。从当前国际国内形势出发，结合当前我国发展现状，我国产业结构变迁要以"三位一体"为导向。对于主导产业选择，不否认工业化过程中的需求旺盛、技术进步率等指标，但更要考虑到产业的国家战略意义；对于制造业比重变化，重点是要将其与提升产业链、供应链的安全性、稳定性，与提升中国制造业的"质"紧密结合起来，"基本稳定"是约束条件，提升制造业的"质"才是最终目的，无需为保持制造业比重基本稳定设立短期硬期指标，对那些有助于制造业价值增值和价值实现的现代生产性服务业，还应给予大力支持，不必纠结于是否会因此降低制造业的短期比重，更多应该关注制造业领域的高技术产业的比例，以及产业链核心环节的突破和地位。对于产业结构的低碳化改造，用把握"只有高碳排放企业，没有高碳排放行业"的政策思维，推动产业低碳转型发展，要由行业整改转向根据行业差异制定降碳标准，针对企业主体进行低碳改造；更要统筹兼顾，适当在发力发展新能源，提升新能源比重的基础上，用低碳技术改造传统高碳排放行业。

（二）制定协同性产业政策体系

基于"三位一体"的产业结构变迁的导向，政策目标是要主导产业培育和发展、保制造业比重和产业核心环节突破、产业绿色转型三个方面取得成

效，政策重点要突出壮大一批链主企业、攻克一批核心技术、增强人力资源新动能、建设一批高水平技术创新平台、培育一批世界级产业集群。要把三者目标关系协同起来，而不是针对各个目标分割，要从供需两侧，从金融、财税、投资等方面实现政策协同。

（三）建立政策协同的机制

建立政策一致性评价机制。考虑到产业政策涉及各个部门，各部门之间存在各自利益，需要综合考虑到部门政策是否会导致"合成谬误"。

建立产业政策预评估机制。各个部门出台产业政策应该有事前评估，要对未来财政支出和财政能力进行科学匡算，形成一盘棋纳入未来预算统筹考虑，形成未来预算约束的条件，避免出现重大风险问题。

建立政策实施、评估、反馈、退出等全过程评估机制。要加快形成"政策实施—督察—评估—政策反馈—修改完善—退出"全流程治理机制，特别是要建立政策督察评估、退出等重点环节一体化治理机制。

参考文献

1. 黄宋梅，廖淑敏，李朝莹. 双碳目标下如何建立低碳消费模式——以食品包装低碳材料的推广为例 [J]. 造纸信息，2022（04）：62-65.

2. 陈若鸿. 从效率优先到安全优先：美国关键产品全球供应链政策的转变 [J]. 国际论坛，2021，23（5）：17.

3. 樊纲. 双循环：构建"十四五"新发展格局 [M]. 北京：中信出版集团，2021.

4. 费洪平，洪群联，邱灵，王云平，盛朝迅，李淑华，王海成，任继球. 新时代我国产业政策转型研究 [J]. 北京交通大学学报（社会科学版），2021，20（04）：56-63.

5. 费洪平，王云平，邱灵. 夯实构建新发展格局的产业链基础 [N]. 经济日报，2021-12-28.

6. 符正平，叶泽樱. 大国博弈下全球供应链的中断风险与"备胎"管理 [J]. 中国社会科学文摘，2021（12）：2.

7. 何明珂，王文举. 现代供应链发展的国际镜鉴与中国策略 [J]. 改革，

2018（1）：14.

8. 金碚. 以自主可控能力保持产业链供应链安全稳定 [J]. 中国经济评论，2021（02）：14-16.

9. 苏庆义. 全球供应链安全与效率关系分析 [J]. 国际政治科学，2021，06（02）：P.1-32.

10. 徐奇渊，东艳. 全球产业链重塑：中国的选择 [M]. 北京：中国人民大学出版社，2022.

11. 杨雷，毕云青，郑平，等. 碳中和政策机制及社会共识的国际经验与启示 [J]. 中国工程科学，2021，23（06）：101-107.

12. 郧彦辉. 国际金融危机以来美国先进制造业产业政策研究 [J]. 经济论坛，2021（01）：16-21.

13. 中国社会科学院工业经济研究所课题组. 提升产业链供应链现代化水平路径研究 [J]. 中国工业经济，2021（2）：18.

14. 芮明杰. 构建现代产业体系的战略思路、目标与路径 [J]. 中国工业经济，2018（9），25-35.

15. 倪红福，王海成. 企业在全球价值链中的位置及其结构变化 [J]. 经济研究，2022，57（2）：107-124.

16. 刘志彪，凌永辉. 论新发展格局下重塑新的产业链 [J]. 经济纵横，2021（05）：40-47+2.

17. 李天健，赵学军. 新中国保障产业链供应链安全的探索 [J]. 管理世界，2022，38（09）：31-41.

18. 杨丹辉. 全球产业链重构的趋势与关键影响因素 [J]. 人民论坛·学术前沿，2022（07）：32-40.

19. 邢予青. 中国出口之谜——解码"全球价值链" [M]. 三联书店，2022.

20. 李金华. 中国绿色制造、智能制造发展现状与未来路径 [J]. 经济与管理研究，2022，43（06）：3-12.

21. 黄群慧，倪红福. 基于价值链理论的产业基础能力与产业链水平提升研究 [J]. 经济体制改革，2020（05）：11-21.

第五章　积极推进产业低碳转型发展 [1]

产业碳达峰碳中和是实现碳达峰碳中和国家战略的关键内容。我国是全球碳排放最大的国家，年碳排放量百亿吨左右，占全球碳排放总量 1/3。其中，工业碳排放占比高达 80%，主要集中在电力热力、钢铁、运输以及石油化工部门。为实现产业碳达峰碳中和，要深入分析当前我国产业碳排放现状和特征，把握推进产业低碳转型发展的障碍和问题，从而提出针对性政策建议。

一、我国产业碳排放的总体特征

我国是世界碳排放量最大的国家，年碳排放量百亿吨左右，在全球碳排放总量中的占比高达 1/3。其中，工业碳排放占比高达 80%，且碳排放主要集中在电力热力、钢铁、运输以及石油化工部门。

（一）碳排放集中在电力热力、钢铁、运输以及石油化工行业

2018 年，碳排量超过亿吨的行业有 6 个，从高到低依次是电力、热力的生产和供应业（45.10 亿吨），黑色金属冶炼及压延加工业（17.70 亿吨），非金属矿物制品业（10.94 亿吨），交通运输、仓储及邮电通信业（7.41 亿吨），化学原料及化学制品制造业（1.93 亿吨），石油加工、炼焦及核燃料加工业（1.42 亿吨）。而且，以上 6 个行业均是生产过程中因煤炭或石油等原材料消费而产生的直接碳排放量较高的行业，由于产品及生产原料、工艺特点和巨大的消耗量，碳减排的难度较大。其中，电力、热力的生产和供应业碳排放

---

[1] 本章和魏丽合作完成。

量一直位居行业之首，在总碳排放量中的比重高达 46.88%，但也是在国民经济社会发展中起到全局性、先导性的基础工业，具有区域垄断性。黑色金属冶炼及压延加工业，一般指钢铁行业，在工业中起重要支撑作用，涉及行业范围广。非金属矿物制品业中碳排放量较高的领域是水泥行业，2020 年我国水泥产量 23.77 亿吨，约占全球 55%，在水泥行业碳排放量中，大约 92%来自水泥行业熟料生产过程中所产生的碳排放[1]，通过现有节能技术减碳效应有限。值得注意的是，虽然化学原料及化学制品制造业与石油加工、炼焦及核燃料加工业的碳排放量远远小于电力、钢铁以及运输等相关行业，但从碳排放强度上看，单位收入碳排放量较高，集约化发展任务较重。

表 5-1　2018 年各行业碳排放量（单位：百万吨二氧化碳）

行业	排放量	行业	排放量
农、林、牧、渔、水利业	94.66	化学纤维制造业	3.43
煤炭开采和洗选业	58.45	橡胶制品业	1.76
石油和天然气开采业	40.06	塑料制品业	1.76
黑色金属矿采选业	9.54	非金属矿物制品业	1093.65
有色金属矿采选业	2.65	黑色金属冶炼及压延加工业	1769.59
非金属矿采选业	9.96	有色金属冶炼及压延加工业	64.18
其他采矿业	4.98	金属制品业	24.89
农副食品加工业	25.89	通用设备制造业	14.70
食品制造业	18.42	专用设备制造业	3.69
饮料制造业	12.11	交通运输设备制造业	9.02
烟草制品业	0.50	电气机械及器材制造业	2.25
纺织业	12.62	通信设备、计算机及其他电子设备制造业	3.61
纺织服装、鞋、帽制造业	1.50	仪器仪表及文化、办公用机械制造业	0.38
皮革、毛皮、羽毛（绒）及其制品业	0.75	其他制造业	0.53
木材加工及木、竹、藤、棕、草制品业	1.84	废弃资源和废旧材料回收加工业	3.46

[1] 丁美荣，水泥行业碳排放现状分析与减排关键路径探讨，湖南省工业和信息化厅 <http://gxt.hunan.gov.cn/gxt/xxgk_71033/gzdt/rdjj/202106/t20210610_19468113.html>，2021 年 7 月 25 日进入。

（续表）

行业	排放量	行业	排放量
家具制造业	0.61	电力、热力的生产和供应业	4509.97
造纸及纸制品业	17.40	燃气生产和供应业	4.18
印刷业和记录媒介的复制	2.05	水的生产和供应业	0.51
文教体育用品制造业	1.41	建筑业	45.01
石油加工、炼焦及核燃料加工业	142.39	交通运输、仓储及邮电通信业	741.36
化学原料及化学制品制造业	192.54	批发和零售贸易业、餐饮业	71.30
医药制造业	4.78	其他	160.04

数据来源：中国碳排放数据库（China Emission Accounts and Datasets，CEAD）。

（二）近 60% 行业（主要为轻工行业）或已出现下降趋势，但主要高碳行业仍处于碳排放增长期

根据 2000—2018 年 44 个细分行业碳排放变化趋势（见图 5-1），可以看出，近 60% 行业或已出现下降趋势，且出现下降趋势的行业主要为轻工行业。随着我国不断推进生态文明建设、产业转型升级的逐步推进，我国产业低碳技术水平大幅提高，集约节约化水平已初见成效。尤其是我国轻工行业，近年来积极推进低碳发展，大力建设低碳工厂、低碳园区、低碳供应链体系，加快节能降耗改造步伐，推动企业利用新技术、新工艺、新材料、新设备进行节能减排，行业低碳生产水平得以大幅提高 [1]。目前，我国轻工行业领域的多项绿色低碳技术已达到国际领先水平，如玉米原料高效清洁生产谷氨酸关键技术、谷氨酸生产过程污染物减量化关键技术、淀粉及其衍生物绿色高效制造关键技术以及全水性聚氨酯生态合成革及智能化清洁生产技术等。全国评定绿色工厂 1470 家，其中轻工企业 270 家；在工信部公布的 43 项绿色设计产品标准中，涉及轻工相关产品共计 17 项；前两批绿色制造示范名单中，409 个绿色工厂中轻工行业占 63 个，246 个绿色设计产品中轻工

---

[1]筑牢高质量发展根基 夯实轻工业强国生命线——轻工业"十三五"成就回顾，消费日报＜https://www.sohu.com/a/421580692_118081＞，2021 年 7 月 26 日进入。

行业占235个，19个绿色供应链管理示范企业中轻工行业占7个。

但是，值得注意的是，部分主要高碳行业仍处于碳排放增长期，如电力、热力的生产和供应业，黑色金属冶炼及压延加工业，交通运输、仓储及邮电通信业，石油加工、炼焦及核燃料加工业。尤其是电力、热力的生产和供应业，交通运输、仓储及邮电通信业，增长趋势依然十分明显。

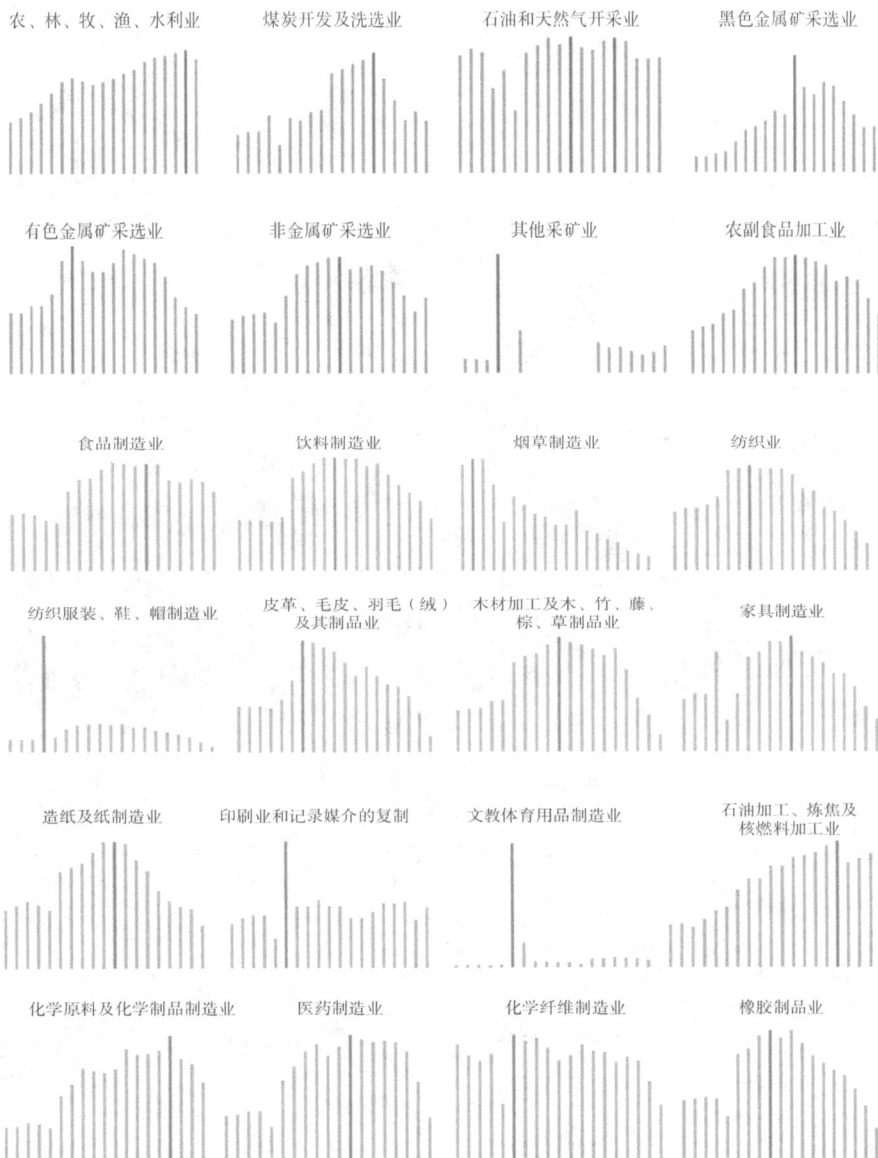

农、林、牧、渔、水利业　　煤炭开发及洗选业　　石油和天然气开采业　　黑色金属矿采选业

有色金属矿采选业　　非金属矿采选业　　其他采矿业　　农副食品加工业

食品制造业　　饮料制造业　　烟草制造业　　纺织业

纺织服装、鞋、帽制造业　　皮革、毛皮、羽毛（绒）及其制品业　　木材加工及木、竹、藤、棕、草制品业　　家具制造业

造纸及纸制造业　　印刷业和记录媒介的复制　　文教体育用品制造业　　石油加工、炼焦及核燃料加工业

化学原料及化学制品制造业　　医药制造业　　化学纤维制造业　　橡胶制品业

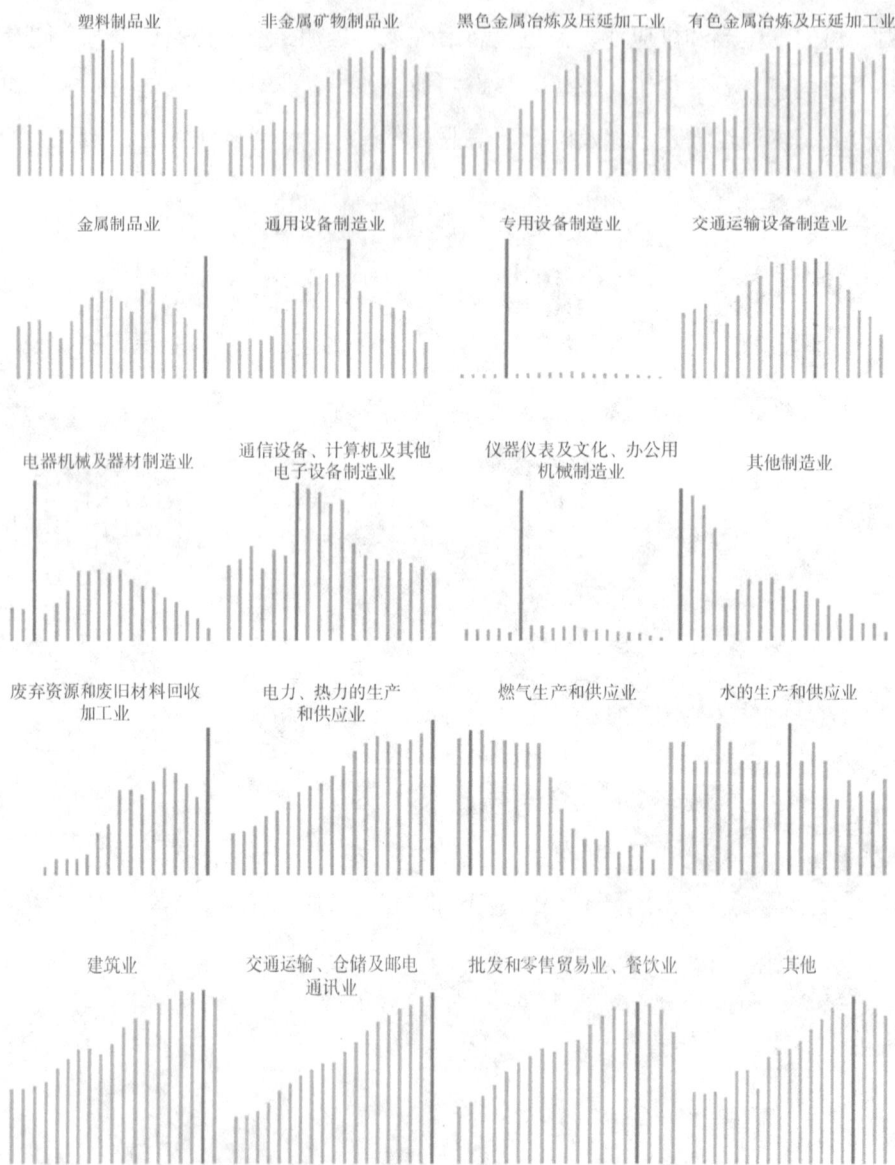

图 5-1 2000—2018 年 44 个细分行业碳排放变化趋势

数据来源：中国碳排放数据库。

表 5-2 2000—2018 年细分行业达峰年份

行业	排放量	行业	排放量
农、林、牧、渔、水利业	-	化学纤维制造业	2005
煤炭开采和洗选业	2012	橡胶制品业	2010
石油和天然气开采业	-	塑料制品业	2008
黑色金属矿采选业	-	非金属矿物制品业	2014
有色金属矿采选业	-	黑色金属冶炼及压延加工业	-
非金属矿采选业	2010	有色金属冶炼及压延加工业	-
其他采矿业	-	金属制品业	
农副食品加工业	2010	通用设备制造业	2011
食品制造业	2012	专用设备制造业	2004
饮料制造业	2009	交通运输设备制造业	2012
烟草制品业	2002	电气机械及器材制造业	2010
纺织业	2007	通信设备、计算机及其他电子设备制造业	2006
纺织服装、鞋、帽制造业	2003	仪器仪表及文化、办公用机械制造业	2005
皮革、毛皮、羽毛（绒）及其制品业	2006	其他制造业	2000
木材加工及木、竹、藤、棕、草制品业	2010	废弃资源和废旧材料回收加工业	-
家具制造业	2010	电力、热力的生产和供应业	（单位：年）
造纸及纸制品业	2010	燃气生产和供应业	2001
印刷业和记录媒介的复制	-	水的生产和供应业	-
文教体育用品制造业	-	建筑业	-
石油加工、炼焦及核燃料加工业	-	交通运输、仓储及邮电通信业	-
化学原料及化学制品制造业	2015	批发和零售贸易业、餐饮业	-
医药制造业	2011	其他	-

数据来源：根据 2000-2018 年中国碳排放数据库（China Emission Accounts and Datasets，CEAD）分部门碳排放数据整理得到。

（三）工业园区碳排放量占比约31%，成为碳减排关键靶点

近40年来，我国工业园区发展迅速，工业园区数量突飞猛进。截至2021年4月，我国国家级开发区和省级开发区共有2728家，其他各级园区更是多达上万家[1]，且主要集中在东部沿海地区。2020年，全国217家国家级经开区地区生产总值高达11.6万亿元，占同期国内生产总值比重为11.5%。但是，目前我国工业园区低碳实践尚处于初期阶段，普遍存在生产设施低效、煤炭依赖度高等问题，污染源监督管理覆盖度不够，依旧存在部分碳排放量高、工艺水平落后、环保设施配套不足的企业甚至非法企业未纳入进监管范畴。研究结果显示，2020年我国各类工业园区的碳排放量几乎占据了碳排放总量的31%，是我国工业领域在精准降碳方面的关键靶点，其低碳发展对于我国实现"双碳"战略目标背景具有重要作用。同时，工业园区在温室气体排放核算上尚未有统一、明确的方法与规范，导致工业园区碳排放量难以摸清。因此，下一步亟须针对工业园区碳排放量开展广泛、全面、深入的调查与核算，为之后制定降碳举措提供依据。

（四）产业碳排放主要集中在东部与中部地区，具有明显的区域特征

2018年，我国31个省（区市）中，产业碳排放量超过5亿吨的有7个，从高到低依次是山东（8.723亿）、河北（8.721亿吨）、江苏（7.44亿吨）、内蒙古（7.12亿吨）、山西（5.30亿吨）、广东（5.25亿吨）以及辽宁（5.02亿吨）。其中，5个省（区市）位于东部地区，2个省（区市）位于中部地区。分地区看，东部地区省（区市）产业碳排放量为45.82亿吨，占比高达45.44%；其次是中部地区省（区市），产业碳排放量为35.71亿吨，占比为35.41%；最后是西部地区省（区市），产业碳排量为19.30亿吨，占比为19.14%。

细分行业看，2018年，碳排量超千万吨行业数量最多的省（区市）为山东、广东以及山西。这3个省（区市）均有7个行业在2018年碳排量超过了千万吨，且高碳行业均包括石油加工、炼焦及核燃料加工业，非金属矿物制品业，黑色金属冶炼及压延加工业，有色金属冶炼及压延加工业，电力、热力的生产和供应业，交通运输、仓储及邮电通信业这6个行业。除了这6

[1] 中国开发区网 .[2021-7-26] https://www.cadz.org.cn/index.php/develop/index.html.

个行业外，山东和山西高碳行业还煤炭开采和洗选业，广东则是批发和零售贸易业、餐饮业。

表 5-3　2018 年各省碳排放量超千万吨行业情况

地区	省份	行业个数	行业名称
东部	北京	2	电力、热力的生产和供应业，交通运输、仓储及邮电通信业
	天津	2	黑色金属冶炼及压延加工业，电力、热力的生产和供应业
	河北	6	煤炭开采和洗选业，化学原料及化学制品制造业，非金属矿物制品业，黑色金属冶炼及压延加工业，电力、热力的生产和供应业，交通运输、仓储及邮电通信业
	辽宁	4	石油加工、炼焦及核燃料加工业，黑色金属冶炼及压延加工业，电力、热力的生产和供应业，交通运输、仓储及邮电通信业
	上海	3	黑色金属冶炼及压延加工业，电力、热力的生产和供应业，交通运输、仓储及邮电通信业
	江苏	5	化学原料及化学制品制造业，非金属矿物制品业，黑色金属冶炼及压延加工业，电力、热力的生产和供应业，交通运输、仓储及邮电通信业
	浙江	4	非金属矿物制品业，黑色金属冶炼及压延加工业，电力、热力的生产和供应业，交通运输、仓储及邮电通信业
	福建	4	非金属矿物制品业，黑色金属冶炼及压延加工业，电力、热力的生产和供应业，交通运输、仓储及邮电通信业
	山东	7	煤炭开采和洗选业，石油加工、炼焦及核燃料加工业，非金属矿物制品业，黑色金属冶炼及压延加工业，有色金属冶炼及压延加工业，电力、热力的生产和供应业，交通运输、仓储及邮电通信业
	广东	7	石油加工、炼焦及核燃料加工业，非金属矿物制品业，黑色金属冶炼及压延加工业，有色金属冶炼及压延加工业，电力、热力的生产和供应业，交通运输、仓储及邮电通信业，批发和零售贸易业、餐饮业
	海南	1	电力、热力的生产和供应业

（续表）

地区	省份	行业个数	行业名称
中部	山西	7	煤炭开采和洗选业，石油加工、炼焦及核燃料加工业，非金属矿物制品业，黑色金属冶炼及压延加工业，有色金属冶炼及压延加工业，电力、热力的生产和供应业，交通运输、仓储及邮电通信业
	内蒙古	6	煤炭开采和洗选业，石油加工、炼焦及核燃料加工业，非金属矿物制品业，黑色金属冶炼及压延加工业，电力、热力的生产和供应业，交通运输、仓储及邮电通信业
	吉林	4	非金属矿物制品业，黑色金属冶炼及压延加工业，电力、热力的生产和供应业，交通运输、仓储及邮电通信业
	黑龙江	4	农、林、牧、渔、水利业，黑色金属冶炼及压延加工业，电力、热力的生产和供应业，交通运输、仓储及邮电通信业
	安徽	5	煤炭开采和洗选业，非金属矿物制品业，黑色金属冶炼及压延加工业，电力、热力的生产和供应业，交通运输、仓储及邮电通信业
	江西	4	非金属矿物制品业，黑色金属冶炼及压延加工业，电力、热力的生产和供应业，交通运输、仓储及邮电通信业
	河南	6	煤炭开采和洗选业，非金属矿物制品业，黑色金属冶炼及压延加工业，有色金属冶炼及压延加工业，电力、热力的生产和供应业，交通运输、仓储及邮电通信业
	湖北	4	非金属矿物制品业，黑色金属冶炼及压延加工业，电力、热力的生产和供应业，交通运输、仓储及邮电通信业
	湖南	5	非金属矿物制品业，黑色金属冶炼及压延加工业，电力、热力的生产和供应业，交通运输、仓储及邮电通信业，批发和零售贸易业、餐饮业
	广西	5	非金属矿物制品业，黑色金属冶炼及压延加工业，有色金属冶炼及压延加工业，电力、热力的生产和供应业，交通运输、仓储及邮电通信业

（续表）

地区	省份	行业个数	行业名称
西部	四川	6	煤炭开采和洗选业，化学原料及化学制品制造业，非金属矿物制品业，黑色金属冶炼及压延加工业，电力、热力的生产和供应业，交通运输、仓储及邮电通信业
	重庆	4	非金属矿物制品业，黑色金属冶炼及压延加工业，电力、热力的生产和供应业，交通运输、仓储及邮电通信业
	贵州	4	非金属矿物制品业，电力、热力的生产和供应业，交通运输、仓储及邮电通信业，批发和零售贸易业、餐饮业
	云南	5	煤炭开采和洗选业，非金属矿物制品业，黑色金属冶炼及压延加工业，电力、热力的生产和供应业，交通运输、仓储及邮电通信业
	陕西	6	煤炭开采和洗选业，石油加工、炼焦及核燃料加工业，非金属矿物制品业，黑色金属冶炼及压延加工业，电力、热力的生产和供应业，交通运输、仓储及邮电通信业
	甘肃	3	非金属矿物制品业，黑色金属冶炼及压延加工业，电力、热力的生产和供应业
	青海	1	电力、热力的生产和供应业
	宁夏	3	石油加工、炼焦及核燃料加工业，黑色金属冶炼及压延加工业，电力、热力的生产和供应业
	新疆	4	石油加工、炼焦及核燃料加工业，化学原料及化学制品制造业，电力、热力的生产和供应业，交通运输、仓储及邮电通信业

数据来源：根据 2000—2018 年中国碳排放数据库（China Emission Accounts and Datasets，CEAD）分部门碳排放数据整理得到。

从主要高碳行业（4 个全国碳排量超亿吨且尚未达峰的行业）看，黑色金属冶炼及压延加工业，电力、热力的生产和供应业以及交通运输、仓储及邮电通信业主要集中在东部省（区市），石油加工、炼焦及核燃料加工业则主要集中在中西部省（区市）。

二、破解产业低碳化转型发展的四大障碍

产业碳排放是我国碳排放主体，其中工业碳排放占比高达 70%，促进产业特别是工业低碳化发展是我国实现"碳达峰碳中和"战略目标的关键所在。为避免"运动式"降碳，科学有效推进产业低碳化发展，需要破解四大障碍。

（一）破解高碳排产业"认知标签化"障碍

"认知标签化"是指将高碳行业、高耗能行业等同于高碳排行业。其中，高碳行业是以高碳含量原材料作为主要生产要素的产业。从现有数据看，我国当前高碳行业与高耗能行业确实是高碳排放行业。但从产业特性来看，如果能有效控制住高碳行业以及高能耗行业在生产过程中对要素加工和能源消耗造成的碳排放，它们就不一定是高碳排放行业，如化工行业通过产业链深加工转化为中间产品，并没有将碳直接排放到大气中，同时如果能够降低能耗，化工行业就不一定是高碳排行业。而且，同一行业不同产业链环节在碳排放上会存在较大差异，如钢铁、有色金属的冶炼及压延加工同时列为高碳排行业，但只有冶炼环节碳排放高；化工行业精细化工环节虽然是以高碳原材料为生产要素，碳排放量并不高。如果更进一步具体到企业层面，同一领域的不同企业在碳排放量上也可能会因为技术工艺不同而存在较大差异。

由于"认知标签化"的存在，地方政府在出台有关政策时往往对高碳行业与高耗能行业实施"一刀切"限制，甚至通过"去相关行业产能产量"降低碳排放，导致了目前许多产业园区大量新材料行业高技术企业由于存在"高碳排放嫌疑"不能落地；更为严重的是，由于某些行业不能得到发展而最终有可能导致产业结构失衡，引发结构性矛盾。

（二）破解产业发展要素"泛优势化"障碍

我国具有明显的"富煤、少气、缺油"的资源禀赋特征，基于发挥要素比较优势、节约发展成本以及能源安全考虑，依赖高碳要素投入和高碳能源

供给成为长期以来我国产业发展的重要路径，这也导致我国产业低碳转型发展面临以下两方面制约：一是长期以来我国一次能源结构以煤为主，但煤发电碳排放量远高于石油与天然气发电，与世界主要国家以石油与天然气消费占据一次能源消费主要位置相比较，这也是我国碳排放偏高的重要原因。二是"缺油少气"的能源结构使得我国煤化工产业快速扩张，导致大量依赖石油生产的化工产品由煤化工产品替代，而煤化工相较于石油化工和天然气化工，能源利用率低，且三废和二氧化碳排放量高。

（三）破解产业高碳技术"锁定化"障碍

我国企业在未来一段时期内将陷入所谓的高碳技术的"锁定化"陷阱[1]。长期以来，我国产业发展的基础设施、用能技术路线和工艺路线并没有考虑碳排放问题，甚至以高碳能源为基础。推进产业低碳转型发展，相关企业需要进行大量设备更新、研发投入、绿色设计与生产、绿色回收和废弃物处理等，使企业运营成本和投资风险大幅增加，因此现有基础设施及其高碳工艺的配套设施或系统将严重阻碍低碳工艺或技术的进一步开发与应用。如钢铁行业方面，目前我国钢铁行业的工艺流程主要是"高炉—转炉"工艺，占比在90%左右，但碳排放量较高，而较为绿色环保的电炉工艺仅占10%。由于受限于电炉原料废钢使用比例较低，生产成本较高，企业一般不太愿意采用电炉工艺，造成钢铁行业的碳减排较为困难。电力方面，我国发电站绝大部分是燃煤电站，电力部门对煤炭有很大依赖性。如果继续使用传统燃煤发电技术，这些电站20年后仍会持续高碳排。有关研究表明，在不对我国燃煤火电机组进行技术升级与设备改造的情况下，我国2030年的碳排放量或将多出60亿吨左右，可见"锁定效应"十分巨大。

（四）破解消费需求侧"引导无序化"障碍

消费需求对产业发展方向具有引导作用，但当前我国消费需求存在引导无序状态，不利于引导产业低碳转型发展，体现为：一是低碳消费无意识，低碳概念近年来才得到各方关注和重视，但人们尚未形成低碳消费观念，大多数人对于是否进行低碳消费处于无意识状态。二是即使人们想进行低碳消费，但当前我国消费品低碳标识不清晰，如大多数消费品如家电、建材等，

---

[1]"锁定陷阱"是指基础设施、机器设备、个人大件耐用消费品等，一旦投入其使用年限均在15年乃至50年以上，其间很难轻易废弃。

以及中间投资品如原材料等，并没有对产品碳排放程度进行识别，人们消费或采购产品只是根据多数人眼中约定俗成的低耗能行业或者低碳行业来判断产品是否低碳，从而使得人们难以准确进行低碳消费，不利于从消费端引导产业低碳化发展转型。生态环境部环境与经济政策研究中心发布的《公民生态环境行为调查报告（2020年）》显示，中国居民的绿色消费意识和行为存在差距，而且大量消费者反映造成绿色消费行为存在不足的原因主要包括消费者没有渠道识别绿色产品、绿色产品认证体系不健全与不规范等。

三、推进产业绿色低碳转型发展的政策思路

（一）树立"只有高碳排放企业，没有高碳排放行业"的政策思维

推动产业低碳转型发展的政策对象由行业整改转向根据行业差异来制定降碳标准，针对企业主体进行低碳改造，科学界定高碳排放行业的企业准入门槛。借鉴发达国家做法，加快建立完善以产品全生命周期降碳为导向的低碳产品认证制度，围绕终端产品，从原材料生产采购等各个生产环节进行系统碳核算，评估和披露产品全生命周期碳排放量，建立包括原材料、中间品、制成品、销售商、消费者等在内的全产业链碳排放数据库，向产品授予"碳标签"[1]。推进产业链重点环节降碳，扶持再生原材料产业发展，完善废钢铁、废铝回收等相关机制。

（二）大力开发清洁能源，促进产业用能结构优化

在能源结构优化上，发展清洁能源是减少生产对化石燃料的依赖性以促进产业低碳转型的必然选择。应在推动煤炭资源清洁高效利用的基础上，加快优化产业用能结构，推动太阳能、水能、风能、核能、地热能、氢能等新能源在产业供给侧广泛应用，并形成以洁净煤、可再生能源、先进核能等为主体的低碳产业用能体系。引导煤化工企业走好低碳转型之路，加强对煤化工企业碳排放指标监控，限制新建煤化工企业和项目上马，鼓励现有煤化工

---

[1]以复印纸行业为例，低碳产业链标准的技术内容中对原料的要求如下：进口木材材料应来源于可持续森林，国产木材材料的来源应符合我国林业法律法规的规定，含有30%以上废纸原料的，其复印纸生产过程的水污染物排放量及吨纸耗水量应符合国家标准和地方标准。

产业链技术改造和不断延伸。推动高耗能行业打造一体化节能循环产业链，如推动电解铝清洁能源自备电厂使用，支持有水电资源的地区做优做强水电铝材一体化产业链；大力推动余热回收利用以提升能源利用效率，推进合同能源管理模式在钢铁、建材石化等产业链大量应用。

（三）促进低碳技术研发，实施产业技术装备低碳改造战略

加快关键技术自主研发，培育转型发展新优势，掌握新一轮国际绿色竞争主动权。构建中国低碳技术创新服务平台，重视低碳环保领域的通用技术开发，吸引企业、社会组织、高校、研究机构加盟，共享资源、信息、技术与服务等，并为低碳技术转化和相关企业提供必要的通用技术服务、低碳技术试验等便利条件，降低企业低碳技术开发与技术应用的信息成本。建立国家低碳创新信息系统，加快低碳技术大数据平台建设，实现低碳技术、低碳市场、低碳服务、低碳产品等信息集成与更新，促进低碳环保领域的信息公开与数据共享，为有效开展低碳环保技术攻关、低碳产品生产、低碳技术应用提供信息服务，构建低碳环保数据共享与创新服务体系。要通过落实电价补贴、防污补贴费用、财政信贷支持等，加大对燃煤火电机组改造的政策扶持力度。设立国家碳中和基金，优先扶持绿色低碳复苏、有序退煤等领域。通过设置国家和企业重大技术专项、引导大企业布局重点实验室等方式，加快推动零碳排放相关重大核心技术攻关，突破氢能、储能等领域技术制约，加速碳捕获、利用与封存工业化应用推广。设立产业低碳化改造基金，帮助重点企业加快低碳技术改造；建立低碳型固定资产加速折旧制度，实施税费减免，促进企业更新低碳设备和改造工艺技术。

（四）建立产品"碳标签"制度，完善低碳消费市场

发挥低碳消费引导产业低碳转型发展需要采取以下措施：一是加快建立产品"碳标签"制度。健全低碳产品和服务的标准体系，加快制订产品生产过程与终端产品的碳排放标准，动态调整并不断提高产品的碳排放准入门槛，选择食品类、纺织类、鞋类等测算标准易于统一、生产过程减排效果较大、消费者购买量较多的行业开展试点工作。二是完善低碳消费市场。促进绿色低碳产品流通渠道的畅通，优先畅通绿色低碳产品的网络销售渠道，并促进"线上"与"线下"的合作联动。三是完善低碳产品采购和补贴政策。

制定政府优先采购绿色低碳产品的相关制度，通过扩大宣传、积分奖励、消费补贴等方式对企业和居民在采购绿色低碳产品上进行积极引导。在公共机构内部停车场扩大建设电动汽车专用停车位。进一步落实新能源汽车用电价格优惠政策与充电设施奖补政策。四是规范低碳消费市场秩序，提升低碳标志权威性，对于滥用认证标志行为加大惩罚力度，使绿色低碳产品获得更多消费者的认同和信任。

（五）严把"门槛"和"环评"，推动工业园区碳减排协同治理

尽快出台国家层面的关于工业园区碳排放评价的系列规范与技术指南，以对地方工业园区碳排放评价工作进行指导，限制工业园区"两高"项目审批，严禁与发展规划要求和审批意见不相符的项目进入工业园区，从源头上做到碳排放增量管控。促进工业园区内企业之间碳排放数据的共享与管理，并对排污许可证制度与碳排放报告制度的管控名录进行统一。以低碳生产审核为契机，构建工业园区企业间的产业可持续共生网络和低碳供应链，促进园区内资源和能源的循环利用与梯级利用，推动工业园区"源头—生产全过程—资源能源利用"的全方位降碳。

（六）构建"碳市场为主、碳税为辅"的碳定价体系

由于碳市场价格机制构建难度较大，覆盖范围有限，以及难以避免市场失灵等原因，要解决碳减排所有问题仅依靠碳交易一种手段难以实现。应在明确碳排放总量控制目标的前提下，既促进碳交易碳减排作用的有效发挥，又同步实施碳税政策，两者互为补充，共同发挥碳减排作用。一方面，进一步完善我国碳交易市场机制，分行业完善碳排放配额分配方案，进一步扩大碳市场覆盖面；另一方面，将碳税作为一个独立税种开征，对特定行业中碳排放强度低的企业适用优惠税率或其他减免税，充分发挥碳税的双重红利效应。

参考文献

1. 李鉴，黄成，邢贞成，刘逸凡，王海鲲. 基于产业链分析的长三角地区 CO_2 与大气污染物排放研究 [J]. 中国环境管理，2021，13（06）：50-60.

2. 陈梅，张龙江，苏良湖. 国家生态工业示范园区建设进展及成效分析

[J]. 环境保护，2021，49（20）：59-61.

3. 郝吉明，田金平，卢琬莹，盛永财，赵佳玲，赵亮，郭扬，胡琬秋，高洋，陈亚林，陈吕军. 长江经济带工业园区绿色发展战略研究 [J]. 中国工程科学，2022，24（01）：155-165.

4. 陈吕军. "双碳"目标指引中国工业园区绿色发展 [J]. 中国环境管理，2021，13（06）：5-6.

5. 王双明. 对我国煤炭主体能源地位与绿色开采的思考 [J]. 中国煤炭，2020，46（2）：6.

6. 赵平. 新时代煤炭地质勘查技术及发展方向思考 [J]. 中国煤炭地质，2018，30（4）：4.

7. 王力，余晨，张雅姝. 优化能源消费结构，提升能源利用效率——我国能源效率现状及影响因素分析 [J]. 环境经济，2021，（12）：50-56.

8. 秦书生，周彦霞. 我国发展低碳技术的困境与对策 [J]. 科学经济社会，2012，30（03）：38-41.

9. 黄宋梅，廖淑敏，李朝莹. 双碳目标下如何建立低碳消费模式——以食品包装低碳材料的推广为例 [J]. 造纸信息，2022，（04）：62-65.

10. 祝睿，秦鹏. 中国碳标识内容规范化的原则与进路 [J]. 中国人口·资源与环境，2020，30（02）：60-69.

11. 兰梓睿. 发达国家碳标签制度的创新模式及对我国启示 [J]. 环境保护，2012，（12）.

12. 费伟良，李奕杰，杨铭，等. 碳达峰和碳中和目标下工业园区减污降碳路径探析 [J]. 环境保护，2021，49（8）：3.

13. 谢超，李瑾，徐恩多. 构建"碳市场为主，碳税为辅"的碳定价体系 [J]. 国际金融，2021，（5）：12.

第六章　深入推进长三角地区产业协同发展 [1]

产业协同发展则是指产业发展中，系统内各子系统之间相互配合、相互协作，在关联性与差异性的对立统一中寻求更高协同效益，进而形成协同竞争新优势的过程；产业协同发展包括产业之间的协同、产业内部各行业之间的协同以及同一产业在区域之间协同。长三角一体化是国家重要的区域发展战略，推进产业协同发展是长三角一体化发展战略的重要内容。客观评价长三角地区产业协同发展的现状，深入分析推进长三角产业协同发展进程中存在的问题和障碍，指出现有政策的不足，并提出针对性政策建议，以期为长三角一体化战略深入实施提供政策参考。

一、长三角地区产业协同发展的现状分析

（一）长三角地区推进产业协同发展的主要做法

近年来，上海市、江苏省、浙江省、安徽省深入贯彻习近平总书记关于长三角一体化发展系列重要讲话和重要指示批示精神，认真贯彻落实《长江三角洲区域一体化发展规划纲要》，围绕加强协同创新产业体系建设，积极推动长三角区域产业合作发展，加快构建区域协调发展新格局。紧扣"一体化"和"高质量"两个关键，突出围绕产业创新、区域协同、平台打造等方面，加快推进长三角区域产业协同发展。

1.大力推进产业创新一体化

共建共享产业创新平台。G60科创走廊、"沪宁合杭"创新圈等建设扎

---

[1]邱灵、任继球、王海成、魏丽参与本章撰写。

实推进，张江、合肥综合性国家科学中心开展"两心同创"。高效低碳燃气轮机试验装置、未来网络试验设施等一批国家重大科技设施建设加快推进，国家超算无锡中心等已建重大科研设施面向三省一市开放共享，互建共建南京先进激光技术研究院、浙江大学苏州工研院等新型研发机构，长三角科技资源共享服务平台开通运行，昆山—上海科技创新券综合服务平台正式上线运行，成功举办世界物联网博览会、世界智能制造大会等重大活动，启动长三角智能驾驶产业示范区建设，为提升区域产业协同创新提供强力支撑。

合力推进科技成果产业化。成立长三角区域技术市场联盟，共同举办长三角科技成果联合拍卖、2020 长三角一体化（网上）创新成果展、苏南国家科技成果转移转化示范区产业化基地技术对接会等活动，促进科技成果跨区域转移转化。共推荐申报国家科技创新 2030——"新一代人工智能"2020 年度项目 10 项、国家重点研发计划项目 100 多项。成立长三角区域技术市场联盟，开通运行"长三角科技资源共享服务平台"，共同举办长三角科技成果联合拍卖会。

协同开展产业技术攻关。共同承担国家科研项目，围绕集成电路、生物医药、人工智能等重点领域，共同部署实施关键核心技术攻关项目，联合实施 22 项关键核心技术攻关项目和 8 项重大科技成果转化项目，提升区域产业链稳定性。

2. 加快推进制造业产业链协同合作

实施长三角产业链补链强链固链合作。为贯彻落实习近平总书记合肥座谈会重要讲话精神和 2020 年长三角地区主要领导座谈会工作部署，长三角办、三省一市经信部门、长三角联席办共同建立长三角产业链供应链协同工作机制。近期，着重围绕长三角重点产业领域联合开展产业链供应链研究，梳理断链风险点和企业诉求，研究解决方案和配套政策措施，共同落实补链固链强链工作。中长期，联合开展产业链供应链风险监测，发挥各自优势，互相支持配合，协调解决各省市产业链供应链发展遇到的问题，提升长三角重点产业链供应链的稳定性和竞争力。目前已明确三省一市各确定一条重点产业链供应链开展研究，上海市牵头机器人产业链、江苏省牵头新型电力装备产业链、浙江省牵头节能与新能源汽车产业链、安徽省牵头新型显示产业链。

推进长三角毗邻区开展产业协同合作。为共同推进长三角工业互联网一体化发展示范区建设，三省一市经信部门签署《共同推进长三角工业互联网一体化发展国家示范区建设战略合作协议》，合作开展长三角地区工业互联网网络、平台、安全体系建设，构建长三角工业互联网产业生态，为全国工业互联网发展提供试点经验和示范引领。此外，江苏南京和安徽滁州共建跨界一体化发展示范区，鼓励滁州企业在南京设立研发中心，探索建立"总部研发在南京、生产制造在滁州"的产业链合作机制。加强南京都市圈与合肥都市圈"双圈互动"，打造先进制造业转型转移与跨区域发展的功能性合作平台、长三角省际毗邻地区绿色发展示范区和苏皖跨界城乡融合发展试验区。在"一岭六县"（溧阳、宜兴、郎溪、广德、长兴、安吉和上海白茅岭农场）省际毗邻区域加强创新驱动转型、基础设施互联互通、全域旅游融合提升等多个方面合作。

3. 积极推进产业合作平台建设

协同推进长三角产业合作发展区建设。各类产业合作平台加快建设，如积极推动张江长三角科技城、安吉—上海双创飞地（上海紫竹新兴产业研究院）、苏皖合作示范区、中新苏滁高新技术开发区、合肥上海产业园、广德皖苏浙产业合作园区、郎溪皖苏产业合作园区、中新嘉善现代产业园、宁马产业合作示范园区、上海自贸区嘉善项目协作区、宣称萧山新塘羽绒产业园、乌镇—西岸互联网产业园、衢州上海张江飞地等省际合作产业园提升建设水平。积极谋划建设新的产业合作平台，如长三角生态绿色一体化发展示范区建设、长三角产业合作区、前湾沪浙合作发展区等。

联合举办产业协同合作发展系列活动。共同举办长三角两化融合发展大会、工业互联网高端论坛等活动。深化长三角地区主要领导座谈会成果，三省一市共同签署长三角地区智能网联汽车一体化发展战略合作协议。共推长三角智能制造协同发展，成立智能制造产业联盟，发布《长三角智能制造发展白皮书》。举办以"工业互联智领未来"为主题的长三角工业互联网高端论坛，并连续举办五届开放数据应用创新大赛（SODA）。探索开展长三角产业人才协同发展，联合上海、江苏、安徽三省市经信部门及嘉兴市委、嘉兴市政府，共同举办"长三角产业·人才峰会"，发布人才协同发展倡议书，签署产业人才合作培养协议。成立 G60 科创走廊机器人产业联盟、新能源和网联汽车产业联盟、新材料产业联盟。

4. 大力推进以企业家联盟建设为主体的企业合作

2020 年 6 月，长三角企业家联盟正式成立。联盟发挥企业市场主体优势作用，围绕推进产业协同创新，打造了超导、软件信息服务、数字健康、人工智能等产业链联盟，积极筹建生态环保、智能制造、智慧零售服务等产业链联盟，通过整合资源，汇聚力量，加大科技集中攻坚，促进产业基础高级化和产业链现代化，助推长三角打造强劲活跃增长极。联盟将推动筹建长三角企业家联盟产业强链基金（母基金），拟联合三省一市政府产业基金、金融机构、其他社会资本，重点投资长三角一体化的新基建、行业并购、新兴产业等，通过资本纽带，促进科技和产业创新发展。联盟还将开展长三角企业家走进安徽、江苏、浙江等系列活动，促进招商合作，助推长三角一体发展。

（二）长三角地区产业协同发展水平测度

1. 测算方法

区域协同发展水平的方法主要有复合系统协调度模型、协同度模型以及灰色关联度模型等。但以上方法存在指标选取难度较大、对数据要求较高、部分数据不可获得、容易出现统计误差、计算结果对现实的解释力不强等缺点。本报告以产业结构相似系数、引力模型和区位熵三个指标分别从区域之间的产业同构、产业联系强度和产业专业化分工三个维度来衡量长三角地区产业协同发展水平。这种方法对数据要求低，计算较为简单，具有较强的现实解释力与政策指导意义，而且能够很好满足此次研究目标，即分析不同产业在不同地区间协同水平的差异性。

（1）产业结构相似程度—产业结构相似系数

产业组织理论中的产业结构相似系数的概念常用于在宏观上对不同地区的产业结构趋同程度作分析。产业结构相似系数的计算公式如下式（1）所示。

$$S_{ij} = \frac{\sum_{k=1}^{n} X_{ik} X_{jk}}{\sqrt{\sum_{k=1}^{n} X_{ik}^2 \sum_{k=1}^{n} X_{jk}^2}}$$

S_{ij} 为产业结构相似系数，i 和 j 分别代表长三角区域内两个省市，且 $0 \le S_{ij} \le 1$；X_{ik} 和 X_{jk} 分别表示部门 k 在区域 i 和 j 的产值比重。

（2）基于引力模型的区域经济联系强度指数

用基于引力模型的区域经济联系强度指数衡量区域之间的产业联系，不仅反映经济中心对周围地区的辐射扩散和极化能力，还可以反映周围地区对经济中心辐射潜能的接受能力。计算公式如下式（2）所示。

$$R_{ij} = \frac{\sqrt{P_i G_i} \cdot \sqrt{P_j G_j}}{D_{ij}^2}$$

R_{ij} 为区域产业联系强度，i 和 j 分别代表长三角区域内两个省市，P_i 和 P_j 为两城市相关产业的就业人数，G_i 和 G_j 为两城市相关产业的生产总值，D_{ij} 为两地区的交通距离。

（3）专业化程度—区位熵指数

城市间产业协同发展以产业分工为基础，产业分工主要通过比较优势进行。因而，测算长三角区域内产业专业化程度采用区位熵，计算公式如下式（3）所示。

$$L_{Qij} = \frac{G_{ij} / G_i}{G_j / G}$$

L_{Qij} 为区域内专业化程度，G_{ij} 为 i 城市 j 部门的生产总值，G_i 为 i 省市的生产总值，G_j 为长三角区域 j 部门的生产总值，G 为长三角区域的生产总值。

测算过程中用到的长三角各城市生产总值、各行业营业收入（代替产值）以及就业人数均来源于《中国统计年鉴》与各省市的统计年鉴；城市之间的交通距离来源于百度地图。

2.测算结果与分析

（1）长三角区域产业结构相似程度分析

首先，本文通过 35 个工业细分行业数据，使用产业结构相似系数计算了长三角地区工业结构相似程度。然后，在原来数据基础上，去掉"采矿业"、"电力、热力生产和供应业"、"燃气生产和供应业"以及"水的生产和供应业"，计算了长三角地区制造业结构相似系数。通过比较发现，两者的计算结果基本一致，可见由于"采矿业"与"电力、热力、燃气及水生产和供应业"的行业属性较为特殊，使得它们在地区间的结构差异并不明显（如图 6-1 与图 6-2 所示）。因此，本章在此重点关注长三角区域制造业结构相似程度。通过对长三角制造业结构相似系数的计算结果进行分析，主要得到以下 4 点结论。

一是江苏与浙江的制造业结构最为相似。2014—2018 年，"江苏—浙江"的制造业结构相似系数值始终是长三角地区计算结果中最大的，且呈现逐年上升趋势。

二是上海与安徽的制造业结构差异最大。2014—2018 年，除了在 2014 年，"上海—安徽"的制造业结构相似系数值稍微高于"上海—浙江"，其余年份始终是长三角地区计算结果中最小的，但呈现逐年上升趋势。这主要是因为上海与安徽之间的经济发展水平差距较大，但是随着安徽省近年来经济发展水平的快速提升，其与上海地区的制造业结构差异也随之缩小。

三是安徽与江浙地区的制造业结构相似程度要大于上海与江浙地区之间的。2018 年，"江苏—安徽"与"浙江—安徽"的制造业结构相似系数分别为 0.868 与 0.878，明显高于"上海—江苏"与"上海—浙江"的 0.808 与 0.789。可以看出，相较于上海，安徽的制造业结构明显与江浙地区的更为接近。

四是上海与浙江的制造业结构相似程度的增长幅度最大。2014—2018 年，"上海—浙江"的制造业结构相似系数从 0.704 增长到了 0.808，增长幅度为 14.78%，是长三角地区增长幅度最大的。

（1）

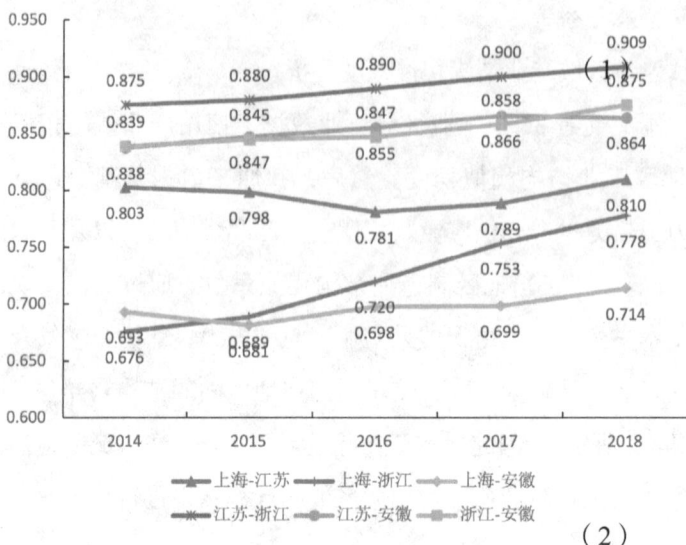

图 6-1　长三角工业结构相似系数图

数据来源：本文计算整理得到。

（2）

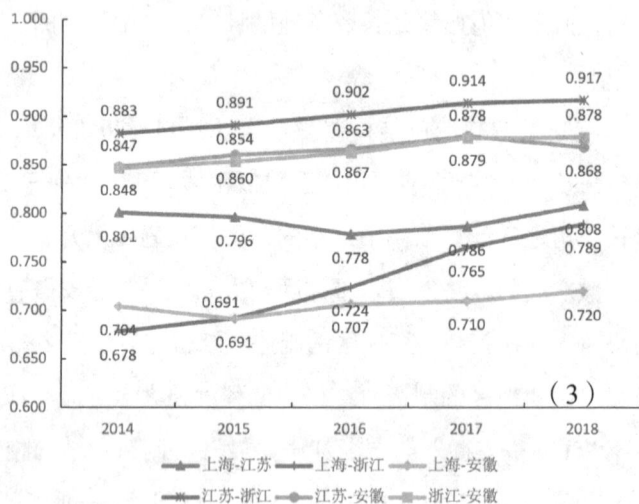

图 6-2　长三角制造业结构相似系数图

数据来源：本文计算整理得到。

（3）

（2）长三角区域产业联系强度分析

使用产业联系强度指数计算了长三角地区各个工业细分行业的产业联系

程度。通过对结果进行整理分析，发现江苏与其他三省市均有多个产业联系紧密，尤其是"通用设备制造业""汽车制造业""电气机械和器材制造业""计算机、通信和其他电子设备制造业"在江苏与其他三省市的联系强度均非常大。江苏与安徽联系强度大的产业最多，不仅包括"通用设备制造业"等技术密集型产业，也包括"农副食品加工业""纺织业"等劳动密集型产业。上海与安徽之间不存在联系强度大的产业，且上海与江浙地区联系强度大的产业多为技术密集型产业，包括"通用设备制造业""汽车制造业""电气机械和器材制造业""计算机、通信和其他电子设备制造业"。此外，浙江与安徽之间仅有"电气机械和器材制造业"联系强度较大，具体见表 6-1 所示。

表 6-1　2018 年长三角地区各省市之间的产业联系强度

	联系强度非常大的产业（产业联系强度指数 >2）	联系强度比较大的产业（1< 产业联系强度指数 <2）
上海—江苏	通用设备制造业；汽车制造业；电气机械和器材制造业；计算机、通信和其他电子设备制造业。	化学原料和化学制品制造业；
上海—浙江	化学原料和化学制品制造业；通用设备制造业；汽车制造业；电气机械和器材制造业；计算机、通信和其他电子设备制造业。	
上海—安徽		
江苏—浙江	纺织业；化学原料和化学制品制造业；金属制品业；通用设备制造业；汽车制造业；电气机械和器材制造业；计算机、通信和其他电子设备制造业。	纺织服装、服饰业；橡胶和塑料制品业；专用设备制造业。
江苏—安徽	化学原料和化学制品制造业；金属制品业；通用设备制造业；专用设备制造业；汽车制造业；电气机械和器材制造业；计算机、通信和其他电子设备制造业。	农副食品加工业；纺织业；纺织服装、服饰业；橡胶和塑料制品业；非金属矿物制品业；黑色金属冶炼和压延加工业。
浙江—安徽		电气机械和器材制造业。

资料来源：本文整理得到。

通过分析 2014—2018 年长三角地区各省市之间各细分产业联系强度的

变化趋势，发现联系强度呈现明显下降态势的产业数量要远远多于呈现明显上升态势的产业。其中，上海与江苏之间联系强度呈现明显下降态势的产业最多。在联系强度呈现明显上升态势的产业中，既包括"汽车制造业""医药制造业""计算机、通信和其他电子设备制造业"这三个技术密集型产业，也包括"燃气生产和供应业"、"水的生产和供应业"这两个资源密集型产业。在联系强度呈现明显下降态势的产业中，"采矿业""纺织业""纺织服装、服饰业""皮革、毛皮、羽毛及其制品和制鞋业""木材加工和木、竹、藤、棕、草制品业""黑色金属冶炼和压延加工业""铁路、船舶、航空航天和其他运输设备制造业"等在长三角多个省市之间均出现了下降态势，具体见表6-2 所示。

表6-2 2014—2018 年长三角地区各省市之间联系强度出现明显变化的产业

省市	联系强度呈现明显上升态势的产业	联系强度呈现明显下降态势的产业
上海—江苏	汽车制造业。	采矿业；纺织业；纺织服装、服饰业；皮革、毛皮、羽毛及其制品和制鞋业；木材加工和木、竹、藤、棕、草制品业；造纸和纸制品业；化学原料和化学制品制造业；化学纤维制造业；黑色金属冶炼和压延加工业；通用设备制造业；铁路、船舶、航空航天和其他运输设备制造业；电气机械和器材制造业；其他制造业。
上海—浙江	医药制造业；汽车制造业。	纺织业；纺织服装、服饰业；皮革、毛皮、羽毛及其制品和制鞋业；木材加工和木、竹、藤、棕、草制品业；金属制品业；铁路、船舶、航空航天和其他运输设备制造业；其他制造业；金属制品、机械和设备修理业。
上海—安徽	医药制造业。	采矿业；纺织业；纺织服装、服饰业；皮革、毛皮、羽毛及其制品和制鞋业；木材加工和木、竹、藤、棕、草制品业；黑色金属冶炼和压延加工业；铁路、船舶、航空航天和其他运输设备制造业。
江苏—浙江	汽车制造业；计算机、通信和其他电子设备制造业；燃气生产和供应业；水的生产和供应业。	采矿业；纺织业；纺织服装、服饰业；皮革、毛皮、羽毛及其制品和制鞋业；油、煤炭及其他燃料加工业黑色金属冶炼和压延加工业；铁路、船舶、航空航天和其他运输设备制造业；其他制造业；废弃资源综合利用业。

（续表）

省市	联系强度呈现明显上升态势的产业	联系强度呈现明显下降态势的产业
江苏—安徽	医药制造业；计算机、通信和其他电子设备制造业；燃气生产和供应业；水的生产和供应业。	采矿业；木材加工和木、竹、藤、棕、草制品业；黑色金属冶炼和压延加工业；铁路、船舶、航空航天和其他运输设备制造业；废弃资源综合利用业；金属制品、机械和设备修理业。
浙江—安徽	医药制造业；汽车制造业；计算机、通信和其他电子设备制造业；燃气生产和供应业；水的生产和供应业。	采矿业；纺织业；纺织服装、服饰业；皮革、毛皮、羽毛及其制品和制鞋业；黑色金属冶炼和压延加工业；废弃资源综合利用业；金属制品、机械和设备修理业。

资料来源：课题组根据有关资料整理。

在原有结果基础上，计算出长三角地区各省市之间总体的产业联系强度，如图 6-3 所示。可以看出，江苏与安徽之间的产业联系强度最大，安徽与上海之间的最小。江苏与长三角其他三省市的产业联系强度之和最大，其次是安徽，再次是浙江，上海最小，且远远小于其他三个省市。

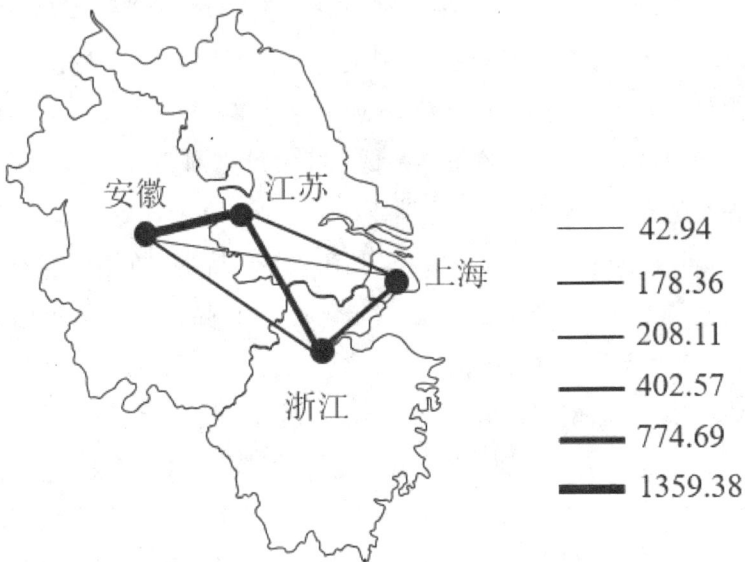

安徽　江苏
上海
浙江

—— 42.94
—— 178.36
—— 208.11
━━ 402.57
━━ 774.69
━━ 1359.38

图 6-3　长三角各省市之间总体产业联系强度

（3）长三角区域专业化程度分析

本文通过 35 个工业细分行业数据，使用区位商指数计算了长三角地区各个工业细分行业的专业化程度。接下来，对计算结果进行分地区、分行业的分析，如表 6-3、表 6-4 所示。

2014—2018 年，"采矿业"与"农副食品加工业食品制造业"在安徽的专业化程度要远远高于其他三个省市的，且上海是最低的。"食品制造业"在上海与安徽的专业化程度要远远高于江浙地区的，且 2014—2017 年间，安徽要略高于上海，但在 2018 年，上海要略高于安徽。"酒、饮料和精制茶制造业"在安徽的专业化程度要远远高于其他三个省市的，但在 2015—2018 年间，安徽呈下降态势，江苏呈上升态势。"烟草制造业"在上海的专业化程度最高，且远远高于另外三个省份，但上海的专业化程度呈下降态势，浙江的则呈上升态势。"纺织业""纺织服装、服饰业""皮革、毛皮、羽毛及其制品和制鞋业"在浙江省的专业化程度最高，上海市最低。"木材加工和木、竹、藤、棕、草制品业"在安徽的专业化程度最高，江苏次之，上海最低。"家具制造业""造纸和纸制品业"在浙江的专业化程度最高，且远大于其他三个省市。"印刷和记录媒介复制业"在安徽专业化程度最高，且远高于其他三个省市，但呈现明显略微下降态势。"文教、工美、体育和娱乐用品制造业""化学原料和化学制品制造业"在江浙地区的专业化程度最高，在安徽最低。"石油、煤炭及其他燃料加工业"在上海专业化程度最高，但在浙江呈现明显上升态势，在安徽最低。"医药制造业"在江苏专业化程度最高，在其他省市比较接近。"化学纤维制造业"在浙江专业化程度最高，江苏次之，且远大于上海与安徽。"橡胶和塑料制品业"在浙江与安徽的专业化程度较高，在上海与浙江较低。"非金属矿物制品业"在安徽的专业化程度最高，且呈明显上升态势，浙江次之，上海为最低，在江苏呈现出明显降低态势。"黑色金属冶炼和压延加工业"在江苏的专业化程度最高，安徽次之，浙江最低。"有色金属冶炼和压延加工业"在安徽的专业化程度最高，浙江次之，且远远大于上海。"金属制品业"在江苏专业化程度最高，浙江次之，上海最低。"通用设备制造业"在上海、江苏、浙江地区的专业化程度较高，在安徽较低，且呈现略微下降态势。"专用设备制造业"在江苏的专业化程度较高，在其他三省市较为接近，在安徽呈现下降态势。"汽车制造业"在上海的专业化程度最高，且远大于其他三省市。"铁路、船舶、航空航天和其他运输设备制造业"在江苏的专业化程度最高，上海次之，安徽最低。"电气机械和器材制造业"江苏的专业化最高，浙江次之，上海最低，且远低于其他三个省市。"计算机、通信和其他电子设备制造业"在上海、江苏的专业化程度较高，在浙江、安徽的较低，浙江呈明显上升态势。"仪器仪表制造业"在江苏的专业化程度最高，安徽最低。"其他制造业"在浙江的专业化程度最高，安徽次之，且远大于其他两个省市，在安徽呈现明显上升态势，在江苏呈明显下降态势。"废弃资源综合利用业"在安徽的专业化程度最高，且远高于其他三个省市，但在上海呈明显上升态势。"金属制品、机械和设备修理业"在上海的专业化程度最高，且远高于其他三个省市，同时呈上升态势，但在江浙地区呈下降态势。"电力、热力生产和供应业"在浙江最高，安徽次之，上海最低。"燃气生产和供应业""水的生产和供应业"在上海、浙江较高，在江苏与安徽较低。

表6-3　2014—2018年间长三角地区各省市优势产业

省市	最具优势的产业 （专业化程度 >2）	比较具有优势的产业 （1< 专业化程度 <2）
上海	烟草制造业；汽车制造业；金属制品、机械和设备修理业。	食品制造业；家具制造业；石油、煤炭及其他燃料加工业；通用设备制造业；铁路、船舶、航空航天和其他运输设备制造业；计算机、通信和其他电子设备制造业；燃气生产和供应业；水的生产和供应业。
江苏		酒、饮料和精制茶制造业；纺织业；纺织服装、服饰业；皮革、毛皮、羽毛及其制品和制鞋业；木材加工和木、竹、藤、棕、草制品业；文教、工美、体育和娱乐用品制造业；化学原料和化学制品制造业；医药制造业；化学纤维制造业；黑色金属冶炼和压延加工业；金属制品业；通用设备制造业；专用设备制造业；铁路、船舶、航空航天和其他运输设备制造业；电气机械和器材制造业；计算机、通信和其他电子设备制造业；仪器仪表制造业。

（续表）

省市	最具优势的产业 （专业化程度 >2）	比较具有优势的产业 （1< 专业化程度 <2）
浙江		烟草制造业；纺织业；纺织服装、服饰业；皮革、毛皮、羽毛及其制品和制鞋业；家具制造业；造纸和纸制品业；文教、工美、体育和娱乐用品制造业；石油、煤炭及其他燃料加工业；化学原料和化学制品制造业；化学纤维制造业；橡胶和塑料制品业；非金属矿物制品业；有色金属冶炼和压延加工业；通用设备制造业；电气机械和器材制造业；其他制造业；废弃资源综合利用业；电力、热力生产和供应业；燃气生产和供应业；水的生产和供应业。
安徽	采矿业；农副食品加工业；食品制造业；木材加工和木、竹藤、棕、草制品业；有色金属冶炼和压延加工业；废弃资源综合利用业。	食品制造业；酒、饮料和精制茶制造业；家具制造业；印刷和记录媒介复制业；橡胶和塑料制品业；非金属矿物制品业；其他制造业。

资料来源：本文整理得到。

表6-4　2014—2018 年长三角地区各省市专业化程度出现明显变化的产业

省市	专业化程度呈明显上升态势的产业	专业化程度呈明显下降态势的产业
上海	废弃资源综合利用业；金属制品、机械和设备修理业。	烟草制造业；
江苏	酒、饮料和精制茶制造业；	非金属矿物制品业；其他制造业；金属制品、机械和设备修理业。
浙江	烟草制造业；造纸和纸制品业；印刷和记录媒介复制业；石油、煤炭及其他燃料加工业；计算机、通信和其他电子设备制造业。	金属制品、机械和设备修理业。
安徽	非金属矿物制品业；其他制造业。	酒、饮料和精制茶制造业；印刷和记录媒介复制业；专用设备制造业。

资料来源：课题组根据有关资料整理。

（三）推进长三角产业协同发展进程中存在的问题

随着长三角一体化发展战略深入实施，区域产业协同发展的步伐也不断加快，但在产业分工、合作机制等方面，存在着一些亟待探索和解决的问题。

1. 区域产业同质化竞争仍然剧烈

三省一市产业布局虽各有优势，存在一定互补性，但区域间产业结构同质化仍然比较突出，优势产业重合度较高，存在地区间低水平同质化竞争。从制造行业区位商指数来看，浙江省几乎所有区位商大于1的制造业行业均与江苏省重合，江苏省几乎所有区位商大于1的高端制造业行业均与上海市重合。同时，长三角区域存在较多相似的卡脖子技术和产品诉求。目前三省一市均积极组织关键技术攻关、推进超前储备技术的应用推广，但部分项目存在分头组织、重复攻关、相互竞争情况，区域内要素资源特别是高端要素资源竞争加剧，区域协同攻关合力仍待加强。长三角地区原始自主创新、重大技术突破能力偏弱，高端芯片制造、软件开发、高端生产设备、高精原材料等与世界先进水平相比还有较大差距，对国外高尖技术和精密器件仍存依赖。

2. 产业链一体化发展进展缓慢

以招商引资为主的产业发展模式，导致区域内产业关联度不高，难以有效形成产业链上下游协作配套关系。产业链组织化程度低，产业链存在碎片化现象，上下游企业联结方式较为松散，在生产组织、协同创新、质量品牌建设等方面协同难度较大，缺乏协同联动的支持制造业发展的政策体系。由于行政区划分割，不同地区间产业和项目的竞争十分激烈，产业结构趋同、同质化严重、特色化不显，专业化分工体系难以建立，产业链一体化发展程度不高。

二、推进长三角地区产业协同发展的现有政策分析

近年来，长三角地区通过地方政府合作促成地方政府权力的协调和融合，减轻行政区划的束缚，各类资源配置都在不同程度上得以优化。但就目前来看，长三角产业政策的协同尚存在诸多不足。

（一）《长江三角洲区域一体化发展规划纲要》作为上位规划，虽然基本明确了三省一市的产业的发展方向，但仍然存在产业相对宽泛、定位不准的问题

《长江三角洲区域一体化发展规划纲要》（以下简称《纲要》）对上海的定位是"国际经济、金融、贸易、航运和科技创新'五个中心'"，江苏"打造具有全球影响力的科技产业创新中心和具有国际竞争力的先进制造业基地"，浙江"打造全国数字经济创新高地、对外开放重要枢纽和绿色发展新标杆"，安徽"打造具有重要影响力的科技创新策源地、新兴产业聚集地和绿色发展样板区"。然而，从产业发展的角度讲，无论是先进制造，还是数字经济，抑或新兴产业，都是一个极其宽泛的概念，这也导致三省一市在各自制定实施方案的过程中，在各自产业部分具有相当的发挥空间。《纲要》进一步提出要"引导产业合理布局，坚持市场机制主导和产业政策引导相结合，完善区域产业政策，强化中心区产业集聚能力，推动产业结构升级，优化重点产业布局和统筹发展"，"中心区重点布局总部经济、研发设计、高端制造、销售等产业链环节，大力发展创新经济、服务经济、绿色经济，加快推动一般制造业转移，打造具有全球竞争力的产业创新高地"。然而，问题在于中心区共计有 27 个城市（面积 22.5 万平方公里），哪些城市在以上产业链分工中从事哪些环节，仍然没有明确的说法。从研发水平看，安徽省被列为中心区的安庆、池州、宣城研发强度分别只有 1.06%、1.07%、1.76%，远低于全国 2.19% 的平均水平；安庆、铜陵、池州规模以上工业企业研发经费占主营业务收入比重分别为 0.65%、0.65%、1.06%，显然以上城市并不适合研发设计环节。

（二）以城市为发展和竞争主体的现状，导致重点产业选择方向趋同，产业布局雷同

由于经济发展基础与条件相似、改革开放以来面临的国内外发展环境与机遇也相似，长江三角洲各城市产业发展的重点有相似之处，这具有合理的一面。但不争的事实是，在上一波全球化的竞争中，长三角内部竞争更为直接地指向了较为单一的经济增长目标，各个城市的产业规划很容易"以我为主""各自为政"，在政府主导下，各地争夺外国直接投资（FDI）以及产

业项目，重点产业支持方向雷同。统计发现，医药制造业、汽车制造业、高端装备制造业、新材料、新能源、节能环保产业被长三角半数以上城市列为主导产业或者优先发展产业；在长三角区域"十三五"规划中，有26个城市将汽车产业作为优势产业或者重点发展产业；长三角146家国家级开发区中，分别有32、28、23家将电子信息业、装备机械、汽车及其零配件作为主导产业。从结果看，优势产业重合度较高，浙江省几乎所有区位商大于1的制造业行业均与江苏省重合，江苏省几乎所有区位商大于1的高端制造业行业均与上海市重合。雷同产业带来重复的投资、过剩的产能，也使得各地方之间因同质化竞争形成无形的壁垒，区域市场分割、行政垄断和"地方保护"等现象明显。忽视自身在整个长江三角洲地区的功能布局，没有从更高的层次、更大的空间范围规划本地的产业发展方向，产业规划大而全，每个城市重点发展、优先发展、大力发展、培育发展的产业存在较为严重的趋同现象。

（三）产业发展推进主要依赖政府间协商机制，合作的深度和力度还远远不够

自1992年建立"长江三角洲15个城市协作部门主任联席会议制度"以来，长江三角洲地区各级地方政府不断积极地寻求合作，长江三角洲城市经济协调会不断扩容，目前已经达到41个城市，形成"决策层、协调层、执行层"三级运作机制。虽然在一定程度上有效促进了政府间的合作，降低了城市间的市场分割，但是合作的深度和力度还不够，突出表现在：

一是缺乏国家层面实体性的统筹协调机制。我国现行宪法和地方政府组织法虽然从不同的角度规定了中央政府与地方政府的法律关系及地方政府在国家政治经济生活中的地位和作用，但对于地方政府之间如何发展横向对等关系，各地方政府在区域经济合作中的地位，以及区域管理机构的法律地位等方面却缺乏相关的法律依据，毗邻地区的行政级别不对称，导致协调难、对接难，使地方行政体制分割障碍难以创新突破。

二是要素流动还不够通畅。三省一市资源要素各成体系、各自管理、"条块分割"，在跨区域重大科研基础设施、科学数据等资源合理流动与开发共享上还存在障碍，在土地共用、园区共建、信息共享、"飞地经济"共推等方面还有很大潜力可挖，人才跨机构流动审批程序复杂，影响和制约人才流动。人才跨省域流动，养老、医疗保险接续困难。

三是各项政策还不够协同。在产业链保供方面，长三角三省一市均制定出台了一系列政策措施，但目前相关工作仍以各省市独自开展为主，缺乏长三角区域关键产业链断点堵点、可替代产品等信息共享，导致工作重复开展、信息共享受限，区域间合作意识合作理念有待强化，区域发展并未达到统筹兼顾的要求。各地支持产业政策标准口径不一、税收减免比率不同、人才评价不互认，内容差异大，相互不衔接。产业政策尤其是人才政策相互之间存在着同质性、竞争性，缺乏同步性、统一性和协调性。长三角协同优势产业基金的作用尚未完全体现，基金的投入、运作、管理机制还有待建立。

三、推进长三角产业协同发展的五种模式

不同视角推进产业协同发展各有不同。我们立足于长三角各省市的产业特色优势，从产业发展的关联性视角出发，提出了五种产业协同发展模式。

（一）采取产业链一体化模式，培育世界级先进制造业集群

长三角区域在电子信息、生物医药、高端装备、新能源、新材料等领域形成了一批国际竞争力较强的产业集群，但区域间产业结构同质化现象较为突出，优势产业重合度较高，产业发展协同性有待提升。比如，从制造业细分行业区位商指数来看，浙江省几乎所有区位商大于 1 的制造业行业均与江苏省重合，江苏省几乎所有区位商大于 1 的制造业行业均与上海市重合。要立足三省一市优势产业集群，以链长制作为各方利益联结点和合作切入点，采取产业链一体化模式，共同培育壮大一批世界级地标性先进制造业集群，打好产业基础高级化和产业链现代化攻坚战，提升长三角区域产业链价值链在国际竞争中的控制力和影响力。

针对三省一市重点发展产业普遍聚焦电子信息、装备制造、汽车及零部件、新材料等趋同化现象，特别是产业链保供方面仍以各自独自开展为主，缺乏长三角区域关键产业链断点堵点、可替代产品等信息共享和统筹协调等问题，建议开展长三角区域补链固链强链行动。坚持政府引导、市场主

导的原则，全面梳理优势和强项、劣势和短板，由具有先发优势的省市作为链长牵头，探索建立长三角区域产业链供应链协同工作机制。围绕机器人产业链、新型电力装备产业链、节能与新能源汽车产业链、新型显示产业链等正在开展的重点产业链，三省一市分别牵头制定产业链核心技术协同攻关清单、国产可供目录清单、断链风险点和企业诉求清单等，率先建立以自主可控产业链供应链为目标的长三角区域产业链协同创新机制。围绕电子信息、生物医药、航空航天、高端装备、新材料、节能环保、汽车、绿色化工、纺织服装、智能家电十大领域，建立长三角区域产业链发展预警和管控机制，完善行业协会等机构行业监管职权，形成重点领域项目管理和产能过剩预警机制，进行区域产业布局的窗口指导。着眼于实现产业链自主可控、安全高效，按照集群化发展方向，强化区域优势产业协作，推动传统产业升级改造，共同推动制造业高质量发展，建设一批国家级战略性新兴产业基地，形成若干世界级先进制造业集群。

（二）采取产业全面融合模式，共建现代服务业发展新高地

长三角区域是我国经济发展最活跃特别是服务经济最发达的区域之一，在商务会展等生产性服务业跨界发展、文化旅游等生活性服务业合作发展、卫生教育等公共服务业共享发展等方面初具成效。比如，三省一市公共服务初步共享，依托名牌高校成立了4家跨区域联合职业教育集团，城市医院协同发展联盟成员已覆盖长三角区域30个城市112家三甲医院，养老服务协商协作机制初步建立，跨区域社会保障便利化程度明显提高。但阻碍经济社会高质量发展的行政壁垒仍未完全打破，统一开放的市场体系尚未形成，跨区域共建共享共保共治机制尚不健全。要围绕合力发展高端服务经济，采取产业全面融合模式，完善多层次多领域合作机制，增强服务经济发展新动能，共建现代服务业发展新高地。

推进长三角区域产业全面融合、共建现代服务业发展新高地，关键是要提升上海城市能级和服务功能，增强配置全球资源能力和创新策源能力，引领长三角一体化发展。要着力构建与全球性城市相匹配的生产性服务功能，加快推进国际经济、金融、贸易、航运和科技创新"五个中心"建设，有序疏解一般制造等非大都市核心功能，不断提升上海大都市综合经济实力、金融资源配置功能、贸易枢纽功能、航运高端服务功能和科技创新策源能力。要加快形成有影响力的上海服务、上海制造、上海购物、上海文化"四大品牌"，不断推进服务业服务内容、业态和商业模式创新，积极推动上海品牌和管理模式全面输出，为长三角区域高质量发展和参与国际竞争提供高水平服务。

推进长三角区域产业全面融合、共建现代服务业发展新高地，重点是要推动商务会展、商贸物流、文化旅游、健康养老等服务领域深度融合。商务会展方面，协力办好中国国际进口博览会，打造规模更大、质量更优、创新更强、层次更高、成效更好的世界一流博览会，联合搭建海外投资和专业服务平台，协同推动进口商品通关便利化、招商引资项目和贸易投资配套活动等。高水平办好世界互联网大会、世界智能制造大会、世界制造业大会、联合国世界地理信息大会、世界物联网博览会、长三角国际文化产业博览会等重大国际会议展会，共同开展系列重大国际文化、旅游、体育赛事等活动，加强长三角区域各类品牌展会和相关贸易投资活动协调联动。商贸物流方面，围绕畅通长三角区域市场网络，统筹规划商品流通基础设施布局，推动跨地域跨行业商品市场互联互通、资源共享，助推内外贸融合发展。合力打造世界级机场群，统筹空域资源利用，提升区域机场协作能力和航空服务品质。协同建设世界级港口群，鼓励各港口集团采用交叉持股等方式强化合作，加强沿海沿江港口江海联运合作与联动发展。文化旅游方面，围绕共建世界知名旅游目的地，加强跨界江河湖荡、丘陵山地、近海沿岸等自然与人文景观保护开发，加快淮河生态经济带、大运河文化带建设，发展环太湖生态文化旅游，共同打造一批具有高品质的休闲度假旅游区和世界闻名的东方度假胜地。推动旅游市场和服务一体化发展，联合开展旅游主题推广活动，推出杭黄国际黄金旅游线等精品线路和特色产品。健康养老方面，围绕打造健康长三角，推动大中城市高端优质医疗卫生资源统筹布局，采取合作办院、设立分院、组建医联体等形式扩大优质医疗资源覆盖范围。共建以居民健康档案为重点的全民健康信息平台和以数字化医院为依托的医疗协作系统，深入推进医养结合发展，建设一批国际知名的健康医疗服务、养生养老基地。

（三）采取"龙头＋配套＋联盟"模式，打造区域创新共同体

长三角区域科技创新优势明显，拥有上海张江、安徽合肥 2 个综合性国家科学中心，全国约 1/4 的"双一流"高校、国家重点实验室、国家工程研究中心，年研发经费支出和有效发明专利数均占全国 1/3 左右，但高尖技术和精密器件仍然依赖进口，区域创新要素流动不畅、高端要素竞争加剧等问题突出。比如，三省一市重点产业链相似度很高，存在较多相似的卡脖子技术诉求，但各省市均分头组织关键技术攻关、推进超前储备技术应用推广，部分项目存在分头组织、重复攻关、相互竞争等现象。要支持龙头企业跨区域整合科研院所研究力量，探索形成"龙头＋配套＋联盟"模式，合力打造长三角科技创新共同体。

"龙头＋配套"是推动产业集聚发展的有效路径，产业联盟是促进产业链创新链深度融合的重要平台，要强化企业市场主体作用，培育壮大链主企业和头部企业，并充分发挥其在牵头建立产业联盟、搭建创新共同体中的主动性和积极性，切实发挥产业联盟在推进区域资源聚合、企业抱团发展、产业生态营造中的作用。采取企业主导、院校协作、多元投资、成果分享的新模式，围绕长三角区域重点产业链创建若干国家级制造业创新中心、产业创新中心和技术创新中心，推动产业链、创新链、资金链和政策链深度融合，打造"政产学研资"紧密合作的创新生态。围绕上海张江、安徽合肥综合性国家科学中心建设和重大科技基础设施集群化发展，推动重大科研基础设施、大型科研仪器、科技文献、科学数据等科技资源合理流动与开放共享，集中突破一批卡脖子核心关键技术，联手打造全国原始创新策源地。发挥长三角技术交易市场联盟作用，推动技术交易市场互联互通和科技成果跨区域转化，实现成果转化项目资金共同投入、技术共同转化、利益共同分享。发挥长三角双创示范基地联盟作用，加强跨区域"双创"合作，共建国家级科技成果孵化基地和双创示范基地。支持三省一市各地探索建立区域创新收益共享机制，鼓励设立产业投资、创业投资、股权投资、科技创新、科技成果转化引导基金，形成推动长三角区域协同创新的强大合力。

（四）采取产业品牌共建模式，形成农村产业融合发展样板

长三角区域在我国农业发展格局中具有重要战略地位，2019 年三省一市

粮食总产量约 8448 万吨，占我国粮食总产量的比重为 12.2%；实现农业增加值约 9413 亿元，占全国农业经济总量的比重为 14.5%。三省一市所在的黄淮海区、长江中下游区，均属于《全国农业可持续发展规划（2015—2030年）》的优化发展区，是我国大宗农产品主产区，农业生产条件好、潜力大，但存在水土资源过度消耗、农业投入品过量使用、资源循环利用程度不高等问题。要在确保粮食等主要农产品综合生产能力稳步提高的前提下，共同开展区域品牌提升行动，探索建立标准统一管理制度，协力推动农产品加工、休闲农业与乡村旅游跨区域跨领域融合发展，加快形成农村产业深度融合发展样板。

针对长三角区域耕地和园地资源较为丰富但林地和牧草地资源相对较少的农地结构、种植业为主但渔业比重相对较高的产值结构，推进多种形式适度规模经营，支持种养大户、家庭农场、农民合作社、产业化龙头企业等新型经营主体发展，形成实施乡村振兴战略、推动农村一二三产业深度融合的主力军。支持农业产业化龙头企业在农产品冷链物流等重点领域先行开展区域统一标准试点，率先实现区域内重点标准目录、具体标准制定、标准实施监管三协同。完善长三角区域优质安全农产品认证和农产品质量安全检验制度，加强农产品质量安全追溯体系建设和区域公用品牌、企业品牌、产品品牌等农业品牌创建，建立区域一体化农产品展销展示平台，促进农产品加工、休闲农业与乡村旅游、农村电子商务和相关配套服务跨区域跨领域融合发展，发展精而美的特色乡村经济。发挥皖北、苏北粮食主产区综合优势，协同建设长三角绿色农产品生产加工供应基地。围绕上海、南京、杭州、合肥、宁波、苏州、无锡、义乌跨境电子商务综合试验区建设，共同构建数字化贸易平台，积极对接全球农产品电子商务新模式新规则新标准。加快推进农业领域国际产业双向合作，支持区域企业按市场化法治化原则，组团出海共建境外园区及其安全保障体系。

（五）采取产业转移承接模式，建设区域产业协同发展平台

在长三角区域各级政府推动下，三省一市已建成一批跨市跨省的产业园合作园区、特别合作区等，但跨区域产业转移及园区合作的成本分担、利益共享和政府内部考核机制还有待完善。要坚持市场机制主导和产业政策引导相结合，依托长三角一体化发展领导小组、三省一市工信部门联席会议等，探索共建合作园区等产业转移承接合作模式，协同建设 G60 科创走廊、G42 沪宁合产业创新带等跨区域产业创新合作平台，以市场化、法治化方式推进跨界区域共建共享，促进优势产业链区域协作配套和发展空间共拓，打造区域产业协同发展新平台。

推进长三角区域产业转移承接合作、共建产业协同发展新平台，关键是要建立区域间成本共担利益共享机制。充分发挥区域协调机制作用，探索建立跨区域产业转移、重大基础设施建设、园区合作的成本分担和利益共享机制，完善重大经济指标协调划分的政府内部考核制度，调动政府和市场主体积极性。探索建立区域互利共赢的税收利益分享机制和征管协调机制，完善产业梯次转移引导政策，促进重点产业产能在长三角区域转移。探索建立区域投资、税收等利益争端处理机制，形成有利于生产要素自由流动和高效配置的良好环境。

推进长三角区域产业转移承接合作、共建产业协同发展新平台，重点是要推动省际毗邻区域产业协同发展、共建省际产业合作园区、加强国际合作园区协调联动等。省际毗邻区域产业协同发展方面，加快长三角生态绿色一体化发展示范区建设，推动"一地六县"长三角产业合作区建设，共建毗邻区域产业合作新典范。支持虹桥—昆山—相城、嘉定—昆山—太仓、金山—平湖、顶山—汊河、浦口—南谯、江宁—博望等省际毗邻区域开展深度合作，加强规划衔接和统筹布局，共同推动跨区域产城融合发展。推动宁波前湾沪浙合作发展区、嘉兴全面接轨上海桥头堡建设，打造上海配套功能拓展区和非核心功能疏解承载地。加强浙沪洋山区域合作开发，共同提升国际航运服务功能。共建省际产业合作园区方面，推广上海临港、苏州工业园区合作开发管理模式，提升合作园区开发建设和管理水平，有序推动产业跨区域转移和生产要素双向流动。加快建设皖江城市带承接产业转移示范区、连云港东中西区域合作示范区、江苏沿海地区，推动中心区重化工业和工程机械、轻工食品、纺织服装等传统产业向具备承接能力的中心区以外城市和部分沿海地区升级转移。加快推进沪苏大丰产业联动集聚区、上海漕河泾新兴技术开发区海宁分区、中新苏滁现代产业合作园、中新嘉善现代产业合作园等一批省际合作园区建设，推动产业深度对接、集群发展。国际合作园区协调联动方面，探索中韩（盐城）产业园、中意宁波生态园、中德（合肥）合作智慧产业园、中德中小企业合作区等国际合作园区互利共赢联动发展模式，更好推进长三角区域国际产业双向合作。围绕推动跨省市产业合作园区及特别合作区发展，培育搭建一批跨行业跨领域工业互联网平台，助推省际毗邻地区协同发展样板区和"飞地经济"高地建设。

四、长三角地区产业协同发展的机制设计

长三角区域产业协同发展模式的成功实施，离不开相关机制完善和创新。把握产业协同发展的基本原则，从市场机制与政府作用关系机理出发，借鉴国内外区域协同发展的经验做法，对长三角区域产业协同发展的机制进行建设和创新。

专栏一：国际经验比较

美国东北城市带、日本太平洋工业带以及欧洲莱茵河流域工业带是当今全球产业最发达地区，为实现区域内产业协同发展，每个地区都采用了不同发展模式。

1. 完全市场主导型模式，以美国东北城市带发展为代表。表现为：一是纽约发挥大城市核心带动作用。纽约是美国东北部城市群产业带最重要的核心，它是全球重要的交通枢纽城市，也是美国的工业中心城市之一，服装、印刷、化妆品业以及机器制造、军火生产、石油加工和食品加工业等产业在美国经济中占有重要位置；同时纽约还是世界重要的商贸、金融中心，发达的商业和生产服务业为产业带中的其他城市提供着重要的资金融通和商贸服务。二是拥有完善的外部发展环境。如发达的风险资本市场、大量的政府采购等等。美国第一家风险投资公司就位于东北城市带。

2. 政府主导型模式，以日本太平洋工业带为代表。表现为：一是日本政府主导产业发展的研发创新。包括推进科学工业园建设，统一审批

及规划，并对园内企业和可研机构进行协调；建立管产学研合作体制，日本政府制定研发目标，组织企业、高校及可研机构一同进行联合研究开发，并对参与各方给予补助；对新兴产业相关企业提供税收优惠和低息甚至无息贷款，以支持新兴产业的研发活动。二是制定支持性法律和政策。日本政府在基础设施建设、人才的引进及培养、财税的补贴及优惠、制度的供给、市场秩序的维护以及产业指导等6个方面制定的相关法律和扶持政策。三是建立国家层面的企业战略联盟。在日本政府的推动下，以商业协会为纽带，构建了由大企业和中小企业组成的企业战略联盟。由企业战略联盟协会制定行业产品的统一技术标准和样式规格，并向联盟成员提供行业信息，使得信息在企业之间高效流动，避免由于信息不对称造成的市场失灵。同时大企业不仅可以通过自身垂直或半垂直一体化进行生产，并向联盟内中小企业分包业务，建立联盟内协同创新机制，促进大企业与中小企业之间形成可持续发展体系。

3.政府与市场相结合发展的典型模式，以莱茵河流域工业带为代表。莱茵河流域工业带是依托莱茵河"黄金水道"而逐渐形成的，由6大工业区组成，分别是巴塞尔—米卢思—佛来堡工业区、斯特拉斯堡工业区、莱茵—内卡工业区、法兰克福—莱茵—美因工业区、莱茵鲁尔工业区和鹿特丹工业区。莱茵河流域是一个跨国区域，各国政府产业政策存在一定差异，单纯依靠市场机制，容易出现产业块状分割现象，无法实现莱茵河流域利益最大化。为保障战后新兴产业的快速发展，降低市场机制带来的不稳定因素，莱茵河流域各国以代表战后新兴工业化水平的煤和钢铁为突破口，成立了以德法两国为主体，荷兰、比利时、卢森堡等国家共同参与的"欧洲煤钢共同体"。莱茵河流域工业带在自由市场中逐步建立起了区域产业协同的制度支撑，不但具备发达的自由贸易市场，同时也拥有了一个超国家机构组织，在两者对要素资源的共同作用下，莱茵河流域产业协同发展模式逐渐由以市场为主体的发展模式向以政府和市场相结合的发展模式转变。此后莱茵河流域工业带又成立了部长级区域协作组织"莱茵河保护国际委员会"，签订了"尼泊尔公约""Rhine2020"等具有法律效力的区域合作公约，建立了上百个工业园区和 30 多家国家级可研创新机构，政府和市场相结合的发展模式迅速扩展到其他产业领域。在政府和市场的双重作用下，莱茵河流域工业带各区域逐渐明确各自产业发展方向和布局，准确定位了各城市在战后新兴产业发展中分工，明确了各自的产业发展方向，形成了较为合理的产业布局。

专栏二：国内京津冀地区和粤港澳大湾区产业协同发展的经验做法

近年来，京津冀协同发展战略和粤港澳大湾区在推进产业协同发展方面积累了一些经验做法，有效促进了区域产业协同发展。主要做法有：

1. 明确各地区产业发展定位。《京津冀协同发展规划纲要》指出，三省市的产业定位分别为，北京市建立全国科技创新中心，天津市建立全国先进制造研发基地，河北省建立全国现代商贸物流重要基地和产业转型升级试验区。区域的错位产业定位体现了三省市产业协同发展的思想，有利于京津冀产业功能互补、错位发展、相辅相成。《粤港澳大湾区发展规划纲要》也顶层设计了香港、澳门、广州、深圳四大中心城市的产业定位，分别是，香港巩固和提升国际金融、航运、贸易中心和国际航空枢纽地位，推动金融、商贸、物流、专业服务等向高端高增值方向发展，大力发展创新及科技事业，培育新兴产业；澳门建设世界旅游休闲中心；广州充分发挥国家中心城市和综合性门户城市引领作用，全面增强国际商贸中心、综合交通枢纽功能，培育提升科技教育文化中心功能，着力建设国际大都市；深圳发挥作为经济特区、全国性经济中心城市和国家创新型城市的引领作用，加快建成现代化国际化城市，努力成为具有世界影响力的创新创意之都。

2. 强调产业协作平台的打造。三省市推进京津冀协同发展领导小组办公室联合印发《关于加强京津冀产业转移承接重点平台建设的意见》，指出打造曹妃甸协同发展示范区、北京大兴机场临空经济区、张承生态功能区和天津滨海新区四大战略合作功能区，要求发挥北京研发、天津转化、河北产业化的各自优势，整合区域创新资源，促进创新链、产业链、资源链、政策链深度融合，合力打造一批高水平协同创新平台，并指出要合力共建一批现代制造业承接平台，加快推进一批服务业承接平台，联动发展一批现代农业合作平台。《粤港澳大湾区发展规划纲要》提出建设"广州—深圳—香港—澳门"科技创新走廊、粤港澳大湾区大数据中心、粤港澳产学研创新联盟、港深创新科技园、横琴粤澳合作中医药科技产业园等产业创新协同发展平台。

3. 建立有效的跨区域产业合作机制。《京津冀协同发展产业转移对接企业税收收入分享办法》提出通过企业税收收入分享来促进京津冀协同发展产业转移，要求迁出企业完成工商和税务登记变更并达产后三年内缴纳的"三税"，由迁入地区和迁出地区按 5：5 比例分享，若三年仍未达到分享上限，分享期限再延长两年，此后迁出地区不再分享，由中央财政一次性给予迁出地区适当补助。《京津两市对口帮扶河北省张承环京津相关地区工作方案》提出建立对口帮扶机制，以加强京津冀产业协作和转移对接为契机，帮扶双方重点在农产品加工、批发零售、生物医药、特色轻工、生态旅游等领域开展交流合作；鼓励受帮扶县区与京津两市大型商贸企业开展"农超对接"，探索建立受帮扶县区绿色农副产品直达京津的营销方式，支持受帮扶县区与京津两市结对县区的社区服务组织开展合作营销。

4. 创新对产业协同发展的政策支持。建立多方参与的京津冀产业协同发展投资基金，是国家出资引导社会资本参与的第一支京津冀协同发展专项投资基金，有着更明显的两级政府共同推动和社会出资人多元化参与的特点，将更多关注于区域内的产业结构调整和创新机制。《关于金融支持粤港澳大湾区建设的意见》也提出支持粤港澳三地机构共同设立粤港澳大湾区相关基金，支持保险资金、银行理财资金按规定参与相关基金。吸引内地、港澳地区及海外各类社会资本，为粤港澳大湾区基础设施建设、现代产业发展和重大项目建设提供资金支持。《关于粤港澳大湾区个人所得税优惠政策的通知》指出广东省、深圳市按内地与香港个人所得税税负差额，对在大湾区工作的境外（含港澳台）高端人才和紧缺人才给予补贴，该补贴免征个人所得税，这有利于粤港澳大湾区高端人才流动，促进大湾区产业一体化发展。

（一）推进长三角产业协同发展基本原则

优化产业布局，实现错位发展。要实现长三角区域产业的协同发展，产业空间布局是需要解决的核心问题。要根据长三角各省市区域产业的发展现状及要素资源禀赋，充分发挥各省市的比较优势，优化区域产业布局，构建合理的产业体系，实现在产业价值链上的错位发展。

加快要素流动，培育统一市场。要实现长三角区域产业的协同发展，需要突破行政藩篱，让资本、技术、人才以及市场等要素资源形成自由流动的格局，实现跨区域的产业整合。因此，迫切需要培育由三省一市共同管理、共享收益、对各方统一政策、统一价格的相关要素交换市场，如长三角产权交易市场、协同创新市场、人才共建市场等，通过推动长三角区域内规范统一的区域产业共同市场的建立，并以此推动各类要素市场的流动和联网。

优化产业结构，构建协同发展的产业价值链。根据波特的价值链理论，一个完整的价值链活动包含研发、生产、销售等核心活动，因此区域产业的产业价值链在纵向上可以分为研发、生产和销售等环节，而在横向上可分为主链和辅链两条链。通过产业价值链的链接，不仅有利于实现长三角内降低内交易成本、打造"区位品牌"的集群效应，并且对实现专业分工协作、技术进步等链式效应起到促进作用

（二）基于三重维度的产业协同发展机制设计

1.建立多层次的组织协调机制

决策层：国家层面。以国家战略和需求、长三角整体利益和长远利益为基础，结合长三角三省一市的产业优势和特点，基于比较优势理论，进行区域产业区域规划和配套政策的顶层设计，最大程度的实现长三角与国家、长三角各省市之间区域产业的统筹协调、优化配置、高效协同，以避免区域内的重复建设、过度趋同、低效竞争。

协调层：区域层面。各省市建立关于区域产业协同发展的省级协调机构，来组织协调实施跨省域的重大工程项目的建设，并协助各市县制定地方性区域产业发展规划和政策，使地方性规划和政策与长三角整体性规划和政策有机衔接，并负责监管规划和政策的执行情况。深化落实由三省一市常务

副省（市）长参加的"长三角区域产业协同发展联席会议"，并将其常态化、制度化，促进"协调层"高效运转。

执行层：社会层面。建立由各地市政府部门官员、区域产业企业代表以及高校和科研机构的专家共同参与的，如"长三角区域产业协同发展联席会议办公室""长三角区域产业协同发展重点合作专题组""长三角区域产业协同发展咨询委员会"等组织，具体推动长三角区域产业区域合作工作。建立长三角区域产业专业技术协作组织，通过制定区域共同市场规则、建立区域共同市场秩序、制定区域产业相关行业技术应用标准体系，来协调解决跨区域产业协同发展过程中出现的各项技术、经济、财务和法律问题；通过指引、协商等方式，加快信息、资金、人才等长三角地区不同企业间的流动，推动区域产业的纵向一体化和横向一体化的发展。

2.建立市场推动和政府引导相结合的利益协调和补偿机制

利益协调机制。在区域产业协同发展中往往需要进行产业价值链整合，处于产业价值链中游的企业得到的附加价值远远低于产业价值链上游和下游的企业，产业价值链中游的企业会向上游和下游靠拢，造成中游企业的缺失，有违产业价值链整合的初衷，造成形式"协同"而实质"不协同"。为兼顾合作多方的共同利益，调动产业价值链上各个成员的积极性，使产业价值链模式的发展更加健康，建立基于产业价值链纵向整合的企业战略联盟作为利益协调机制，促使产业价值链上各个成员朝着同一个目标前进。

利益补偿机制。利益补偿机制是指从产业协同发展的政府角度，通过公共财政支出和税收优惠等进行利益补偿机制建设，特别是针对区域内产业（链）转移，"飞地"经济等，需要通过利益补偿机制才能得到有效推进。

3.建立跨区域发展的载体和要素保障机制

协同发展载体保障机制。建立以需求为导向，企业为主体，高校、科研机构积极进行对接，政府推动、用户参与的长三角区域产业协同创新体系：一是构建基于区域产业价值链分工的跨区域协同创新体系，它以区域产业价值链为纽带，搭建协同互补的技术创新链条；二是构建基于细分领域创新分工的跨区域协同创新体系，它以长三角各地市在区域产业某些具体的细分领域上已形成的产业优势为基础，构建基于特定领域的跨区域创新分工，强化各子区域在优势细分领域的技术创新能力，打造专业的技术创新集群。构建长三角区域产业公共服务平台，主要是通过对长三角区域内区域产业开发区及其"飞地"经济园区的建设，构筑人才服务平台、金融服务平台、技术共建共享平台以及现代物流平台等跨区域公共服务平台，将其服务范围扩大到研发、设计、制造、加工、品牌等产业价值链上的各个环节，从而解决区域内区域产业关键技术缺失、高端人才匮乏、创新能力不足、市场相互分割等共性问题。

建立跨区域市场体系。通过建立能够实现资源共享的跨区域市场体系，解除各要素进入市场的障碍，形成协作与竞争共存的市场机制，主要包括产权交易市场、商品物流市场、金融资本市场以及科技教育市场。建立产权交易市场，促进长三角区域内资产优化重组，从而避免和减少水平竞争而带来的过度竞争，进而优化长三角各城市的分工并拓展各产业内部分工和专业化的程度；建立商品物流市场，减少商品流通的中间环节，降低商品流通成本，减少产销盲目性，有利于地区之间、产业之间、企业之间的经验交流；建立区域性金融资本市场，疏通区域内金融渠道，整合区域内金融资源，加强长三角城市之间的金融合作；建立科技教育市场，促进产学研合作市场化，提高成果的转化水平，并加强区域内科技资源流动，建设跨区域跨产业的协同研发机制。

4. 完善法律保障机制

完善区域产业法律制度体系，涉及协同创新、产权安全、市场开发等诸多方面的内容。

加强立法之间的协调性。关键是要做好长三角各区域之间法规制度的协调性，不同区域产业之间法律的协调性。针对各区域之间法规制度的协调性的问题，应制定区域协调组织和三省一市政府为主要规制内容的"地方政府合作关系法"，划定区域协调组织的职责权限，为其设立和运行提供法律保障，并明确地方政府权利义务、规范地方政府行为。针对不同区域产业之间法律的协调性的问题，应在立法时提高区域产业各种法律法规之间的相互协调与配合程度，避免不同法律法规之间的冲突，并建立反馈机制，及时对冲突的法律法规予以修正。

五、推进长三角地区产业协同发展的国家政策建议

（一）引导产业投资方向

在长三角一体化机制下，成立长三角产业协同发展子机制，制定长三角区域产业协同发展指导意见和发展规划，建立长三角产业运行监测平台，及时反馈行业动态，对产业投资情况进行监测，建立产能过剩预警通报机制，对区域产业布局窗口指导；设立国家层面的长三角产业协同发展论坛，促进信息共享和产业招商。

（二）推进区域内资源共享

特别是要推动和支持上海发挥"老大哥"带动作用。要弱化上海的"虹吸效应"，推动上海开放创新资源，推进上海高端创新要素如科研设备和其他省进行共享；推动三省一市推行区域人才要素、创新要素以及创新活动认证一体化。

（三）大力推进产业跨区域合作创新

编制长三角地区产业地图和创新地图，重点在数字经济、生物医药、高端装备、新能源汽车、新材料等领域加强规划衔接和生产力布局。围绕人工智能、集成电路、生物医药等重点领域，全面梳理优势和强项、劣势和短板，编制目录清单，支持具有先发优势的省份牵头，建立以自主可控产业链和供应链为目标的长三角地区产业链协同创新机制，制定建立产业链核心技术协同攻关清单、国产可供目录清单，推动区域产业分工合作。以贷款贴息、风险投保补贴等方式对产业价值链的核心关键领域，特别是对相关行业领域"卡脖子"的技术项目进行支持。

建设一批跨区域创新合作平台。支持龙头企业跨区域整合科研力量、鼓励科研人员深度参与产业创新活动、成立区域产业联盟。优先在长三角地区布局集成电路、生物医药、新材料、新能源汽车等区域产业创新联盟和国家级产业创新中心、制造业创新中心、重点实验室等，促进重大科技布局和资源成果共享，打造科技设施联通、科技链条融通的创新矩阵。

协同布局创新基础设施。高水平建设 G60 科创走廊、G42 产业创新带统一规划信息基础设施，统筹推进长三角 5G 网络建设和商用部署，建设深度

覆盖、技术先进、品质优良、高效运行的 5G 网络。

（四）大力推进产业区域内转移和优化布局

推行区域内标准协调，推进区域内统一标准的制定、实施与评价，选择重点行业开展统一标准试点、产品检验规范衔接，共同设立制造业领域的标准化联合组织。推动长三角产品质量认证一体化，建立一体化质量监管合作机制，加快区域质量监管执法一体化。设立长三角重点产业布局优化基金，引导重点产业在长三角地区合理布局和分工。共建跨区域合作园区，打造跨省市产业园合作园区、特别合作区，培育和建设一批跨行业跨领域工业互联网平台。完善区域共建园区管理模式、运行机制和扶持政策，探索长三角合作共建园区的财税分享制度，探索建立跨区域产业转移、重点基础设施建设、园区合作的成本分担和利益共享机制。在省际毗邻地区的共建合作园区设立特别政策区，比照国家级新区，依法依规在产业发展方面给予先试先行政策。为了解决区域产业转移中的土地等要素资源的稀缺差异、高耗能产业转移等问题，在长三角地区试点推进土地、能耗、产能、环保等指标随项目一同转移。

参考文献

1. 黄群慧，倪红福. 基于价值链理论的产业基础能力与产业链水平提升研究. 经济体制改革，2020（5）.

2. 戴翔. 中国制造业国际竞争力——基于贸易附加值的测算. 中国工业经济，2015（1）.

3. 罗仲伟，孟艳华. "十四五"时期区域产业基础高级化和产业链现代化. 区域经济评论，2020（1）.

4. 芮明杰. 构建现代产业体系的战略思路、目标与路径. 中国工业经济，2018（9）.

5. 李桢. 区域产业结构趋同的制度性诱因与策略选择. 经济学动态，2012（11）.

6. 刘志彪. 理解高质量发展：基本特征、支撑要素与当前重点问题. 学术月刊，2018（7）.

7. 佟家栋，陈霄．中国工业要素配置扭曲变动及构成研究——基于行业间和行业内分解的视角．上海经济研究，2019（1）．

8. 魏后凯，王颂吉．中国"过度去工业化"现象剖析与理论反思．中国工业经济，2019（1）．

9. 张军扩，侯永志，刘培林，何建武，卓贤．高质量发展的目标要求和战略路径．管理世界，2019（7）．

10. 周五七．长三角高质量一体化发展动态评价及其空间特征分析．经济体制改革，2002（5）．

11. 汪雪敏．长三角一体化背景下江苏制造业高质量发展路径．唯实，2022（3）．

12. 刘志强．长三角一体化发展的制度机制建设重点及路径．经济纵横，2021（11）．

第七章 建立长江经济带跨区域产业联盟合作机制

产业联盟是介于企业和市场之间的中间组织，在某一特定产业领域，由大量相同或相关产业的企业及其辅助、支撑（科研）、中介等机构组成，以产业发展内在需求和合作伙伴共同利益为基础而结合成的组织体。从联盟成员的区域来源看，可以分为国际性产业联盟、全国性产业联盟、跨区域产业联盟和地区性产业联盟。

一、产业联盟合作机制的理论分析

产业联盟运作体系里，包括成员组成和运行方式、合作纽带、合作平台、动力、约束机制等内容，它们相互关联，共同协调，为产业发展提供良好的平台，确保产业联盟在战略上实现其自身价值目标。

（一）产业联盟合作的运行机制："产学研介政"联动

1. 产业联盟各成员承担不同角色

产业联盟整合企业、科研院所和学校、中介、政府等各种单位组成，作为整合平台，汇集了各种创新活动，在了解联盟成员的需求、形成联盟内部成员间充分的信息共享，以及促进联盟成员与知识服务机构展合作交流等方面发挥了重要作用，使各种创新要素通过整合平台实现真正意义上的互动，通过合作研发、标准制定、市场拓展等，提高企业的创新能力，形成各个联盟的品牌效应。

企业是产业联盟的主体，产业联盟最终是为企业服务。高校和科研院所是高科技知识和人才的集聚地，在把握行业尖端技术走向和技术研发方面具有比较优势，产学研资源的有效互补将极大推动产业技术水平的提升。中介机构通常具有信息渠道普遍、信息资本丰富、专业性较强的特点，可以为联盟的发展提供全方位的服务。政府则主要是为产业联盟提供配套支持和创造良好的发展环境。

2. 产业联盟合作因不同产业特性有不同运行机制

立足于政府和市场关系，对于不同产业特性，不同组成成员在产业联盟中发挥着不同主导作用，从而产业联盟有着不同的运行机制。

——政府主导型运行机制。对于主导产业和一些战略性高科技领域或关键性战略产业领域，以及当进行产业基础研究和共性技术的开发，或产业处于生命周期成长阶段，这些领域是市场失灵的主导领域，需要政府在产业联盟组建中发挥主导作用，可以将其称作为政府主导型运行机制。

——学研驱动型运行机制。对于大多基于科研成果的产业化需要或技术研发需要，仍然需要政府发挥作用，但往往政府不需要直接投资，而是通过支持学校和研究机构的方式来支持产业联盟发展，可以称作学研驱动型运行机制。

——市场导向型运行机制。当产业处于生命周期的成熟阶段，或面临的是比较发达的市场中介、金融市场和创新的社会文化时，宜采用市场导向型运行机制，这是国内大多数产业联盟的选择，主要由我国相关领域龙头企业和大中型骨干企业组成并主导。这类产业联盟大多面临比较成熟的产业和发达的市场，政府不过多地参与和干预，而是通过提供完善的创新服务体系来支持技术创新活动。

（二）产业联盟合作的动力源泉：获得合作收益

产业联盟是为了解决产业发展中的产业共性问题而产生的。从产业联盟的目标出发，产业联盟包括 5 种类型，即研发合作产业联盟、产业链合作产业联盟、技术标准产业联盟[1]、市场合作产业联盟、社会规则合作产业联盟。可以说，产业联盟成员合作，能够比单一企业获得更多的收益。主要体现在以下几个方面：一是将产业共性问题，由单个企业的外部问题转化为产业联盟的内部问题，有助于降低和节省市场交易成本；二是单个企业往往不具备解决问题的足够资源，如技术、市场、资本、知识产权、品牌、公共关系等等，产业联盟是企业共同投入资源解决产业共性问题的有效工具；三是帮助联盟内企业通过联合采购、联合销售、联合开发或者共同投资基础设备等达到规模经济；四是为联盟内企业提供了共同学习的平台，包括联盟企业间的互相学习和联盟企业共同学习国外先进技术。

（三）产业联盟合作的纽带：契约或者实体公司

产业联盟通过契约关系使各成员之间有机结合，这种契约型联盟是当前产业联盟的主要运行模式。联盟常常根据合作项目开展的不同阶段适时地与合作伙伴间拟定不同合同契约，即采用动态合同契约连接合作伙伴，这种模式的主要优势是灵活。缺陷是联盟不稳定，成员之间彼此信任度不高，对联盟的责任感、控制力低，易出现"偷懒""搭便车"等"道德风险"。实体公司型产业联盟有法人实体型和非法人实体型两大类。主要通过采取股份合作制企业模式、模拟公司模式、聘请专业化的经营管理有限责任公司实施管理等方式来推动产业联盟发展，利益一致性使得联盟关系深度和稳定性提高。实体型联盟往往出现类似大型企业的通病，即初始投入大、投资难度大、转置成本高等，导致联盟灵活性差，而且公司化运作比契约运作的制度成本更高，从而使得难以被广泛采用。

（四）对产业创新发展和转型升级具有明显作用

一是合作创新，推动产业创新发展和转型升级。产业联盟能在某一领域形成较大的合力和影响力，不但能为成员企业带来新的客户、市场和信息，

---

[1]科技创新速度使很多企业意识到传统标准组织制定标准的速度已经不能满足市场的需求，企业自身必须尽快制定新技术的规范用以迅速打开市场，而通过正式标准的制定程序，形成的标准时间则会过长。传统的标龄长，制定、修订标准慢的情况则会困扰很多企业的生产经营，甚至是阻碍了核心技术推广应用和健康发展，需要重点保护的民族品牌也很可能面临发展的尴尬局面。单独一个企业由于各方面存在局限性，无法左右市场，很难独自控制标准。于是此时，具有共同利益追求的企业共同合作，形成产业标准联盟，共同制定联盟标准。

也有助于企业专注于自身核心业务的开拓；通过资源整合将企业优势组合在一起，通过产业链上中下游企业之间的合作和协同创新，节约交易成本，降低市场风险，减少企业组织费用；而且相对于企业并购等模式，产业联盟能以较低风险实现较大范围的资源调配，成为企业优势互补、扩展发展空间、提高产业竞争力、实现超常规发展的重要手段。产业联盟还能够初步建立合作集成的技术创新模式，更多的产学研机构合作、集成各自优势创新技术，促进创新资源多方位合作与衔接，通过搭建研发创新、测试验证、技术标准、资源与信息共享、重点实验室、工程中心、人才培养等公共服务平台，形成新的产学研创新机制。

二是实现共性关键技术突破和标准创制，带动产业创新发展。产业联盟依托科技智力资源优势，推动企业与高校、科研院所将各自资源和人才重新配置形成新的创新联合体，着力突破一批关键核心技术，创制一批重大标准，促进知识创新优势向产业核心竞争优势的转变。产业联盟的标准往往要高于国家标准和行业标准，具有产业发展的引领作用。目前国际通行做法是，若干形成产业链的大公司组成产业联盟，利用联盟力量共同开发新技术，将具有自主知识产权的专利融入本产业联盟制订的标准中，按照标准生产新产品，向世界迅速推广产业联盟标准和产品，快速占领市场，对那些采用本联盟标准的企业收取专利费，获取最大的经济利益。[1]企业通过组成论坛等技术标准联盟、共同研究开发并推出论坛标准的活动渐成潮流，其在国际技术标准化中的地位越来越重要。

二、长江经济带产业跨区域联盟合作机制的现状特征

（一）产业联盟的行业分布主要集中在各地主导产业和特色产业

从各省市产业联盟所涉及的产业领域来看，既与各省主导产业密切相关，同时也与国家产业政策对该产业的关注度密切相关，充分体现了长江经

---

[1]国内产业联盟标准主要包括3类：一是由官方或官方指定机构通过公开透明程序制定的"官方标准"；二是由企业集群，诸如论坛、联合体、协会、集团等形式自主协调，以类似于官方标准的公开透明程序制定的"论坛标准"；三是由单个企业或企业集群等制定，并最终在市场竞争中取得垄断优势的"事实标准"。

济带各省市产业发展的特色。例如，浙江宁波外贸特色明显，该地将外贸活力企业汇聚起来，整合外贸产业链资源，建立智慧外贸云平台，打造一个围绕外贸行业的服务生态系统的"智贸汇外贸产业联盟"；2010 年以来，重庆市成立的产业联盟（包括产业技术创新战略联盟）共有 13 家，主要涉及的产业与重庆市主导产业发展紧密相连，主要涉及战略性新兴产业、医疗器械、文化创意产业、物联网产业、数字出版、游戏、外贸等领域；湖北省共成立产业联盟 56 家，涉及的产业领域广泛，主要集中在战略性新兴产业（45 家）、农业（3 家）、基础设施及建筑（2 家）、物联网、工程设计、医药健康（2 家）、应急产业、媒体、食品安全及矿产资源等领域。

（二）产业联盟以省内产业联盟为主，跨省市产业联盟很少

根据实地调研，各省市产业联盟主要以省（市）里为主，绝大多数是本省域内的企业、科研单位组成，有少数产业联盟有省外成员企业，基本上是本省企业扩张布局到省外的子公司。但是部分新兴产业如机器人、旅游等领域存在跨省市联盟的趋势。如上海长江流域建立智能制造与机器人产业联盟、湖北长江旅游推广联盟等。上海长江流域建立智能制造与机器人产业联盟涵盖了长江流域内智能装备和机器人产业的生产、营销、技术和服务等领域，将推进产业链要素之间协同创新；2015 年，在湖北省委、省政府推动下，长江沿线湖北、重庆、安徽、上海等 13 个省市旅游部门以及相关旅游企业组建了长江旅游推广联盟，是首个全国性跨区域旅游联盟。

（三）产业联盟成员多元化，主导力量存在差异

产业联盟成员包括企业和数量众多的非企业成员，如高校、科研机构和其他事业单位或社会团队。我们到湖北、江苏等地调研发现，非企业成员所占产业联盟成员比重大概有 40% 左右。许多产业联盟不仅包括高校、科研机构和第三方机构，整个产业链各个环节都有相应企业加入。产业联盟设有牵头单位（或叫作理事长单位），承担责任的法人主体，尤其是对国家科技计划项目实施总负责，并对科技计划管理部门负责；同时，牵头单位又往往是产业联盟的依托机构或秘书长单位，负责组织实施合作创新项目和联盟的日常管理。产业联盟的牵头单位呈现出多元化的特征。牵头单位可分为三类。一是企业，基本都是大型国有企业，或转制后的科研院所，由一家或几

家企业牵头，通过建立信息交流平台，实现企业和其他相关主体的沟通与交流，监督和管理工作则由企业选派代表组成的委员会或相关的行业协会实施。二是高校或科研机构，通常是国内的一流大学或科研机构。这两类牵头单位要么具有强大的市场影响力和产业链整合能力，要么拥有雄厚的技术实力。三是行业协会等社团法人或事业单位，此类牵头单位相对较为特殊，联盟成员往往也是行业协会的成员，产业联盟一定程度上是行业协会的延伸。大多数的联盟都是在政府部门的推动之下成立的，企业主导的产业联盟不到1/5，学研驱动型联盟占比更少，说明企业参与组建产业联盟的积极性及主动性有待提高，高校、科研单位以及行业协会的引导功能需进一步加强，尤其是行业协会的指导工作需要改进。

（四）成员合作以契约联系为主，联盟模式较为单一

长江经济带地区甚至我国的产业联盟发展历史较短，发展模式还在不断探索中，加上大多数产业联盟还是政府主导，许多产业联盟是从传统的项目申请合作单位发展起来的，成员以项目为出发点，通过契约方式形成合力，属于契约型产业联盟，在完成项目合作后，成员关系往往自动解除。即使是出于其他目标组建的产业联盟，也主要是以契约为纽带来连接各成员，通过契约规定各自的责权利，建立相应的利益分配机制，难以利用不同风险投资机构的资金支持和风险分担作用。而实际上，多数的产学研结合项目具有高风险、缺乏抵质押物等特点，无法满足金融机构风险防范的需要，致使项目从基础性研究、中试到产业化各个环节都存在金融支持不足的问题，缺乏系统稳定的金融支持。

三、长江经济带跨区域产业联盟合作机制的问题及原因

（一）问题

1.跨区域产业联盟在创新水平要求高、关联性和互补性强的领域较少

从目前各地组建产业联盟的情况看，跨区域产业联盟的数量少，而且，创新水平高、关联性强、优势互补的产业领域应该是跨省市产业联盟的主要

落脚点，但恰恰是在这些领域跨区域产业联盟很少涉及。目前长江经济带各省市需要协同互补合作的领域是生态建设方面，这是长江经济带建设的优先领域，环境治理是长江经济带共同面临的问题，单靠一省之力无法完成。长江经济带各省市的节能环保企业大多研发能力弱，竞争能力不足，难以形成完善的产业链和实现创新突破。无论是环保问题层面还是企业层面，实现协同发展的要求都比较迫切；另外，节能低碳环保产业联盟、土肥水事业协同发展创新联盟、园林科技创新战略联盟、循环经济产业集群发展联盟都需要跨省市合作，但恰恰这些领域没有得到有关省市重视。

2. 产业联盟合作具有明显的短期功利性

产业联盟大多属于契约型产学研合作组织，产业联盟大多以项目合作的方式出现，未能实现产业联盟合作伙伴的互动和交流。在完成项目合作后，成员间的关系自动解除。联盟内各成员之间关系契约不明确，责权利划分不清晰，利益分配不公平和协调机制不完善，影响了联盟运行的协调度和稳定性。管理人员在联盟时往往过于考虑在其任期内的合作，过分谋求短期效益，导致"人走盟散"。甚至还有的个别联盟就是出于获取优惠政策、套取政府资源支持等原因临时组建而成的。

2. 产业联盟合作的经费不能得到有效保证

大多数联盟的组织松散，大多数情况下经费是由牵头企业承担，有的则依赖联合申报科研项目获得经费，获得支持的额度和范围有限，少数是由各盟员通过交会费的方式承担日常费用，但盟员交费的积极性不高。绝大部分联盟缺乏稳定的产学研合作资金来源，甚至连日常工作运行的经费都不能得到保障。

3. 产业联盟合作机制的内生动力不足

近年来产业联盟发展较快，其原因是中央和地方两级政府政策的激励结果，部分联盟成立的目的就是为了争取国家和地方政府的科技项目，获取政府资金。联盟组建带给各盟员的合作收益主要体现在科研项目资金上，其他真正地解决产业发展共性问题的合作收益还没有体现，企业和盟员对合作收益的预期信心不足。而且，无论是企业主体，还是高校科研院所，对于建立产业联盟，各方均有着不同的利益追求，缺乏真正的整合，没有内在的迫切需要。另外，由于产业联盟受政府影响大，产业联盟的组建受"政绩形象工程"驱动，"形式主义""表面文章""好大喜功"现象比比皆是，组织成本和运行不确定性严重威胁着产业联盟的合作收益。

4.产业联盟的责权利机制不完善

长江经济带省市的产业联盟建设还属于初创阶段，大部分产业联盟缺乏明确的利益分配机制，权利和义务不清晰，对科技成果转让、合作成果的知识产权归属、相互兼职待遇等问题没有具体的规定和约定，利益共享、风险共担的利益分配机制尚未建立起来。产业联盟管理运行中的联盟成员单位之间科技人才的联合聘任、人才培养和人才交流的机制尚未形成；组织关系松散，缺乏实质性合作。

5.政府支持的领域过多

许多省份对产业联盟的支持，既包括了国家的有关重点产业，又包含了许多的本地特色产业，到地市一级，又支持地市一级的特色和主导产业，政策重点逐级分散，没有突出主导产业，从而存在政策的"撒胡椒面"的问题。

（二）原因

1.社会各界对产业联盟合作机制的认识不足

产业联盟在全国范围内推广时间较短，可以说还属于新鲜事物，大家对产业联盟的研究比较少，企业、高校、科研单位等合作各方在产业联盟的内涵、运行模式、地位以及作用等方面尚未达成共识，在相互学习和信息交流的过程中就有可能形成"学习的悖论"。对产业联盟的认识往往过于片面，有的只是单方面看到联盟在促进产业升级和推动技术创新中的作用，而对联盟有可能会出现的市场失灵情况、技术垄断等弊端则认识的还不够到位，导致联盟的基础建设和公共服务资金投入不足，不能创造良好的服务环境，无法为创新服务主体提供丰富且深入的公共服务资源。企业也往往出于"趋利"性考虑，认为产业联盟就是"合伙报项目"，没有认识产业联盟的深刻意义。

2.产业联盟发展缺乏明确的法律法规支持

当前我国产业联盟主要以契约形式对各个成员进行约束，而非通过法律程序注册形成经济实体。我国现有的《公司法》和《知识产权保护法》等诸多法律没有针对产业联盟的具体性规定，造成无法解决非经济实体所产生的问题。产业联盟不具备法人资格，导致联盟内部重要文件，如联盟协议、内部制度等均无法通过登记备案制度获得公权力的强化；而且，联盟很难实现技术中介的功能，没有权利对经费进行划拨，联盟本身不能对联盟成员进行有效的项目监督。联盟内部合作各方之间共同约定的违约责任就成为维护联盟关系最主要的法律保障武器。我国目前诚信体系尚未建立，使得联盟成员的违约成本相对较低，产业联盟在实际运行中存在巨大的潜在风险。

3.促进产业联盟发展的政策滞后

目前我国产业联盟主要由科技、财政、工信等部门共同推动，但各部门之间没有建立有效的沟通和协调机制，各部门从各自的工作重点出发出台相应的支持政策，既存在政策交叉又存在政策空白，如目前的政策重点偏向于提高大学和科研机构的科研能力，忽视了企业间通过技术联盟整合能力的提高，为联盟发展而制定的配套政策尚不完善，缺乏引导产业联盟的科技计划；对产业联盟的监管问题也没有充分的政策措施等。需要研究出台一个关于跨区域产业联盟的综合性政策，才能真正保障产业联盟的有效有序发展。

4.建设跨区域产业联盟的区域市场一体化远没有形成

跨省市协同发展的产业联盟首先要突破地区和行业间的行政壁垒，但目前长江经济带各省市之间发展不均衡，市场开放程度不高，地方保护主义严重。各省市之间为了争夺资源和项目，出现严重的恶性竞争。我们在调研中发现，某些产业联盟成立的初衷，就是开发区企业联合起来对付外地企业，以图垄断本地市场。

四、主要发达国家建立产业联盟合作机制的政策经验

美、日、欧等发达国家和经济体重视产业联盟合作机制建设，政府采取相应的政策措施，为我国制定相关政策提供政策参考。

（一）发达国家产业联盟的行业和领域分布特征

总结美国、日本、德国等国组建产业联盟的产业和领域，主要集中在市

场失灵领域，具有以下几个特征：

——关键性领域。指产业联盟开发的技术要符合国家产业发展的总体战略需要，瞄准的是事关产业竞争力提升的关键核心技术，要起到国家重大产业计划实施主体的作用。如日本政府在 20 世纪 70 年代设立的超大规模集成电路（VLSI）技术研究组合，就是着眼于计算机产业竞争力，在半导体领域缩小同美国的技术差距。

——基础性领域。例如，德国组建了很多产业联盟关注光伏技术长期发展的基础性问题，如新型光伏单元及材料的创新性研究、纳米技术的应用等；光伏过程中物理机理、化学机理的研究及过程的优化，如阻止退化及表面失效的基础性研究；新型科研手段的应用，如现在数学模拟方法的应用等。

——周期长投入高风险大的领域。各国和地区大多在生物医药产业建立过产业联盟，生物医药周期长、投入高、风险大以及知识密集等特点，使得生物医药产业技术创新成为高壁垒领域。

（二）主要政策措施

1. 完善法律规范产业联盟发展

一是鼓励企业和研究机构以联盟形式开展创新、提高资源配置效率和产业竞争力，制定合作研发创新的法律规范，减少对市场竞争的负面影响。1984 年美国颁布了《国家合作研究法案》，打破了《反垄断法》对产业联盟的限制，鼓励建立研发联盟。1993 年，美国对《国家合作研究法》进行了修订，增加了可以合作生产的内容，并形成《国家合作研究和生产法案》，允许产业联盟进行合作生产。至 2004 年，美国已经登记注册 942 个产业联盟。二是在产业联盟组织架构、参与成员、成果转化等方面形成一系列有利于产业联盟发展的政策环境，提高产业联盟研发的积极性和效率，并减少产业联盟的经营成本。日本制定一系列法律法规来规范产业联盟发展，特别是2009 年将《工矿业技术研究组合法》更名为《技术研究组合法》，在保留了原有的财政和税收优惠政策的基础上，增加了新的内容：（1）放松了联盟成立的条件，如不再规定只有企业才可以参与研究组合，把范围扩大到企业、大学、独立行政法人研究机构；（2）增加了联盟组合的灵活性，如规定研究组合可以重组为法人实体，包括股份有限公司、合伙公司或新的研究组合，从而为研究成果的商业化和利用股市筹措研究经费等提供了法律依据。

2. 强化对产业联盟的财税支持

日本产业联盟的研究经费，除由成员企业分摊外，主要来自政府的研究补助。除直接财政补贴以外，日本在税收上也对产业联盟进行了倾斜性支持。美国也从未放松对产业联盟的财税支持。美国联邦政府对于产业联盟的支持主要是为了弥补市场失灵，推动产业联盟研发和生产促进公共福利的技术和产品，如美国政府通过大量经费投入，保证了半导体制造技术研究联合体（SEMATECH）非营利性研究的顺利开展。德国对产业联盟的财税支持则主要集中在战略性领域，以快速突破重大技术，占领国际竞争制高点。

3. 对产业联盟的技术和产品进行政府购买

日本政府将技术研究开发组合等产业联盟，视作国家重大产业技术计划的实施主体和创造知识产权和产生重大技术标准的重要平台，往往将各类国家重大产业技术开发及标准项目以委托费或补助金方式交给产业联盟具体实施，政府直接向技术研究组合形式的产业联盟进行购买来主导产业联盟的发展，进而主导日本的创新发展和重大技术突破。

4. 参与产业联盟的组建和运行

在产业联盟组建和运行过程中，政府的主要作用除了资金投入外，更重要的是组织协调和沟通，促进各方合作。日本产业联盟的秘书长，通常由通产省退休不久的官员担任。美国政府重视产业联盟参与方的沟通和交流，通过组织官员参与联盟、建立技术交流会等方式来促进成员企业的合作。

5. 建立和开放公共基础研究设施

政府对产业联盟的支持还表现在建立和开放基础设施研究机构，促进国家公共研究平台为产业联盟服务。在 20 世纪的最后几十年里，日本政府不断推动国有大型研究设施开放，并资助民间企业建立共用研究设施。

6. 强化对产业联盟运行的监督

在给予产业联盟资金等支持的基础上，政府大都会监督产业联盟的运行，跟踪产业联盟的资金使用。美国政府从各方面强化对产业联盟运行的跟踪和监督。美国审计署（GAO）根据政府审计标准，每年对 SEMATECH 的财务状况进行审计。除此之外，GAO 还对研发进度、联盟管理情况以及产业发展水平进行评估。

五、推进长三角地区产业联盟合作机制建设的思路和对策

（一）总体思路

立足长江经济带产业联盟建设现状，以习近平新时代中国特色社会主义思想为指导，借鉴国内外先进经验，按照"市场主导、政府指导；多元共治、分类施策"的总体思路，推动完善跨区域产业联盟合作机制。

1. 市场主导，政府引导

党的十八大以来，"市场在资源配置中的决定性作用和更好发挥政府作用"成为我国各项经济活动的原则。作为经济活动中的重要组织，产业联盟组建的出发点是解决产业发展的共性问题，也应该遵循市场规则，尽可能发挥市场在产业联盟合作机制的主导作用，政府既要弥补市场不足、纠正市场失灵，又要防止干预不当、避免政府失灵，促成联盟的健康发展。

2. 多元共治，分类施策

产业联盟组成既有骨干企业，还包括科研机构、中介机构，甚至政府部门也直接加入，部分产业联盟还引入上下游客户，需要产业联盟组建时选择好合适的组织合作形式，行业协会、高校、企业等都可以牵头成立，要求对合作系统内相应的制度体系进行调整，营造良好的合作技术创新环境，各成员厘清责权利，真正建立一个多元共治的合作机制。要立足不同产业的不同特性，对于不同功能定位、不同分布领域、不同运作机理、不同发展阶段的产业联盟，制定有针对性的支持方案，进行分类引导。对待成立或刚成立的产业联盟政府可起到主导作用，加强监管力度和资金支持力度，以此引导联盟发展方向，而且政府的介入通常能提供良好的信用环境，有助于提升成员间的信任度，促进联盟顺利运行。对于发展逐步成熟的产业联盟，政府可逐渐把主导权放给市场，以弥补市场低效、信息不对称等市场失灵问题为主，把工作重点放在提供优质政策服务上。

（二）不断完善产业联盟自身机制建设

1. 创新产业联盟模式，增强产业联盟发展的可持续性

探索建立形式多样的产业联盟模式，鼓励建立法人实体型产业联盟模式。立足法人实体型产业联盟模式，鼓励引进风险投资来解决联盟企业资金问题和完善联盟的治理结构，提升产业联盟发展的可持续性。

2. 完善利益分配和激励机制

引导联盟内部建立自我监督与评估机制。以公开、公正、公平为原则，严格按照规章制度进行利益分配，实现联盟企业各成员合作共赢。保护联盟内各企业的专利、著作权、商标、商业秘密等知识产权，建立联盟成员之间知识产权的许可和转让的优惠制度。

3. 建立良好市场秩序，打造品牌效应

积极组织沟通联盟成员之间关系，协调产品开发，做好产品和企业资质认证工作，提倡联盟内成员之间优先采购和选用的合作原则，提升联盟成员在系统领域的研究开发、生产制造的整体水平。建立联盟的网站和宣传渠道，在加强联盟信息交换的同时扩大联盟在业内信息化的影响，有计划地发展联盟成员。建立专业人才库。

（三）大力发挥地方政府的引导和支持作用

1. 推动重点领域组建产业联盟

大多数领域的产业联盟可以由市场导向的自组织形式来组建。但在部分重点领域，为了国家或区域特定产业发展和创新目标，地方政府要采取主动方式从外部促成联盟的组建。

2. 完善支持产业联盟发展的财政和金融手段

完善税收优惠、政府补贴等方式构建政府资金的引导支持机制，探索多元化资助方式。在联盟先行投入的基础上，科技计划积极探索无偿资助（含后补助）、贷款贴息、风险投资、偿还性资助等多种方式支持联盟发展。对联盟承担的项目采取先启动后资助的方式，对公共技术研发平台的合作建设项目，采取贷款贴息、风险金投资等方式。积极与国家有关部门对接，力争在支持产业联盟发展方面取得新的政策突破。

3.政府采购支持产业联盟的产品

对重点扶持产业、重点技术领域、基础研发领域的产业联盟研发成果及产品进行大力采购，有效减少相应产业技术领域的研究成果与产品在投放市场的前期风险。

4.促进产业联盟质量不断提升

利用政府的公信力和号召力，促进联盟间相互学习和交流，定期组织经验交流活动；引导联盟明确发展方向等。在产业联盟评价体系中建立第三方评价机制，做好产业联盟评价工作，形成竞争激励机制。支持联盟建设联席会议制度、专家委员会制度、联盟轮值制度等现代运行制度，让更多的企业与单位参与到联盟运作之中，推动联盟形成开放高效互动的现代市场化运行管理制度。对于运作规范、条件成熟的产业联盟，可以支持其注册为企业法人，加大对联盟开展业务的支持力度，推动联盟可持续发展。如果长期没有开展实际工作的产业联盟，可以依法合规予以解散。引导企业制定特定的技术标准，为企业进入产业联盟设置了一定的门槛，防止投资重复投向低于标准的其他技术方案，优化、节约了创新资源。

5.加强宣传，弘扬联盟的协同创新文化

制订产业发展所需的相关技术标准，定期举办联盟内的信息交流、研讨、服务等活动，增进社会各界对产业联盟的了解和认识，扩大产业联盟的影响力。

6.完善监管机制

加强对政府主导项目经费使用情况、政府主导项目进展情况、主导项目技术扩散情况和联盟的项目技术成果分配进行监管。构建区域产业联盟的风险预测与防范机制。加强区域产业联盟的知识产权的使用、成果分配以及授权进行相应的监管，完善有关法规，保护技术专利和保障利益分配。引导组建中介监督机构，主要对联盟合作协议、联盟内部合作框架、联盟成员共守协议等制定与实施进行监管，产品和服务质量、联盟内部竞争等进行严格监督。

（四）中央政府加强对跨区域产业联盟的宏观引导

1.完善有关产业联盟的法律法规

针对当前我国缺乏促进产业联盟发展的法律法规，要加强研究制定产业

联盟法律法规，从产业联盟的性质、权限、责任等方面进行规范。

2.创新支持跨区域产业联盟发展的财税金融政策

在完善现有税收优惠、财政补贴支持政策的基础上，创新扶持政策，构建以政府资金为引导，社会资金为主的区域产业联盟发展基金，重点支持对战略性新兴产业和有助于提升我国国际分工地位的核心环节领域建立跨区域产业联盟。

3.积极开展跨区域产业联盟的试点示范

按照党中央、国务院发布的《长江经济带发展规划纲要》统一要求，结合长江经济带跨区域产业联盟建设的基础条件和现实需求，以国家产业政策为导向，按照行（企）业地方有需求、现有产业合作基础好、支撑带动产业升级作用大等选取原则，积极开展长江经济带跨区域产业联盟试点示范，对于获得试点示范的产业联盟，给予优惠政策支持。通过实践积累运行经验，推动长江经济带跨区域产业联盟建设，支撑创新驱动产业转型升级。需要注意的是，开展先行示范不是要另起炉灶，要依托已有的产业联盟基础，如武汉光谷机器人产业联盟建议，目前国家已有机器人产业联盟，长江经济带机器人产业跨区域联盟没有必要单独设立，在国家机器人产业联盟内部设立相关分联盟即可。其他联盟的建设也要依托各省市现有基础、优势和特色，在资源整合的基础上推进长江经济带跨区域产业联盟建设。

4.建立跨区域产业联盟发展的协调机制

长江经济带跨区域产业联盟建设，涉及不同地区之间的产业结构调整、优化产业布局等工作，需要国家层面的指导和统筹。建议制订《长江经济带跨区域产业联盟管理办法》，明确联盟建设的指导思想、原则、组建条件、目标定位和重点产业布局，确立牵头和具体协调单位，出台有针对性的扶持措施等，规范各地区产业联盟建设和运行，让各地有明确的发展预期。国家要做好协调，推动省际协商合作，加强统筹谋划和具体磋商，努力在跨区域产业联盟建设、推动产业分工合作等方面形成合力。

参考文献

1.郭亚欣，罗成书，戎良.长三角生态绿色一体化发展示范区打造知识创新型总部聚集区研究科学发展, 2022（12）.

2. 王卓. 基于创新生态系统的产业联盟协同创新机制研究, 2020.

3. 蒋庆来, 潘达, 陈享姿. 产业联盟提升地方产业竞争力研究——以湖南省产业技术创新战略联盟为例. 价值工程, 2018（10）.

4. 陈享姿, 郭丽萍. 借鉴国际经验推动我国产业联盟创新分析. 现代经济信息, 2019（1）.

5. 沈丽娟. 关于长三角产业联盟与企业创新的分析：文献综述. 经济研究导刊, 2008（11）.

第八章　积极应对全球产业链演变新趋势

近年来，在技术变革和创新、经济、地缘政治、气候环保，以及俄乌战争、重大突发公共卫生事件（疫情）等重大风险事件等多因素的共同作用下，全球产业链演变呈现出新趋势新特征。我们要客观把握这种新趋势和新特征，积极采取应对政策，助力我国产业链安全稳定和现代化发展。

一、影响全球产业链发展演变的主要因素分析

随着世界各国的经济发展，国际形势的不断变化，产业链由国内走向国际，国际产业链调整的动力除了技术变革和创新、经济（经济成本和效率等）方面外，还有包括了国家安全、环保、重大事件等多重因素。

（一）技术变革和创新因素

技术变革和创新是经济发展的根本动力，也是产业链演变的基础因素。英国演化经济学家卡洛塔·佩雷斯（1983）研究表明，"每一次技术革命都会形成与之相适应的技术经济范式"，历次科技革命通过科技成果的产业化、市场化，从根本上改变技术路径、产品形态、产业模式，技术革命和产业变革改造传统生产模式和服务业态，推动传统生产方式和商业模式变革，促进产业融合发展，催生出新的行业、改造传统的产业、塑造产业格局，推动产业链演变。18世纪以蒸汽机出现为标志技术革命开创了以机器代替手工劳动的时代，彻底改变了传统生产方式，棉花、纺织、印染等企业得到发展，推动了棉纺织产业链的发展；以电力大规模应用为代表的第二次技术革命，推动电力、钢铁、铁路、化工、汽车等重工业发展和产业链延伸；随着新技术

不断涌现，新兴产业和产业链也不断出现，如随着化学技术不断进步，科学家从煤和石油等原材料中，提炼出多种化学物质，并以此为工业原料，制成染料、塑料、药品、炸药和人造纤维等多种化学合成材料，推动了化工产业链迅猛发展；21世纪以来，新科技革新能源、机器人、3D打印等智能制造技术成为第三次工业革命的核，引发生产方式、生产组织模式全方位变革，诸如新能源、信息技术、生命科学等前沿科技领域正处于大规模突破爆发的酝酿期，引发相应领域的产业变革，前沿科技之间、前沿科技与产业之间的跨界融合，催生新兴产业产业链。

（二）经济效率因素

追求经济效率是产业链演变的内在动力。产业链分工深化是产业链演变的主要表现，可以从微观和中观两个层面来分析产业（链）分工深化带来的经济效率提升：从微观角度看，企业通过将劳动工序分解和标准化、程序化的过程，实现大规模生产和规模经济，最终获得劳动生产率的提升。从中观层面来看，一方面，企业通过国际贸易参与国际分工可以扩大其市场占有率，从而使其产能和规模扩大，收益增加，形成规模经济优势。另一方面，对一些生产工序和技术相对精密和复杂的产业（例如飞机制造业）来说，通过国际采购将一部分零部件的生产分解在不同的国家和地区进行，不仅降低了生产成本，而且还因此扩大了产业规模，获得了规模经济。以当年的福特式生产方式为例，大企业在社会生产过程中具有明显优势并占据主导地位，大企业通过高度分工带来的效率提升以及不断提升规模经济的效应来获得产业霸权地位和超额利润。产业链分工的"网络效果"增加产业收益，分工越细越专业，产业链越长，分工的网络性就越强，由此产生的经济收益也越大。产业链分工形式较多，包括外包、特许连锁、外购中间服务或中间产品、贴牌生产等等。

经济全球化背景下，世界各国按照比较优势进行产业链分工，从而获得分工收益。在经济全球化推动下，产业研发、采购、制造、营销以及相应的投资、贸易等经营活动可以在全球范围内展开；全球范围内产业链分工使资源的利用效率更为有效和合理，给各国带来相应的经济收益。比较优势是国际产业链分工的基础，经济全球化下影响分工的比较优势不仅仅是单一的资源优势，而是一种综合比较优势，是资源、制度、物流成本、产业配套环境以及宏观经济景气程度等多方面与其他国家相比所具有的优势。综合比较优势越强，获得的产业链分工机会越多，所处的分工位置越有利。由于资源禀赋和经济发展水平不同，不同国家和地区在某个时期的经济比较优势也存在差别。静态比较优势如资源禀赋优势会在相当长的一段时期内得以保持，例如石油、煤炭、铁矿等自然资源优势，一直会持续到资源开采将尽之时。而那些动态的比较优势则会随着经济发展逐渐变化，例如资本、劳动力、技术等方面的优势，这些优势有些会随着经济发展逐渐强化，有些则会弱化。一般来说，随着经济发展水平提高，劳动力成本优势会逐渐弱化，但同时劳动力的素质优势会提升；资本优势会随着资本的扩张和积累得到强化；技术优势如果能够不断保持创新则会强化，反之则弱化；专业化优势会随着分工的不断精细化得以继续保持；规模经济优势在一定边界范围内会强化，超出一定边界则会弱化，等等。

（三）地缘政治因素

地缘政治影响到全球产业链分工和国际布局。在世界各国政治环境良好的前提下，跨国公司可以根据经济效率而决定在不同国家或地区进行产业链布局。但近年来，地缘政治风险上升，贸易保护主义更加严重。以美国为代表的西方国家纷纷以资源能源控制权、科技知识产权、贸易保护等多种形式"塑造"全球产业链生态，在核心技术和关键环节蓄意设置政策门槛和投资限制。生产要素流动受阻，国际经贸摩擦频繁，跨国公司面临的地缘政治风险加大，原有的全球贸易开放体系受到重创，促使许多国家和地区对全球产业链有了新的认识，如何在安全与发展之间保持平衡成为当务之急。印度、越南等新兴经济体国家趁机布局抢占全球中低端制造业的市场份额。如印度2020年启动了旨在促进本国制造业的"自力更生的印度"运动，鼓励本国企业减少从中国采购产品和原材料，以增强其国内生产能力。印度政府在2021年的预算案中扩大了"生产挂钩激励计划"（PLI）的范围，为数十个行业提供优惠政策以吸引外国制造商在印度设厂。

（四）气候环保因素

20 世纪 60 年代末开始，生态环境与经济社会发展的不协调问题日益显现，联合国于 1972 年在瑞典首都斯德哥尔摩"人类环境会议"上把保护生态环境的意识落实到保护生态环境的实际行动中；自 20 世纪 80 年代以来，国际科学界和世界上大多数国家政府开始高度关注和重视全球气候变化对各国经济和社会发展产生的影响，自此，气候和环保成为全世界共同关注的话题，世界各国在推进经济和产业发展的同时，需要协同推进环境治理、节能减排。

近年来，实现碳达峰、碳中和更是成为全球一场广泛而深刻的经济社会系统性变革。在此背景下，世界各国出台支持绿色低碳和环保政策，推动相关产业链发展。2017 年日本发表《基本氢战略》，旨在通过无碳氢技术研发来构建安全、可持续的能源供应链，在国际清洁能源市场占据领先地位。德国供应链政策的重点是在制造业领域构建以环境保护和资源节约为导向的绿色供应链，实现供应链的可持续化。2017 年在德国 G20 峰会上，G20 决定利用德国联邦政府提供的可持续发展专项基金建立可持续的全球供应链，从而将德国构建绿色供应链、实现可持续发展理念推向国际合作层面。碳中和目标将深刻影响下一步产业链的重构、重组和新的国际标准。2020 年 7 月份，在欧盟宣布碳中和计划之前，已有 30 多个国家宣布碳中和目标，包括墨西哥、马尔代夫等，此后中国、日本、韩国接连提出碳中和目标。美国总统拜登也在讲话中提出美国要重回《巴黎协定》，其基本要求就是美国要提出碳中和的时间表和路线图。全球重要的经济体，也就是占全球 GDP75%、占全球碳排放量 65% 的国家开始碳中和。"碳中和"意味着一个以化石能源为主的发展时代开始结束，一个向非化石能源过渡的时代即将来临。这对全球产业链的重组、重构都有深刻影响。比如：苹果手机要实现碳中和，那么负责组装的企业要实现碳中和，为其提供零部件和原材料的环节要实现碳中和，为其提供芯片的企业也实现碳中和，产业链上的每一个环节都要实现碳中和。这就会对产业链形成一个新的标准。而全球在碳中和的大背景下，进行新的国际合作、国际分工、形成国际标准。我国是全球碳排放最大的国家，力争 2030 年前实现碳达峰、2060 年前实现碳中和，必将引发钢铁、化工、能源、建材等重化工业产业链供应链深刻调整。

（五）战争、重大突发公共卫生事件（疫情）等重大风险事件因素

当前世界经济彼此依赖，全球经济深度融合和发展，全球产业链相互影响，任何一件产品都可能是多个国家协作的产物，是全球产业链整体价值的体现。全球产业链上任何一个环节的停滞，都会给产业链上下游带来影响，尤其是对外依存度较高的产业链环节不可避免地受到较大冲击。从影响产业链演变的重大事件来看，主要是战争和重大医疗卫生事件。疫情冲击下的全球产业链重构表现为结构性重构，而非简单的搬迁式重构。俄乌战争一方面导致能源危机，引发新能源产业链演变，另一方面，由于部分资源性产品供给受到影响，引发半导体等产业链关键环节供给紧张。具体影响体现在以下几个方面：

一是俄乌战争和新冠疫情蔓延对产业链的直接影响，破坏了供应链的供应和需求，引发国内外供应链的连锁反应，对世界经济和全球化的冲击超过中美贸易摩擦，这是 1945 年二战结束以来全球经济体系面临的最大整体威胁，直接表现为供给冲击，造成部分产业链"停工、停产、停运、停摆"。全球产业链、供应链的中断可能会进而引发逆全球化高潮，全球经济陷入"灰犀牛"式的冲击，对长期技术进步、生产方式等产生影响。

二是在企业层面，新冠疫情给以全球产业价值链为主要布局的企业带来巨大的利益损失，迫使企业开始尤其重视供应链风险，并将重新思考供应链布局。跨国公司对于全球布局的考虑因素将不仅仅局限于成本与市场因素，而且会加入更多对于政府管理效率与社会应急能力考量，国家治理能力有助于维持供应端的稳定。

三是在国家层面，新冠疫情给各国经济带来重创的同时，也让各国政府看到完备产业链体系的重要性。政治极端化加剧，各国加强"自主可控"。地缘科技博弈升温，带来了不确定性因素。控制产业链核心环节的国家将考虑产业纵向整合以缩短供应链条，并在本土或周边国家配置预备产能或加大库存以备不时之需。

二、全球产业链演变的新趋势和新特征分析

（一）全球产业链演变历史回顾简述

全球产业链演变起源于国际产业分工，其时间可以追溯到第一次工业革命时期。这个时期国际产业分工，基本上是宗主国和殖民地之间的垂直产业分工，发达国家等宗主国主导国际分工和世界市场，出口工业制成品，从发展中国家等殖民地廉价进口或掠夺原材料。严格意义上的第一次产业链分工（产业内分工）演变，是从第二次世界大战以后到 20 世纪 80 年代。随着以原子能、电子计算机、空间技术为主要标志的科技发展，使国际分工的形式和趋向发生了很大的变化。这个时期产业链演变主要表现在两个方面：

一方面，产业链不断裂变深化（这实际上也是产业纵向分工深化的另一种表现）。科学技术不断发展，促使产品的结构和功能由简单到复杂。当科学技术水平不高时，产品的结构和功能比较单一，从原材料到制成品的生产工序比较少，而随着科学技术的不断发展，产品的结构和功能越来越复杂，从原材料到制成品的生产工序越来越多。特别是计算机、人工智能技术的兴起，计算机、人工智能对传统产品的渗透越来越强，大大改变了人们身边产品的结构和功能。以移动电话为例，移动电话从诞生到现在，短短几十年时间，就由只具有单一的通话功能，发展到具有短信传递、多媒体、摄影摄像、存储、软件嵌入、互联网、智能办公等多种功能。当今社会，凡是与电子有关的产品，小到家用电器，大到汽车、轮船、飞机、卫星等，无不受到计算机和人工智能技术的渗入，产品逐渐由单一功能向智能化转变，促进了部分行业能够形成模块化生产方式[1]。随着科技不断进步，产业分工不断深化，从产业内垂直分工向产品、工序分工延伸。传统的比较优势理论通常被视为产业间分工的理论，对于产品内分工，传统的比较优势理论依然适用。同一产品的价值链上具有劳动密集、资本密集、技术密集的各个环节，因而各国根据自己的要素禀赋，在不同的价值链上具有比较优势。跨国公司把不

---

[1]模块化生产方式是指，将一个复杂的产品，分割成不同的模块，且模块与模块之间是相互兼容的，企业只专注于一个模块的生产研发，但是必须保证研发和生产出来的产品，与其他模块兼容，否则，该企业生产的产品，将被产业链淘汰。

同的生产工序分离到不同企业。[1]

另一方面，产业链国际布局不断调整。二战后至20世纪90年代初，世界政治、经济形态形成了以美苏争霸为基本格局的两大阵营，在产业链分工方面也以两大阵营为核心形成了"片式"产业链分工格局。这种产业链分工的典型特征是"敌友分明"，产业链分工因而深深打上了切块阵营化的烙印。只要是在一个阵营内，产业链分工合作就是畅通的；只要是企图跨越阵营，合作通道就是阻断的。另外，以美、苏为产业龙头，两个阵营内的国家基本上是封闭循环或者说是单体循环，各自形成了一套产业链分工体系，甚至延伸至技术标准体系和产品标准体系。这种产业链分工体系可以说是经济政治化的典型化石，地缘政治和意识形态博弈割裂了全球性产业链联结的可能性。在此期间，全球经济发展从属于地缘政治格局，政治博弈或者说意识形态阵营划分，严重影响了产业链分工的深度和合作广度。

20世纪90年代以来，在苏联解体后，和平与发展成为时代主题的共识广泛形成，政治格局加快向更具多极化特征的形态过渡。在此背景下，产业链分工全球性水平化布局趋势增强。经济全球化不断发展、国际市场日益一体化与生产日益分散化，美国、欧盟和日本等发达国家或组织的跨国公司通过在亚洲、拉美新兴工业化国家和地区的大量加工组装业的投资，建立起"世界工厂"或"制造飞地"，而各加工组装点之间产生大量的零部件或中间品贸易。以美欧为头雁，全球产业链分工总体上形成了美欧引领消费市场、东亚主导生产环节、拉美等地区供应原材料的大三角循环体系。在此大三角循环体系内，欧美占据高端研发、金融服务等高价值链环节，东亚形成工业体系完备的生产加工体系并努力向高技术、高价值端升级延伸，拉美等地区提供给大宗原材料供给。

---

[1]产业内垂直分工特别是产品、工序分工，要求产品具有一定的可分性，产品的生产过程在技术上能否分离是产业内垂直分工的前提。产品的可分性越强，该产品的产业内垂直分工程度就越深，否则，该产品的产业内垂直分工程度就越浅，甚至不能够进行产业内垂直分工。一般机械产品、运输产品、电子产品表现出较高的分离性，其产业内垂直分工的程度就比较高，而化工、冶金则相对较低，其产业内垂直分工的程度就比较低。产品的可分性和产品的结构和功能是成正比，产品的结构和功能越复杂，产业的可分性就越强，否则，产品的可分性就越弱。

（二）全球产业链演变的新趋势、新特征

当前已经进入全球产业链演变新时代，受新冠疫情冲击，特别是大国竞争加剧影响，全球产业链演变态势将加速，演变逻辑在遵循技术演变的基础上，将更加重视产业链安全稳定、更加注重维护或争取大国优势地位、更加受到大国内部政治力量的推动和国际政治格局影响，全球产业链的发展趋势呈现新趋势新特征。

1. 从技术升级角度，全球产业链呈现数字化趋势

一方面，随着科技不断发展，数字化成为提升产业链发展效率的重要手段。大数据、物联网、人工智能等新一代信息技术蓬勃发展，加快催生出数字经济、智能制造、网络经济等新产业新业态；与此同时，传统制造业、服务业正加快向智能化、网联化、平台化转型，推动平台型、血液型、大脑型、牵引型产业融合互嵌相互支撑，进而更好地推动产业链现代化。产业链布局方式和集群生态正由实体地域向虚拟网络转变，有界限地域空间的集聚正向无界限网络空间的集聚转变，从根本上改变部分产业链群全球化布局的格局。网络空间作为诸多新兴产业的关键载体，不仅将成为产业链群的集聚高地，也将同步输出数据、信息等新型生产要素，重要产业链群也将出现"线下＋线上"同步布局、同步集聚、同步演化的新特征。

另一方面，新冠疫情、俄乌战争等重大事件，国际地缘政治变化等导致的国际营商环境不确定性增强的大背景下，数字化、可视化能力成为增强产业链、供应链安全性的重要手段。供应链上下游之间环环相扣，任何一个环节的波动都会引发其他环节的连锁反应，且影响逐级放大，形成"长鞭效应"。在信息流从最终消费者向上游供应商传递的过程中，如果缺乏信息共享，就会产生信息传递扭曲，导致整个供应链体系波动与低效率。需要使用数字化技术对供应链进行赋能，构建起一个可视化、透明化的供应链网络。随着数据分析和人工智能、物联网、数字机器人等技术的推广，加速全球数字化趋势。在新冠疫情严重的地区人员流动受到严重限制，人们采用大数据、人工智能和云计算等新技术来保证政治和经济的正常运转。数字平台成为全球产业链的新的驱动力，为传统产业链转型升级提供计算、服务、处理和分析数据的能力，指导和调节生产者的贸易行为，从需求角度作用于全球

产业链重构。

许多国家的政府和跨国公司重视产业链数字化建设。在数字化的环境下，企业进一步通过大数据分析来有效地简化潜在厂商甄选过程、提高风控能力；通过云计算有效管理供应商；通过自动化、物联网大大提高物流和运输的效率。为此，日本经产省发布《2020 版本日本制造业白皮书》，明确提出推进数字化转型发展战略，将其作为增强企业变革能力的一个重要方面，鼓励企业通过数字化技术和实时数据分析来增强自身的变革能力，积极利用在技术方面的优势，增强制造业企业内各部门之间以及企业与客户、供应商之间的数据协作。这次疫情也让跨国企业认识到生产自动化的重要性。疫情后，机器人技术将会被更广泛运用来减轻因人员流动限制对供应链产生的负面影响。新冠疫情大暴发造成全球产业链供应链中断，为尽快恢复供应，一些企业发挥自身在数据占有和使用上的经验和优势，加快供应链的数字化发展。如思爱普（SAP）通过升级版"工业 4.0 进行时"战略帮助企业捕获并分析供应链中的大量信息，通过提高整个供应链的可视性和协同性，帮助企业抵御频繁发生的全球性冲击。

2. 从产业融合角度看，产业链边界日益模糊化

近年来，产业融合日益明显，推动产业链耦合，产业链边界模糊。推动产业融合的因素是多方面的。技术创新是产业融合的内在驱动力。技术创新开发出了替代性或关联性的技术、工艺和产品，然后通过渗透扩散融合到其他产业之中，从而改变了原有产业的产品或服务的技术路线，改变原有产业的生产成本函数，从而为产业融合提供了动力；同时，技术创新改变了市场的需求特征，给原有产业的产品带来了新的市场需求，从而为产业融合提供了市场空间。重大技术创新在不同产业之间的扩散导致了技术融合，技术融合使不同产业形成了共同的技术基础，并使不同产业的边界趋于模糊，最终促使产业融合现象的产生。比如，信息技术革命改变了人们获得文字、图像、声音三种基本信息的时间、空间及其成本，随着信息技术在各产业的融合以及企业局域网和宽域网的发展，致使产业间的界限趋于模糊。产业融合成为全球产业发展的浪潮，其主要原因就是在于各个领域发生的技术创新，以及将各种创新技术进行整合的催化剂和黏合剂—通讯与信息技术的日益成

熟和完善。

技术创新和技术融合是产业融合发展的催化剂，在技术创新和技术融合基础上的产业融合是对传统产业体系的根本性改变，是新产业革命的历史性标志，成为产业发展及经济增长的新动力。跨国公司的发展成为产业融合的巨大推动力，跨国公司根据经济整体利益最大化的原则参与国际市场竞争，在国际一体化经营中使产业分工转化为产业融合。未来相当长一段时期，国际经济将发生深刻变化，在不同的产业链领域内，产业链融合以不同方式演进，并构架出融合型产业体系。产业链融合，产业链边界模糊可以表现为三种形式：

一是产业链渗透融合。是指发生于高科技产业链和传统产业链在边界处的产业链融合。如生物芯片、纳米电子、三网融合（即计算机、通信和媒体的融合）；信息技术产业链以及农业高新技术化、生物和信息技术对传统工业的改造（比如机械仿生、光机电一体化、机械电子）、电子商务、网络型金融机构等。又如信息和生物技术对传统工业的渗透融合，产生了诸如机械电子产业链、航空电子产业链、生物电子产业链等类型的新型产业链。还如电子网络技术向传统商业、运输业渗透而产生的电子商务与物流业等产业链；高新技术向汽车制造业渗透产生光机电一体化的新产业链等等。高新技术向传统产业链不断渗透，成为提升和引领高新技术产业发展的关键性因素，高新技术及产业发展有利于提升传统产业的发展水平，加速了传统产业的高技术化。现代信息技术正在以前所未有的广度和深度渗透到制造业产业链各个环节中，使制造业产业链的各环节产品和生产过程，以至管理方式发生了深刻的、革命性变化。

二是产业链间延伸融合。即通过产业链的互补和延伸，实现产业链融合，往往发生在高科技产业的产业链自然延伸的部分。这类融合通过赋予原有产业新的附加功能和更强的竞争力，形成融合型的产业新体系。这种融合更多地表现为服务业向第一产业和第二产业的延伸和渗透，如第三产业中相关的服务业正加速向第二产业的生产前期研究、生产中期设计和生产后期的信息反馈过程展开全方位的渗透，金融、法律、管理、培训、研发、设计、客户服务、技术创新、贮存、运输、批发、广告等服务在第二产业中的比重和作用日趋加大，相互之间融合成不分彼此的新型产业体系。如现代农业生产服务体系、工业中服务比例上升、工业旅游、农业旅游等。

三是产业链内部重组融合。主要发生在具有紧密联系的产业或同一产业内部不同行业之间，是指原本各自独立的产品或服务在同一集合下通过重组完全结为一体的整合过程。通过重组型融合而产生的产品或服务往往是不同于原有产品或服务的新型产品或服务。例如，第一产业内部的种植业、养殖业、畜牧业等子产业之间，可以生物技术融合为基础，通过生物链重新整合，形成生态农业等新型产业形态。在信息技术高度发展的今天，重组融合更多地表现为以信息技术为纽带的、产业链的上下游产业的重组融合，融合后生产的新产品表现出数字化、智能化和网络化的发展趋势，如模糊智能洗衣机、绿色家电的出现就是重组融合的重要成果。

3. 从生态环保角度，产业链演变呈现绿色化趋势

当前，世界上掀起一股"绿色浪潮"，环保气候等问题已经成为世界各国关注的热点。随着人们环保意识的增强，那些不推行绿色技术和不生产绿色产品的企业，将会在市场竞争中被淘汰，产业绿色发展成为全球趋势。国际绿色产业联合会于 2007 年发表声明：如果产业在生产过程中，基于环保考虑，借助科技，以绿色生产机制力求在资源使用上节约以及污染减少的产业，我们即可称其为绿色产业。绿色产业链则是指，在整个产业价值链中，促进各个环节的绿色发展，实现与自然、与社会各相关群体的良性互动，达到短期利益和长期发展的统一，实现产业的可持续发展，也就是说，是全产业链的绿色化，即从最初原材料生产直到最终产品到达消费者手中，加上消费环节和报废后再制造环节的全过程。世界各国也纷纷采取政策措施推动本国产业链绿色化转型，以日本为例，2020 年，日本政府拿出 2 万亿日元，用于设立碳中和相关项目的创新型技术研发基金；设立 5000 亿日元的大学基金，用于强化高校和科研机构的研发基础，培养科研人才；在税收减免方面，对进行绿色低碳转型投资的企业予以减税。引入住宅绿色积分制度，引导住宅建设向绿色化、低碳化方向转型，并为此投入 1094 亿日元。针对广大中小企业实现绿色化、数字化转型所面临的资金约束，日本政府设立 11485 亿日元的业务重组补助基金，专门用于帮助中小企业实现绿色化、数

字化转型，同时向那些自主拓展新事业的中小企业提供设备投资补助，一家企业最多可获得1亿日元补助金。日本政府多元化的政策支持提升了日本企业进行绿色化、数字化转型的积极性，尤其是面临资金约束的中小企业。

产业链绿色化转型发展，具备以下特征表现：一是产业链转型具有开放性，即利用人类文明进步特别是科技发展的一切优秀成果，依靠科技进步、物质投入等提高产品的生产能力，并重视产品的品质和安全。二是产业链转型具有可持续性，即在合理使用上游产业链环节投入品的前提下，注重物质的循环再生利用，重视资源的合理利用和保护。三是产业链转型技术绿色先进，产业链绿色化注重合理开发资源、保护生态环境，使用技术具有一定的先进性。四是产业链各环节的产品具有标准化，即绿色产业链实行标准化全程控制，强调产业链各环节产品的标准化，通过产品的标准化来提高产品的形象和价格，规范市场秩序，实现"优质优价"，提高产品的国际竞争力[1]。

4.从产业链体量看，部分产业呈现短链粗链化趋势

长期以来，全球产业链根据比较优势将各生产环节分散到不同国家和地区进行生产，充分发挥比较优势和规模经济优点的同时，也带来了链条环节过多、空间距离过长的弊端，无形中提高了整个产业链断链风险。近年来，技术壁垒、国际地缘政治紧张、疫情等重大事件增加了产业链断链风险。为了规避风险，产业链变短变粗成为趋势。

产业链缩短表现为：产业链回归本土，即美日等国推动部分产业链迁回本土，欧洲部分小国将产业链迁回至欧盟市场。疫情隔离使得各个国家闭关锁国、以邻为壑，海外市场需求断崖式下跌，促使企业尽可能在本土消费市场进行生产经营，并出于国家产业链供应安全的考虑，而在短期内放弃产业布局的传统成本与利润因素，加强在本国以及周边国家的生产布局，以提高所在供应链的自主性和可控性，增强本地供应的响应能力与速度。发达国家与发展中国家都有降低全球产业价值链长度的倾向，尤其是国外长度，以降低国外供应链的中断风险。同时提升全球价值链（GVC）国内长度，始终保持更加靠近国内的生产力配置。全球价值链活动在金融危机后已经呈现明显

---

[1]近年来许多国家要求进口产品要进行绿色性认定，要有"绿色标志"。有些国家以保护本国环境为由，制定了极为苛刻的产品环境指标来限制国际产品进入本国市场，即设置"绿色贸易壁垒"。

收缩趋势，国内生产活动成为经济复苏的主要动力，而新冠疫情将再次强化这种趋势。只有这样，才能降低全球供应链因产业链过长、区位分布太散而导致的产业发展不确定性，抵御未来各种外生的突发风险。

产业链变粗主要表现为：一方面，企业在收缩的过程，加强了产业区域化集聚；另一方面，则强化了企业供应链多元化。为保证产业链供应链上游稳定，企业改变单一采购来源，通过建立多元化的供应商网络来提高抵御供应短缺风险的能力，多元化采购战略降低了供应商和采购来源过于集中的风险，有助于保证原材料和零部件的稳定和持续供应，增强与供应商开展采购议价的能力。

5. 从全球产业布局来看，呈现阵营化趋势

增强产业链安全，成为当前全球产业链演变的新原则。当前各国之间有关经济全球化的共识发生严重破裂，全球化进程呈现碎片化、多层次化或多元化发展，区域经济合作将重新抬头或走向深化。在此背景下，贸易保护主义泛起改变了产业链供应链向全球拓展的环境。

随着疫情不断发展，在地缘政治和风险规避因素驱动下，重构全球经贸秩序、格局和产业链格局迫在眉睫。当前，发达国家从大国竞争的政治利益出发，无视全球产业链分工给各国带来的互利共赢的基本事实，强行切断产业链。美欧日各方均认识到产业链空间范围过大与环节过长的风险，都考虑以"中国+1"为特征的产业链分散化，并对企业产业链实施"双链管理"。这一过程可能会在今后五到十年逐步显现。目前，美欧等经济体都在试图改变"以中国为中心的全球供应链体系"，通过增加中国大陆以外采购来源地或通过多国投资来提高其供应链的多元性和柔性。拜登政府对供应链安全保障的关注不仅仅局限在强化美国国内的供应链，特别是近期美国大力推进"友岸外包"国际战略，通过供应链竞争获取针对中国等新兴市场国家的竞争优势，维持美国在关键技术领域的领先地位。

全球产业链遵循市场发展规律，向区域化发展，全球产业链将收缩至某个区域或某个国家。与产业链全球配置相比，产业链区域化、本土化布局不仅更贴近消费市场，更容易保证产品质量，而且在有效减缓外部冲击带来的破坏性、保持透明度的同时，也提升产业链供应链整体的风险管理水平。以

双核体系为特征的全球产业链分工格局将常态化，全球大概率会出现双核体系。

产业链区域化的行业变动特征：

对地区隔离与地缘政治敏感的企业，将出现寻求将各环节逐渐迁移至相对环境更稳定与产业链完整的地区。具有这一特点的典型行业即为半导体、电子设备等行业。此类企业的特点是具有技术敏感性，同时十分依赖全球产业链布局，即消费与生产环节显著分布在不同国家和地区。这使得这些企业在诸如疫情和国际地缘政治局势紧张等特殊情况下，其全球产业链很容易受到重大冲击。这些企业有动力将分散的产业环节逐渐迁移，目的地将是能够提供稳定的生产消费环境、完整的上下游产业链供给的地区。

对于高度依赖全球产业链的一般企业，将有可能在未来响应越来越突出的"生产本地化"需求，向消费者所在地进行产业环节迁移。一方面，在机器人与自动化技术不断发展的过程中，生产成本低廉对于企业的吸引力在不断下降；另一方面，经过疫情的冲击，企业的客户和所在国政府都在不断强化对于"生产本地化"的需求。对企业客户来说，生产本地化可以使客户更快捷、可靠地获得产品，不会受到国际产业形势的干扰；对于各国政府来说，制定吸引生产环节迁入的产业政策将显著有利于构建本国完整产业链体系，维护本国经济稳定和"内循环"之需。企业通过响应这样的需求，一方面可以更及时地应对客户不断变化的需求，另一方面也可以享受当地政府提供的产业回流补贴，兼顾了生产的稳定性与经济性。

三、我国应对全球产业链演变的政策思路

（一）建立重点产业链安全保障机制

单纯依靠企业和市场力量无法有效保障产业链供应链安全，需要借助机制建设和立法为产业链供应链发展"保驾护航"。产业链安全的支持保障，既包括内部产业链发展的规划、路线图和实施进程评价，还包括外部全球产业链安全、政策调整和国别风险等评估，提出更具战略性的经济外交对策，并结合区域贸易协定、世界贸易组织（WTO）改革等争取更多话语权，防

止因产业链受制于他国引发的安全问题，确保国家核心产业链供需平衡。要设立保障经济安全和产业链安全施策的专门机构，负责对产业链安全保障进行讨论并制定相应政策，加快对产业链安全保障领域立法的步伐，要对不同产业链重构区别施策，要分析各类产业受到的不同影响，采取差异化应对策略，实现中国的国际产业链整体竞争力提升和价值链优化。

（二）巩固提升我国在全球产业链的地位

1. 锻造长板和补齐短板

加快建立完善科技创新研发攻关新型举国体制，集中国有企业、民营企业、高校、科研院所以及军队等科研创新力量，研发战略性产业的自主核心技术，深入推进多主体联合攻关，确保重要产业链拥有自主化能力。建立高风险领域的"卡脖子"技术清单，因"技"制宜，分类施策，采取"挂图作战"和"揭榜挂帅"等政府推动和市场化相结合的方式，强化产业链上下游之间的利益绑定与战略合作，以科研院所和领军企业为主导，联合产学研用及产业链上下游企业，加快攻克基础材料、基础零部件、关键装备、工业软件等领域的"卡脖子"技术。要锻造长板，在我国处于领跑地位、有望形成战略反制的高铁、电力装备、新能源、通信设备等新兴产业领域，进一步拉大技术差距，巩固领先优势，锻造一批具有威慑力的"撒手锏"技术谱系。补齐短板，对我国短板弱项突出的重点产业链供应链，积极推动补链强链，特别是在断供风险较大领域构建必要的备份系统和多元化供给方案，增强产业链供应链弹性韧性。以国内外协同创新驱动产业链与创新链深度融合，主动顺应全球科技创新合作的大趋势，完善支持国际协同创新，大力提升国际创新链与产业链协同水平，主动融入全球创新网络。

2. 加大人才支撑力度，构建多层次、全产业的人才供应链

强化产业链供应链协同创新的人才支撑，聚焦构建产业链供应链共生发展的产业生态，通过"强基计划"等多种方式，大力培养国内高端人才。着力构建以企业家群体为核心、以企业管理团队和科技研发团队为支撑，以技术工人为基础的企业人才供应链。以用工制度等改革创新，建设高素质员工队伍。加快推进产教融合，完善校企合作育人、协同创新体制机制，推行"专业对接产业、专业链对接产业链、学校办学对接区域经济"的模式与

做法，着力培养高素质技术技能人才和创新创业人才。通过完善人才政策体系，加快人才发展平台建设，加大子女入学、住房保障、薪酬奖励、出入境便利等保障服务力度，促进人才资源与实体经济、科技创新深度融合。建立人才信息库，激发各类社会专业技术人才创新创业活力。完善社会化职业技能培训、考核、鉴定、认证体系，提高劳动者职业技能和岗位转化能力。加强职业素质培养，引导企业制定技术工人培养规划和培训制度，鼓励企业职工带薪培训。

3. 推进技术改造提升产业链，培育一批重点产业链"链主"企业

加快推进结构性调整和技术改造，提升传统产业技术能力，发展重心转向高附加值的产业领域或产业链环节。鼓励设备更新改造，尤其是以信息化、自动化、智能化、供应链管理为重点的技术改造，强化企业在核心基础零部件（元器件）、关键基础材料、先进基础工艺、产业技术基础等方面的技术水平和能力。加强融通创新，推动大中小企业和各类主体融通创新，把创新链和产业链真正转化成价值链。加强绿色低碳技术改造，推进建设绿色全产业链，建立完善的产品"生态足迹"评价制度。

加快培育产业链龙头企业，开展全产业链"链长"制试点，支持龙头企业担任"链主"。鼓励龙头企业通过增资扩股、兼并重组、股权置换、股权转让、混改等形式引进战略投资者，实现资源整合有效利用，迅速提升企业规模。加强质量品牌建设，争创各类品牌荣誉，力争更多龙头企业入围世界企业500强。推动龙头企业创新发展，打造以龙头企业为主体的产业创新平台，构建以龙头企业为核心的产学研用体系。推动龙头企业数字化改造，鼓励龙头企业对采购、生产、销售、仓储、物流等各个环节进行数字化、智能化技术改造，打造智能制造样板工厂、样板车间，推动产业转型升级。支持龙头企业搭建产业链公共服务云平台，实现产业链、供应链上下游企业的数据、信息、资源汇聚，将龙头企业打造成为引领带动行业发展的"航空母舰"。推动龙头企业延伸产业链，创新新模式、开发新业态，补齐发展短板，打通内循环，提升价值链水平，打造一企一链、一企一园产业生态。

培育以本土"链主"企业为主导的国家价值链，促进优势企业利用创新、标准、专利等优势开展对外直接投资和海外并购，有效整合全球资源，

形成全球生产网络的治理能力，加快向具有国际竞争力的跨国公司转变。加大"专精特新"中小企业培育力度，实施"关键核心技术—材料—零件—部件—整机—系统集成"全链条培育路径，建立分类分级、动态跟踪管理的企业梯队培育清单，给予企业长周期持续稳定的支持，加快培育一大批主营业务突出、竞争力强的"专精特新"中小微企业，打造一批专注于细分市场、技术或服务出色、市场占有率高的单项冠军企业。

（三）建设全球产业链"反脱钩"机制

提升国际创新链与产业链协同水平。主动顺应全球科技创新合作的大趋势，推动"走出去"与"引进来"并重，主动融入全球创新网络，有效利用和整合全球创新资源。锻造部分核心环节的"长板"，在少数关键技术和产品上做到全球最优，进一步强化与其他国家"你中有我、我中有你"的相互依赖关系，形成一种动态的"威慑平衡"。有效发挥中国综合成本优势和超大规模市场优势，吸引外商直接投资，集聚更多高技术含量的外资产业链长期布局中国。

加强与区域内特定国家在供应链安全保障上的合作。考虑到美国借产业链、供应链重构的时机拉开与中国经济距离的做法，建立分散型的供应来源网络，构建不过度依赖特定国家和地区（尤其是那些地缘政治风险较高的国家和地区）作为生产基地的供应来源体制。实施重要产品和供应渠道多元化战略，重视加强与德国、日本等制造强国合作，有针对性地扩大国内市场准入，以经济利益的深度绑定促进技术合作，力争重要产品和供应渠道都有替代来源，形成必要产业备份系统，为国内关键技术突破创造条件、赢得时间。推动区域全面经济伙伴关系协定（RCEP）执行和完善，以 RCEP 为基础，推动中日韩自由贸易区谈判进程，从而更大程度上实现区域整合，通过区域间的协作维护产业链供应链的安全稳定，改善我国对外贸易高度依赖欧美的局面。高质量推进"一带一路"建设，充分利用我国自贸区网络和"一带一路"建设，发挥我国市场和技术优势，以周边区域和"一带一路"沿线为重点，加强区域合作，保持区域产业链供应链和物流通道的畅通，共建"一带一路"产学研机构的联合实验室及技术共享平台，与"一带一路"沿线国家深度开展芯片技术反向外包贸易合作。在二十国集团、亚太经济合作组织、金砖国家和上海合作组织等多边机制框架内加强政策协调，共同维护全球产业链稳定、安全和畅通。

推进与境外产业园区的互动合作，加大境外产业园区在供应链上的储备功能。充分发挥自贸区（港）、产业园区的产业集聚优势，打造一大批吸引全球产业链生产要素流入的开放新高地。完善沿边重点开发开放试验区、边境经济合作区、跨境经济合作区功能，发挥重点口岸和边境城市内外联通作用，保障外贸产业链供应链畅通运转。发挥海外机构作用，发挥在海外投资的行业龙头企业、海外服务平台、海外商会等海外机构的作用，支持建设线上线下展示平台、国内外电子商务平台等，提供政策咨询、信息共享、企业联谊等支持服务，加大对日韩、欧洲等地的招商引资力度，吸引跨国公司在我国设立总部型企业。

进一步优化利用外资环境，增强对外资企业的吸引力。在中心城市群大力发展总部经济，吸引跨国公司总部和研发中心来华注册，推动境内外企业在产业链上深度融合。建设一批高水平开放产业园区，推进现代化的产业链集群建设。推动自贸区和产业园区改革，加快建设高水平自贸区，为中国产业链升级提供更加完善的环境保障。

参考文献

1. 王玉柱，刘振坤．依附发展，分工规锁与产业链主导权塑造——新发展格局下实现国际分工关系重构的机制 [J]．国际展望，2021，13（6）：21．

2. 梁静．后疫情时代产业链：发展趋势，重塑与现代化 [J]．科技创业月刊，2021，034（008）：75-77．

3. 周静．全球产业链演进新模式研究 [J]．上海行政学院学报，2016，17（03）：79-87．

4. 李颖婷，崔晓敏．亚洲产业链：现状、演变与发展趋势 [J]．国际经济评论，2021（02）：145-160+8．

5. 杨枝煌．中国打造自主可控的第三条全球产业链研究 [J]．科学发展，2022（1）：41-48．

6. 张杰．中美战略格局下全球供应链演变的新趋势与新对策 [J]．探索与争鸣, 2020（12）: 17.

　　7. 杨丹辉. 全球产业链重构的趋势与关键影响因素 [J]. 学术前沿, 2022（7）: 9.

第九章　建立新发展格局下我国产业链安全保障机制[1]

产业链供应链安全是国家经济安全的重要内容，必须深入领会构建新发展格局下增强产业链安全的科学内涵，科学研判国际产业链调整新动向与我国产业链面临风险，多方面着力保障产业链安全，为构建新发展格局筑牢基础。

一、深刻领会产业链安全的科学内涵

产业链安全实际上突破传统产业经济学领域，更趋向于国际政治经济学的范畴，产业安全特别是产业链安全作为经济安全的重要内容，是指一个国家按照自己的愿望制定相应的产业政策，进而推动相关产业及产业链发展，如果这个愿望和能力受到挑战，那就是产业（链）安全问题。

（一）保持较高的技术创新水平是产业链安全的基本要义

习近平总书记指出：要依托我国超大规模市场和完备产业体系，创造有利于新技术快速大规模应用和迭代升级的独特优势，加速科技成果向现实生产力转化，提升产业链水平，维护产业链安全。科技成果转化为生产力，使我国产业技术创新保持较高水平，是提升产业链水平的关键所在，也是产业链安全的基本要义。近年来，个别国家对我国高科技企业的无理打压以及新冠疫情对我国和世界经济造成的冲击，凸显了只有坚持科技自立自强，尽快克服关键核心技术"卡脖子"问题，才能确保我国产业链供应链安

---

[1] 邱灵、任继球、魏丽参与本章撰写。

全稳定。要充分发挥国家作为重大科技创新组织者作用，坚持战略需求导向，确定科技创新方向和重点，发挥新型举国体制优势，着力解决制约国家发展和安全的重大难题，真正把产业链供应链建立在更加安全可靠的基础之上。

（二）保持产业链各环节畅通是产业链安全的内在要求

习近平总书记指出："产业链环环相扣，一个环节阻滞，上下游企业都无法运。"在新冠疫情情况下，我国一度出现这个产业链环节阻滞问题。习近平总书记要求，"在做好疫情防控前提下，恢复全球产业链、供应链安全顺畅运转，降低关税、减少壁垒，探讨重要医疗物资贸易自由化"，"要推动产业链各环节协同复工复产"，"要保障外贸产业链、供应链畅通运转，稳定国际市场份额"。习近平总书记提出的要求，是基于当前已经进入到一个全球产业链供应链时代，中国已经成为全球供应链网络的中心做出的英明论断。如果全球供应链中断，国外企业的生产过程中断，将对部分产业链产生实质性破坏；中国作为全球产业链最重要的世界工厂，中国供应链跑不动，可能会导致国际生产线断供；而且，中国的产业链供应链是全球嵌入式，让全球产生备用基地替补，这一损伤将是不可恢复的，将导致全球供应链更加分散，从而对中国制造产生撕裂。为此，要保持产业链畅通运转，有效稳定国际市场份额，开展全产业链持续创新能力建设，打通全球产业链各个环节，确保中国在全球产业链供应链网络的中心枢纽地位。

（三）保持国内产业链稳定和完整性是产业链安全的重要支撑

习近平总书记在主持召开全面推动长江经济带发展座谈会上指出，"要把需求牵引和供给创造有机结合起来，推进上中下游协同联动发展，强化生态环境、基础设施、公共服务共建共享，引导下游地区资金、技术、劳动密集型产业向中上游地区有序转移，留住产业链关键环节"。这是针对我国产业链比较完整的长江经济带区域提出的要求，对全国范围的产业链保持完整性稳定性同样具有指导意义。我国是联合国产业分类中工业门类最齐全的国家，拥有世界上最完整的供应链条，我国完整的工业体系和较好的产业链体系，已经为构建新发展格局提供了坚实的条件。近年来，基于中美贸易摩擦等原因，我国部分行业的产业链出现过快"外迁"，影响到我国产业链的稳定和完整性，进而对我国产业链安全产生冲击。为此，保持国内产业链的稳定和完整性对我国产业链安全具有支撑作用。

（四）保持重点产业链自主可控是产业链安全的根本体现

习近平总书记在 2021 年中央经济工作会议提出，把"增强产业链供应链自主可控能力"作为 2021 年的八项重点任务之一。产业链供应链自主可控指的是，在面临外部（主要是国外）产品、零部件、技术等供应受限时（疫情、地震或贸易摩擦等多种原因都可能导致出现这种情况），还能够依靠国内稳定运行的产业链供应链提供相应产品和服务。突出重点产业链的自主可控，主要是基于：国民经济产业门类众多，对国民经济安全性的影响有很大差别，各产业链供应链受限的短期和长期影响也不一样，最应关注的是一旦受限就会影响国民经济安全运行的核心和关键产业，不需要也不能够将产业范围泛化。当前世界各国都强调重点产业链的自主可控，新冠疫情冲击下，美日欧都在竭力鼓励本国企业将生产环节迁回，以强化关键产业供应链的安全性和稳定性。

（五）拥有较强国际竞争力是产业链安全的高级表现

当前及今后一段时期，在世界经济主导权的大国博弈下，一方面，以美国为首的发达国家对我国产业链关键环节进行打压，另一方面，新冠疫情的暴发可能加速全球产业链重构步伐，为了抢占产业链居高点，产业链的竞争更剧烈。拥有较强产业链竞争力，表现为一个国家的产业能够提供的产品或服务在国际市场上拥有技术先进性、在国际国内市场上拥有较大份额。通过参与国际竞争和分工来实现产业链安全，可以视为更高级的产业链安全状态和能力。较强的产业链竞争力，除了技术创新高，应该还体现为较强的盈利能力、市场竞争力。

二、科学研判国际产业链调整新动向

近年来，民粹主义、贸易保护主义抬头，逆全球化浪潮来袭，叠加新冠疫情，国际产业链调整的动力由追求成本和效率的经济因素主导，转向经济、国际政治等共同发力，从而使得国际产业链调整的格局、方向、主导权都有新变化，显现出新特点新动向。

（一）国际分工由产业间分工、产业内分工转变为产品内分工

全球产业链正在发生结构性变化，突出表现在发达国家制造业"逆向回流"和发展中国家制造业"高端跃升"并存，全球价值链成为构建国际分工体系的新方式。全球贸易模式正在由"货物贸易"向"任务贸易"转变，国际分工由传统的产业间分工转变为产业内分工，跨国公司在全球范围布局产业链、配置生产要素，各生产环节被最大限度地细分。一件出口产品的价值创造来自处于生产链条上不同环节的国家，当一国出口技术密集型产品时，它有可能只是承担其中的劳动密集型分工环节。在"任务贸易"取代"货物贸易"、以全球价值链形式进行国际分工的今天，在国际分工中承担什么环节远比"卖什么产品"更重要。因此，全球价值链分析成为审视当前国际产业链变化的新方式。

全球价值链治理的基础是基于产品内生产环节的分解，形成按产品价值链分工为基础的国家或地区生产网络，产品内分工已成为支配当代企业分工与产品生产的重要模式。以2012—2017年苹果手机零部件全球价值链分配格局为例，高价值环节的供应商主要以美国、日本、韩国为主，中低价值环节则以中国台湾、日本和中国大陆供应商为主，且中国大陆和中国台湾在中间环节占据重要地位；处于价值链高端的供应商分支数量在中国大陆和美国缩减明显，日本、韩国较为稳定，中国台湾增加明显；在价值链中低端环节，供应商分支趋向中国大陆集中，印度、巴西和越南等成为新的中低端价值环节转移承接地；中国大陆在苹果手机价值链高端环节得到提升，以上海—苏州为核心的长三角、以深圳—东莞为核心的珠三角承接了价值链多个生产环节，是中国大陆嵌入苹果手机生产网络的主要阵地。

（二）国际产业链调整动力转为经济、安全、政治、环保等多元化

国际产业链调整的动力除了经济（经济成本和效率等）方面外，还有其他方面的动力。一是追求安全动力。部分产业链涉及科技、军事、战略资源等内容，主要发达经济体在敏感核心领域加强了对外资的审查力度、设置了更多障碍。可以预判，未来各国可能将根据双边关系和疫情防控成效来划分

"朋友圈"而对产业链布局调整。

二是追求"政治圈"的动力。比如美国实施的贸易和投资保护主义，把价值观不同的国家的产业链排斥在外。随着美国对外战略的调整及中美贸易摩擦升级，美欧日等发达国家逐步改变"以中国为中心的全球供应链体系"，特别是美国出口管制、投资限制等将严重影响我国产业链安全。美国出口管制法早已超越"国家安全"目标，而是通过加强对"新兴与基础技术"的出口管制以"保持美国在新兴技术领域的国际领先地位"。

三是追求绿色低碳的气候环保动力。实现碳达峰、碳中和是一场广泛而深刻的经济社会系统性变革，清洁能源等绿色产业链正在快速发展，高碳及传统化石能源行业产业链发展受到抑制；跨国公司正在通过绿色采购的市场机制，促进绿色低碳产业链供应链形成。比如，2017年日本发表《基本氢战略》，旨在通过无碳氢技术研发来构建安全、可持续的能源供应链，在国际清洁能源市场占据领先地位。德国供应链政策的重点是在制造业领域构建以环境保护和资源节约为导向的绿色供应链，实现供应链的可持续化。2017年在德国二十国集团峰会上，二十国集团决定利用德国联邦政府提供的可持续发展专项基金建立可持续的全球供应链，从而将德国构建绿色供应链、实现可持续发展理念推向国际合作层面。我国是全球碳排放最大的国家，力争2030年前实现碳达峰、2060年前实现碳中和，是党中央经过深思熟虑作出的重大战略决策，事关中华民族永续发展和构建人类命运共同体，必将引发钢铁、化工、能源、建材等重化工业产业链供应链深刻调整。

（三）国际产业链调整格局出现"美国阵营化""去中国化"倾向

当前国际产业链调整出现两种倾向。一是和美国市场密切相关或对美国技术高度依赖的跨国企业，或者在美国加强投资，或者弱化与中国企业和市场的联系将投资转移至东南亚等地。早期已有耐克、阿迪达斯、优衣库等服装纺织企业将部分工厂转移到东南亚。近期受新冠疫情冲击，为避免美国高额关税和分散产业链风险，跨国企业正谋划将组装环节加速向东南亚国家转移。根据《日经亚洲评论》报道，谷歌、微软正将新型手机、个人计算机等设备生产从中国转移到东南亚国家。苹果公司也正考虑把包括 AirPods Pro Lite、iPad 和 Apple Watch 等多款产品从中国大陆转移到中国台湾生产。从百家中国台湾电子供应链企业来看，组装厂产能纷纷转移到印度、越南等国家，转移压力扩及零组件厂，导致服务器机壳积极迁移到中国台湾。此外，美国白宫国家经济委员会为了激励企业回流，提出允许企业将迁回美国所发生的所有成本在当年进行 100% 的费用化处理，减少纳税总额，降低企业回流成本。

二是与中国市场、中国企业相关的企业，被迫在全球范围内寻找能够规避美国关税墙或保护主义壁垒的出口基地作为生产的"原产地"。那些接受产业转移的国家在美国加征关税压力下，可能会进一步采取与美国相似的保护政策，从技术转移、原材料采购、重大技术设备供应等方面和中国产业链供应链保持距离。比如，赛诺菲 2020 年 2 月 25 日宣布，将重新整合其在欧洲的 6 个原料药生产基地，帮助平衡欧洲"对源自亚洲地区原料药的严重依赖"。又如，日本经济产业省推出经济救助计划，其中"改革供应链"项目专门列出 2435 亿日元（约合人民币 158 亿元）资金，用于降低、替代对单一国家依存度高的零部件、材料等使用量，大力支持企业将生产基地迁回日本和实现多元化，并在疫情结束后继续重建外部需求。在日本政府出台这一政策后，东京商事研究公司对 2600 家日本企业进行调查，有 37% 的企业计划加强从中国以外的企业进行采购。这也促使更多外企采取"中国 +X"策略作为分散供应链风险的一种方式，如韩国汽车线束供应商京信工业正考虑提升韩国工厂与东南亚工厂的产能，以弥补中国工厂因疫情造成的产能空缺；部分欧洲服装零售商计划将在华生产订单转移到土耳其。

（四）国际产业链调整布局结构出现"内顾化""区域化"倾向

新技术革命推动国际产业链重塑，区域性全产业链成为目前国际产业链合作中出现的主要表现形式。一方面，国际产业链条长度趋于缩短。新冠疫情发生后，以比较优势和规模经济为原则的全球产业链分工体系转向以产业链安全为考量的垂直一体化布局，原先分包给不同国家和企业的生产工序和环节逐步收回到跨国公司内部进行生产。此次新冠疫情后，不少国家可能出于分散风险、强化关键战略产业的供应安全等考虑，纷纷加快产业回流的战略部署。例如，美国通过税收杠杆迫使跨国公司将海外利润生产环节回迁本国。日本出台经济刺激计划，通过"供应链改革"支持日本企业把产能搬回国内或实现生产基地多元化，重点是鼓励口罩、酒精消毒液、医用防护服、人工呼吸器等与国民健康相关的产业回归国内，日本药企为确保稳定采购而推进"去中国化"，药品原材料生产等制药行业出现调整对海外依存趋势。2020 年 3 月 5 日，日本首相安倍晋三在以新冠疫情对经济影响为议题的"未来投资会议"上呼吁，对"一国生产依存度高的高附加值产品生产基地"要回归国内，附加值不高的则应向东盟等地进行多元化转移。欧洲英法德等国则提出加强医疗设备等战略重要性物资生产，减少对外依赖等。

另一方面，国际产业链呈现区域性集聚。跨国公司在国际产业链供应链布局兼顾效率与安全的平衡，在产业链回缩过程中，落实到一个国家或者若干邻近国家边界线上进行生产。从目前态势看，跨国公司国际产业链将在欧洲、北美、东亚、东盟等区域聚焦。比如，世界知识产权组织发布的《全球创新指数 2018》显示，全球前 100 的创新集群分布在 20 个国家，但欧美发达地区占有绝对优势。又如，美国主导重新签署了美国—墨西哥—加拿大贸易协定，提出 5 年过渡期内一辆汽车零部件的北美原产地占比必须从目前的62.5% 逐步提高到 75%，并且要求汽车制造商至少 70% 的钢铁和铝原料必须来自美国—墨西哥—加拿大。再如，由于劳动力数量庞大且廉价、交通运力便利等优势条件，东南亚吸引了三星、LG、富士康等众多电子跨国公司的聚集投资。

表 9-1　东南亚电子产业集群与主要跨国公司布局

国别	产业集群	地理集聚区	主要跨国公司
印尼	汽车产业	西爪哇、雅加达	丰田、三菱、铃木、本田、尼桑、通用、标致
	电子信息	巴淡岛、西爪哇	ABB、爱普生、飞利浦、三洋、西门子、汤姆森、索尼、LG
马来西亚	汽车产业	丹戎、马林、北干、槟城	本田、丰田、日产、起亚、现代、奔驰、宝马、沃尔沃、标致、马自达
	电子信息	多媒体走廊、槟城、马六甲	松下、西门子、英特尔、超威半导体、惠普、摩托罗拉、戴尔
菲律宾	电子信息	内湖、甲米地、打拉、宿务、碧瑶	索尼、东芝、宏达、富士通、英特尔、西门子、飞利浦、三星、宏基

（续表）

国别	产业集群	地理集聚区	主要跨国公司
泰国	汽车产业	曼谷、北榄府、巴吞他尼府、大城府、罗勇府、北柳府、春武里府、龙仔厝府	丰田、铃木、尼桑、三菱、本田、马自达、奔驰、宝马、福特、通用、沃尔沃
	纺织服装	曼谷及周边区域	东丽、联业、百隆东方
新加坡	电子信息	裕廊工业园	惠普、IBM、戴尔、三星、LG、松下、博世、富士康、希捷
	石化产业	裕廊化工岛	埃克森美孚、壳牌、住友化学、中石油、中石化
	生物医药	启奥生物医药研究园、大士生物医药园	葛兰素威康、默克、先灵葆雅
越南	纺织服装	胡志明市及周边区域	泰丰、天虹、百隆东方

资料来源：林丽钦、王勤：《东盟产业集群发展的现状与特点》，《东南亚研究》，2015年第3期。

（五）国际产业链调整主导权竞争更加白热化

长期以来，国际产业链的主导权之争主要集中在发达国家内部。随着中国等国家不断兴起，国际产业链的主导权竞争更加激烈。一方面，各国加强在高新技术产业链的主导权之争，核心技术之争是国际产业链调整主导权之争的关键。全球主要国家在数字经济、5G等高科技领域的竞争日益激烈，美国在相关核心技术和重点科技领域对中国限制升级，企图推动中美科技"脱钩"获得发展主导权。《美国创新与竞争法》（2021）充斥冷战思维和意识形态偏见，旨在通过提升美国科学技术竞争力以制衡中国，诋毁抹黑中国发展道路和内外政策。比如，2500亿美元巨额投资中540亿美元将用于未来五年内补贴半导体制造和研发，让美国摆脱对海外芯片制造的依赖；要求美国加强与日本、澳大利亚等亚太地区国家合作，阻止使用"不公平贸易手段"生产的中国产品出口。美国政府还计划修改长臂管辖原则，将对华技术出口管控范围从美国技术占比的25%降到10%；同时要求成员国在《瓦森纳协议》中追加对可转为军用半导体基板制造技术和军事级网络软件的出口管制限制，以阻止中国获得半导体发展所必需的设备和技术。

另一方面，国家治理能力高低成为争夺国际产业链调整主导权的重要因素。中国依靠强大的国家治理能力取得这次疫情防控的阶段性胜利，对中国在国际产业链调整的主导权产生积极影响，服务中国和亚洲市场的产业链会加速向中国集聚。我国在全球供应链中的地位将"被动"提升，机械设备制造、金属加工、电气和光学设备制造等行业的全球产出份额很可能上升。特别是在通信设备、轨道交通装备、电力装备、航空装备、海洋工程装备及高技术船舶、新能源汽车、数字经济等新兴产业领域布局早、发展快，我国有望在这些竞争新领域形成先发优势和分工位势。中国正加快完成区域全面经济伙伴关系协定（RCEP）、中日韩自贸区谈判，积极推进中欧、中美投资协定谈判及落地，主动构建供应链战略合作伙伴关系，以此降低供应链协同发展的制度障碍，提供全球供应链组织效率，共同维护全球供应链稳定。

三、新发展格局下我国产业链面临的风险

（一）发达国家技术封锁呈现加严趋势，我国产业链技术断供风险增加

1.美国对华技术供给长臂管辖加大且限制对华技术出口，我国产业链技术"卡脖子"压力加大

长期以来，在诸多先进制造和高新技术领域，已形成了发达国家主导的国际产业生态圈，发达国家对一些关键部件和软件平台的垄断格局在短期很难打破，甚至不断强化。如，美国更加奉行"长臂管辖"方式。2018年，美国国会通过《出口管制改革法案（2018）》，进一步扩大限制领域。2018年11月，美国商务部产业安全局提出新的出口管制框架清单公开征求意见，其中包括人工智能、芯片、机器人等14项前沿技术。美国出口管制范围具有放大效应，不仅限于美国本土企业和产品，还包含有超过10%或25%直接采用美国技术或软件生产的交易标的物。美国出口管制一直将中资企业作为焦点，且有愈演愈烈之势。我国一些机构和个人被纳入美国所谓实体清单，范围涉及机械、超级计算机、半导体、航空航天、光学仪器等领域，涉及数量和波及范围呈现扩大势头。

通过出口管制和长臂管辖，美国意欲迫使全球关键技术和核心部件供应商对我国企业"断供"，严重威胁我国产业链安全。随着出口管制的不断加强，我国制造企业向高端突破的障碍不断增多。2020 年 5 月 15 日，美国商务部发布公告称，任何使用美国技术和技术设计的产品均受美国出口管理条例（EAR）约束，需经过许可才能向华为（及其关联公司）出售和运输。这是时隔一年美国再次升级针对华为的打压和限制，不仅禁止华为使用美系 EDA 软件来设计半导体，也禁止华为通过半导体代工厂使用美国的半导体设备来生产半导体。这在极端情况下将会致使华为半导体产品面临断供，极大影响企业的生存发展和整个行业的稳定运行。同时，美国还限制对我国高技术产品出口。2018 年以来，我国对美国加征关税主要集中在中低端产品，对高技术产品加征关税相对较少。但这一期间，美国开始逐渐限制对我国高技术产品出口。与 2017 年相比，2019 年美国对我国高技术产品出口下降超过 10%（见表 9-2）。

表 9-2　近年来我国自美进口的前十大商品（亿美元）

类别	2017	2018	2019
电机、电气、音像设备及其零附件	121.34	128.8	144.28
核反应堆、锅炉、机械器具及零件	128.67	142	127.72
航空器、航天器及其零件	162.67	182.22	104.6
光学、照相、医疗等设备及零附件	88.2	97.88	97.54
车辆及其零附件，但铁道车辆除外	131.79	93.81	91.35
油籽；子仁；工业或药用植物；饲料	129.72	36.65	85.41
塑料及其制品	56.62	57.01	49.82
药品	24.47	27.79	41.44
矿物燃料、矿物油及其产品；沥青等	86.05	84.51	37.66
杂项化学产品	24.45	27.4	27.38
总值	1304	1201	1066

数据来源：商务部。

2. 我国制造业对外技术并购遭遇的障碍因素明显增多，引进技术难度加大甚至在部分领域出现空间收缩

通过"走出去"兼并收购有技术能力的成熟企业，是我国利用外部技术实现技术追赶的重要渠道之一。近年来，欧美等发达国家不断筑高外国直接投资的堤坝，对关键领域投资的审查趋严，导致我国引进和利用外部技术的渠道受阻。作为《2019财年国防授权法案》的一部分，2018年美国总统特朗普签署的《外国投资风险评估现代化法案》，从战略层面加大对外国投资美国相关项目的审查。同时，美国外国投资委员会大幅扩权，并启动了试点项目，将飞机制造、飞机发动机部件制造等27个行业列入重点关注。美国智库荣鼎（Rhodium）集团发布的《2018年中国对美投资报告》显示，美国趋严的投资审查等因素，使得2018年中国对美直接投资呈现近7年来最低水平，中国高技术领域对美投资遭遇前所未有的障碍。2018年我国企业共对美实施并购项目约80个，项目数量虽然变化不大，但实际交易金额仅约15亿美元，较上一年减少约9成。[1]

近年来，欧盟也强化了对外国直接投资的审查机制，对外资监管更趋严格。2019年4月，欧盟首部外资审查法律——《欧盟外商投资审查框架法案》正式生效，新法案确立了欧盟外资审查合作与信息交流机制，扩大了欧盟委员会的话语权，将关键技术等列入审查的外国投资领域，旨在限制外资对欧关键领域开展并购。美国Rhodium集团和德国墨卡托中国研究中心（MERICS）联合发布的《中国对欧直接投资：2018年趋势和新投资审查政策的影响》报告认为，欧盟新的投资审查框架法案对中国投资者有较大影响，2018年中国82%的对欧投资在审查范围内，当年中国对欧直接投资大幅下降40%，其原因可主要归结为东道国日益严格的投资监管审查，提高了中国对欧投资的门槛。我国在欧盟并购交易遭到的阻碍和推迟，意味着我国在该地区的投资模式已经受到影响。

---

[1]参见商务部.中国对外投资发展报告2019.第88页，www.fdi.gov.cn/1800000121_35_2465_0_7.html。

（二）外部需求格局面临重大调整，我国产业链市场空间挤压风险增加

1. 发达国家纷纷实施再工业化战略，推动制造业回流给我国制造业出口带来压力

自 2008 年发生国际金融危机以来，各国再次重启对实体经济的重视和支持，先行工业化国家纷纷制定制造业回流与振兴计划。美国制定了《先进制造业美国领导力战略》《未来工业发展规划》等发展战略。德国发布了《德国工业战略 2030》，提出将工业在经济中的占比提高到 25%。韩国制定了《制造业复兴发展战略蓝图》，希望把制造业的增加值占比提高到 30%。特别是新冠疫情发生以来，制造业对本国的重要性更加凸显，主要发达国家纷纷表示要加码支持制造业回流的政策措施。美国国家经济委员会主任库德洛在 2020 年 4 月表示，美国政府愿意支持美国企业迁出中国，搬迁支出可以计入相关费用抵扣。日本政府在 2020 年也表示，日本政府已从经济刺激方案中拨出 22 亿美元，帮助制造商转移生产基地。具体而言，日本政府出台了追加预算方案，包括 2200 亿日元（20 亿美元）用于资助企业把生产地点迁回日本，235 亿日元用于资助企业将生产转移到其他国家，将对于不同类型的企业给予不同比例的补贴。[1]

先行工业化国家推进再工业化的重心主要集中在高端制造和新兴产业领域，与未来我国制造业转型升级的方向高度重合。同时，跨国公司对专业精深领域的把控更趋严格，一些国际优势企业依托规模、品牌和先发优势，进一步强化在专业细分领域的领导力和掌控力，不断筑高产业进入门槛。部分原本位于产业高端层级的跨国公司为拓展业务规模，依托其技术和品牌优势，加快向量大面广的中低端业务领域下沉。未来，随着我国制造业向中高端升级的推进，我国与来自发达国家或跨国公司的正面交汇和冲突、碰撞将会明显增多，遭遇的市场正面竞争将会日趋激烈。

2. 新兴经济体加快工业化步伐，推动制造业分流侵蚀我国制造业市场空间

近年来，在我国制造业成本持续上升、低成本比较优势趋于弱化的同

---

[1] 摘引自：周建军，《全球产业链的重组与应对：从防风险到补短板》，《学习与探索》，2020 年第 7 期。

时，一些后起国家的后发优势逐步显现，追赶步伐有所加快。东南亚、南亚等新兴发展中国家，如印度、越南、柬埔寨、缅甸、孟加拉、斯里兰卡等，利用后发优势，加上各项优惠政策的叠加作用，开始驱动当地制造业快速发展，一批新的世界加工制造基地正在悄然兴起。如，越南、孟加拉国和柬埔寨制造业增加值相当于我国制造业增加值的比重，从 2010 年的 0.78%、0.97% 和 0.09% 分别快速提升到 2019 年的 1.11%、1.47% 和 0.11%。为保护本国相关产业发展，加快产业追赶进程，一些后起国家针对我国传统优势出口产品的贸易保护举措也越来越多。我国传统制造业向这些国家的出口，将因此面临不断增强的抑制效应。

表 9-3　主要新兴国家制造业增加值相当于中国制造业增加值的比重（%）

国家	2010	2011	2012	2013	2014	2015	2016	2017	2018	2019
孟加拉	0.97	0.85	0.79	0.84	0.90	1.02	1.20	1.25	1.27	1.47
柬埔寨	0.09	0.08	0.08	0.08	0.08	0.09	0.10	0.10	0.10	0.11
印度	14.83	12.15	10.75	9.65	9.65	10.24	11.03	11.42	10.23	10.13
越南	0.78	0.75	0.77	0.78	0.77	0.83	0.93	0.99	1.01	1.11

数据来源：世界银行。

与此同时，随着中美贸易摩擦持续发酵，美国对我国产品加征关税力度加大。为应对美国对华加征关税造成的影响，一些美国品牌商和客户逐步将订单转移至越南等新兴国家和地区，制造业分流趋势日趋凸显，将给我国制造业对外出口造成较大压力。相比 2018 年，2019 年我国纺织品占美国、欧盟、日本进口的比重分别下降 0.6、3.8 和 2.5 个百分点，而在同期，越南、孟加拉、印度在上述三大市场的进口占比分别提高 0.5、2.0 和 1.5 个百分点。与此同时，我国一些企业出于降低生产成本、拓展国际市场、优化全球布局等战略考虑，逐步加大对新兴国家的投资力度，在海外建设生产基地和营销网络，这是从企业自身发展战略角度出发采取的主动选择，但也会削弱我国制造业的出口规模，挤压我国制造业的市场空间。

（三）双碳战略叠加国际社会对我国节能减排压力，我国产业链面临传统竞争优势快速下降风险

1.削弱冶金、化工、建材等高排放型传统优势行业的国际竞争力，降低我国对全球制造业产业链影响力和对欧美发达国家反制力

我国粗钢、电解铝等冶金行业产品产量占全球比重均超过50%，我国钢铁企业占据全球前十大钢铁企业的一半，化工产能占据全球1/3，全球竞争力较强。但与发达国家相比，我国冶金、化工等产业发展相对比较粗犷，企业降碳压力较大。2018年，我国黑色金属冶炼及压延加工业、化学原料及化学制品、有色金属冶炼及压延加工业、非金属矿物制品碳排放量分别达到118330.1万吨、97428.2万吨、46793.2万吨和62316.2万吨，占我国全部制造业碳排放总量的46.42%，且有色金属冶炼及压延加工业和非金属矿物制品还未达到碳达峰。而日本、韩国等主要国家钢铁企业早已开始布局节能减排，以美国为代表的西方发达国家主要是电炉炼钢工艺为主，欧美国家化工产业企业清洁生产水平较高，碳排放量相对较低，印度等新兴国家并未设立碳中和目标，以塔塔钢铁公司为代表的钢铁企业竞争力相比之下将显著增强。

冶金、化工、建材等高排放型传统优势产业国际竞争力减弱，带来一系列负面影响。一是会大量增加下游产业链的生产成本。冶金等产业是制造业等很多产业的上游原材料，碳中和政策会大大提升这些产业的生产成本，进而通过产业链传导，降低锂电池等高技术产品的竞争力，抑制我国制造业产业升级。二是中国稀土冶炼能力全球领先，2019年，全球稀土矿产量21万吨，其中，中国稀土矿产量13.2万吨，占比近63%，是世界最大稀土矿生产国。国内减碳压力加大会降低我国稀土等优势产业竞争力，有可能推动部分稀土冶炼产能向国外转移，削弱我国对全球制造业产业链的影响力，降低对欧美发达国家的反制力。

2.传统能源工业发展受到极大限制，我国能源供给面临重大挑战

我国传统能源工业碳排放量较大，碳中和政策将严重限制我国传统工业的生产。2018年，我国电力热力的生产和供应业、石油煤炭及其他燃料加工业、煤炭开采和洗选业、石油和天然气开采业等能源工业碳排放量分别

达到 58580.8 万吨、54509.1 万吨、18987.7 万吨和 7254.2 万吨，合计达到139331.8 万吨，占全国碳排放总量（93.1 亿吨）的 14.96%。

传统能源工业发展受限，将直接给我国带来能源供给短缺重大风险。2019 年，我国能源消费总量达到 48.7 亿吨标准煤，我国新能源产业贡献10% 左右，进口能源总量接近 12 亿吨标准煤，对外能源依赖度高达 25%，我国传统能源工业贡献 65% 左右。分情景来看，在我国新能源产业对我国能源消费贡献率提升至 30% 的情况下，若碳中和政策带来传统能源工业减产 50%，则我国对外能源依赖度将提升至接近 40%；若碳中和政策带来传统能源工业减产 80%，则我国对外能源依赖度将提升至接近 60%。在我国新能源产业对我国能源消费贡献率提升至 50% 情况下，若碳中和政策带来传统能源工业减产 50%，则我国对外能源依赖度仍将维持在 20% 左右；若碳中和政策带来传统能源工业减产 80%，则我国对外能源依赖度将提升至 30%。

四、构建新发展格局下保障我国产业链安全机制的思路和对策

在新发展格局下，推动产业链供应链安全稳定必须按照党中央的决策部署，以习近平新时代中国特色社会主义思想为指导，以供给侧结构性改革为主线，贯彻落实总体国家安全观，增强我国产业链供应链安全水平。要重点聚焦产业链供应链断点堵点，持续补短板、锻长板，全力做好产业基础再造和产业链提升工作，着力打造自主可控、安全可靠的产业链供应链，提升我国产业链稳定性和竞争力，确保在关键核心技术、关键零部件、基础产品等供应受到断供等限制时，依然能够依靠自身实力保持国内产业链供应链稳定运行，夯实构建新发展格局的产业链基础。

（一）建立我国产业链安全保障机制的总体思路

随着经济全球化的不断深入发展，国际分工越来越复杂化，国家间的供应链依赖度也会越来越大。因此，构建新发展格局下提升我国产业链安全水平，首先应注意协调和处理好两大关系。

一是产业链安全与全球分工合作的关系。实践证明，越开放越安全，产

业链安全只能是一定程度的"自主"和"可控"，很难囊括供应链所有环节。因而要辩证看待供应链安全性与开放性之间的关系，毫不动摇地扩大开放，把产业链安全和全球分工合作结合起来。既要强化底线思维，坚持独立自主、自力更生，又要本着互利共赢的原则，用好两个市场、两种资源，积极统筹利用自身优势和比较优势，最大限度吸引全球高端要素、先进技术和各类资源，深化和拓展与一切科技强国的产业技术合作与交流，建立更加紧密的供应链合作关系，推进供应链的延展和升级，塑造高起点介入、高端环节延伸的国际分工新格局，不断提升全球产业链控制力与主导力。同时，更好发挥外资企业技术、管理和全球经营等方面的优势，发挥内外资企业合力，共同提高产业链安全水平。

二是产业链安全与产业升级的关系。安全是发展的前提，发展是安全的保障，二者互为依托、互相促进。推动产业链供应链优化升级是稳固国内大循环主体地位、增强在国际大循环中带动能力的迫切需要。因此，面对错综复杂的国际形势和艰巨繁重的国内改革发展稳定任务，我们必须辩证地认识和把握国内外大势，既要有效防范化解各类产业链安全风险挑战，又要大力推动产业链升级，以智能化、数字化、物联网化为重点，在原材料、技术、产品、市场及生产组织方式上全方位推动创新，确保相关产业链发展站在全球产业链供应链前沿。

在协调与处理好以上两大关系的基础上，还要遵循"打牢基础、做强主体、突出重点、内需主导、锻长补短、分类施策"的思路，扎实推进固链、补链、优链、强链工作，提升我国产业链安全水平。

一是打牢基础。产业链的整体竞争力必须建立在坚实的产业基础能力之上。我国应重新审视根基，准确把握和评估产业链基础能力现状，梳理产业基础薄弱环节、技术和产品。对轨道交通、工程机械、航空航天、电子信息、新材料等已具备优势的领域，围绕基础装备、关键零部件、基础工业软件和关键基础材料等方面深入实施产业基础再造工程，做好产业基础修补工作。加强对共性技术基础研发体系的建设，打牢产业基础，提升产业基础高级化和产业链现代化水平，以加强和巩固领先地位。

二是做强主体。在充分发挥政府保安全、兜底线、强基础等主导作用的前提下，要毫不动摇地坚持以企业为主体，注重通过改革激发市场主体活力，增强市场主体主动作为、应对风险的意愿和能力。支持大企业做强做优，打造具有全球竞争力的世界一流企业；支持中小企业做专做精，形成一批专精特新"小巨人"企业和制造业单项冠军企业。集聚整合创新资源要素，构建线上线下结合、产学研用协同、大中小企业融合的创新创业格局。壮大一批具有生态主导力的产业链"链主"企业，强化优质企业在产业链安全中的牵引作用。

三是突出重点。要以传统制造业和先进制造业等关联度高的长链产业为重点，努力形成重点产业带动上下游产业协同发展的良性机制，通过联合攻关、定点采购、交叉持股等方式，为相关重点产业培育具有竞争力的配套产业。以重点区域为依托，充分结合区域发展战略和产业发展战略，有计划、有重点地布局相应供应链网络，降低区域产业发展对外依存度。以重点企业为龙头，加强供应链管理，以提高全产业链自主可控能力。

四是内需主导。习近平总书记指出："我们要坚持供给侧结构性改革这个战略方向，扭住扩大内需这个战略基点，使生产、分配、流通、消费更多依托国内市场，提升供给体系对国内需求的适配性，形成需求牵引供给、供给创造需求的更高水平动态平衡。"我国应深化需求侧管理，为产业链安全提供根源性动力，培育新型消费，为新兴技术产业链的发展提供市场空间。

五是锻长补短。一方面要锻造长板，在我国处于领跑地位、有望形成战略反制的高铁、电力装备、新能源、通信设备等新兴产业领域，进一步拉大技术差距，巩固领先优势，锻造一批具有威慑力的"撒手锏"技术谱系。另一方面要补齐短板，对我国短板弱项突出的重点产业链供应链，积极推动补链强链，特别是在断供风险较大领域构建必要的备份系统和多元化供给方案，增强产业链供应链弹性韧性。统筹推进补齐短板和锻造长板，提升产业链安全水平。

六是分类施策。根据我国产业链发展状况、主要短板和瓶颈制约因素、国际竞争态势和未来发展重要性等，对产业链供应链安全稳定风险实施评估和监测，区分不同的风险等级，坚决兜住民生安全底线，加大重要矿产和战略资源保障力度，重点突破关键核心技术，畅通供需循环，促进产业链协同发展，不断增强产业链稳定性和国际竞争力。

（二）建立我国产业链安全保障机制的具体对策

在具体对策上，我国应抓住全球产业链供应链调整的战略窗口期，强化顶层设计，构筑产业链安全防控体系，加快关键核心技术突破，打造若干世界级制造业集群，培育一批"链主"企业，加强产业链安全国际合作，夯实构建新发展格局的产业链基础，保障国家安全和发展利益。

1.构筑产业链安全防控体系

要把产业链安全纳入国家总体安全体系，围绕增强产业链自主可控能力，建立产业链安全预警机制和监测平台。搭建产业链智能决策支持平台，探索产业竞争力调查评价、技术经济安全评估等产业链精准治理新路径。建立贸易壁垒预警以及快速反应机制，实时监测我国企业出口数量、价格等情况，密切关注国外针对我国设置的贸易壁垒情况，避免不必要的贸易摩擦。完善产业链安全保障和应急处理机制，建立重要资源和产品全球供应链风险预警系统，建设区域性应急物资生产保障基地。健全产业损害预警体系，丰富贸易调整援助、贸易救济等政策工具，构建海外利益保护和风险预警防范体系。建立健全外商投资并购安全审查机制，规范外商投资并购行为，确保我国产业链核心环节始终掌握在自己手里。完善产业链安全法律保障，强化产业链管控机制，确保可能影响国家安全的对外投资、关键技术转移、特定产品和服务输出等得到从严管理和控制。建立与国外安全执法部门的协作机制，积极发挥国内外商会、协会、基金会、咨询机构的作用，为企业"走出去"提供专业咨询、法律援助、技术支持等多种形式的风险救援。强化行业协会在产业链安全预警机制中的作用。完善产业链安全数据库，为适应国际经济形势的发展，应建立全覆盖的产业链安全数据库。加强对企业的产业链安全预警培训，对获得出口经营权的企业进行定期指导，加强企业与协会的相关联系。

2.加快突破关键核心技术

加快建立完善科技创新研发攻关新型举国体制，集中国有企业、民营企业、高校、科研院所以及军队等科研创新力量，研发战略性产业的自主核心技术，深入推进多主体联合攻关，提高产业技术化水平，确保重要产业链拥有自主化能力，在军民融合发展的基础上，建立现代国防科技工业体系。强化企业创新主体地位，促进各类创新要素向企业集聚，发挥企业出题者作用，加快构建龙头企业牵头、高校院所支撑、各创新主体相互协同的创新联合体，整合盘活行业上中下游、产学研用创新资源，推动成长起一大批创新型领军企业、"专精特新""隐形冠军"企业和科技型中小微企业。整合科技力量攻克产业链关键核心技术，以突破"卡脖子"技术为主攻方向，加大对基础科学的投入研发力度，支持共建国家产业创新中心、国家未来产业技术研究院等关键共性技术平台，解决跨行业、跨领域的关键共性技术问题。补齐产业基础瓶颈短板和产业链创新短板。建立高风险领域的"卡脖子"技术清单，因"技"制宜，分类施策，采取"挂图作战"和"揭榜挂帅"等政府推动和市场化相结合的方式，强化产业链上下游之间的利益绑定与战略合作，以科研院所和领军企业为主导，联合产学研用及产业链上下游企业，加快攻克基础材料、基础零部件、关键装备、工业软件等领域的"卡脖子"技术。加强前沿、颠覆性技术突破，加强前沿技术多路径探索、交叉融合和颠覆性技术供给，力争在量子通信、人工智能、新材料等前沿领域占据优势，谋划布局未来技术应用场景。加强安全风险较大的不成熟技术的研发和监管，对具有潜在技术风险和经济社会安全隐患的技术加强监管，防范社会风险。

3. 打造若干世界级制造业集群

要围绕以国内大循环为主体、国内国际双循环相互促进的新发展格局，进一步优化调整我国产业链供应链布局，增强产业链根植性和竞争力。全面对接区域发展战略，重点依托长三角、京津冀和粤港澳大湾区打造若干世界级先进制造业集群，促进产业链、创新链、生态链融通发展。加强国内产业链与全球产业链衔接，强化集群竞争优势。强化对集群发展的金融支持，动员国家开发银行和商业银行将制造业中长期贷款优先向集群内承担关键零部件科研攻关和应用示范的制造业企业倾斜。探索保险模式创新，支持保险机构推出创客险、政策性财险、小贷保证险、首台（套）险等险种，精准服务创新创业和技术攻关，保证产业链供应链稳定。积极运用金融科技手段开展线上办理，提升供应链金融效率。推广形成"龙头企业—大项目—产业链—

制造基地—产业集群"模式，加强基于网络的虚拟产业集群和科技创新特色鲜明的产业集群建设和培育。坚持优化区域产业链布局与实施区域协调发展战略相结合，引导产业链关键环节留在国内，强化中西部和东北地区承接产业转移能力建设。推动形成跨区域产业链发展的行政协调机制，研究促进产业链跨地区分布的税收和统计体系。以城市群为核心，推动区域之间要素资源一体化流动和配置，在重点城市群形成主导产业集群和关键产业链。促进科技、金融、产业良性循环，畅通区域间的资金链和技术链，加速推动科技成果产业化。同时，要加强区域统筹，综合考虑发展需求和现实条件，强化"窗口指导"，防止无序投资和无序竞争。

4. 培育一批产业链"链主"企业

加快培育产业链龙头企业，开展全产业链"链长"制试点，支持龙头企业担任"链主"。鼓励龙头企业通过增资扩股、兼并重组、股权置换、股权转让、混改等形式引进战略投资者，实现资源整合有效利用，迅速提升企业规模。加强质量品牌建设，争创各类品牌荣誉，力争更多龙头企业入围世界企业500强。推动龙头企业创新发展，打造以龙头企业为主体的产业创新平台，构建以龙头企业为核心的产学研用体系。推动龙头企业数字化改造，鼓励龙头企业对采购、生产、销售、仓储、物流等各个环节进行数字化、智能化技术改造，打造智能制造样板工厂、样板车间，推动产业转型升级。支持龙头企业搭建产业链公共服务云平台，实现产业链、供应链上下游企业的数据、信息、资源汇聚，将龙头企业打造成为引领带动行业发展的"航空母舰"。推动龙头企业延伸产业链，创新新模式、开发新业态，补齐发展短板，打通内循环，提升价值链水平，打造一企一链、一企一园产业生态。培育以本土"链主"企业为主导的国家价值链，促进优势企业利用创新、标准、专利等优势开展对外直接投资和海外并购，有效整合全球资源，形成全球生产网络的治理能力，加快向具有国际竞争力的跨国公司转变。加大"专精特新"中小企业培育力度，实施"关键核心技术—材料—零件—部件—整机—系统集成"全链条培育路径，建立分类分级、动态跟踪管理的企业梯队培育清单，给予企业长周期持续稳定的支持，加快培育一大批主营业务突出、竞争力强的"专精特新"中小微企业，打造一批专注于细分市场、技术或服务出色、市场占有率高的单项冠军企业。

5. 加强产业链安全国际合作

要坚持合作共赢的道义制高点,维护产业链、供应链的全球公共产品属性,坚决反对把产业链、供应链政治化、武器化。实施重要产品和供应渠道多元化战略,持续深化与非美发达国家的经贸往来及全方位合作,重视加强与德国、日本等制造强国的合作,有针对性地扩大国内市场准入,以经济利益的深度绑定促进技术合作,力争重要产品和供应渠道都有替代来源,形成必要产业备份系统,为国内关键技术突破创造条件、赢得时间。推动区域全面经济伙伴关系协定(RCEP)执行和完善,以 RCEP 为基础,推动中日韩自由贸易区的谈判进程,从而更大程度上实现区域整合,通过区域间的协作维护产业链供应链的安全稳定,改善我国对外贸易高度依赖欧美的局面。积极研究加入全面与进步跨太平洋伙伴关系协定(CPTPP),高质量推进“一带一路”建设,充分利用我国自贸区网络和“一带一路”建设,发挥我国的市场和技术优势,以周边区域和“一带一路”沿线为重点,加强区域合作,保持区域产业链供应链和物流通道的畅通,打造以我国为主的产业链供应链。协同各国实施稳健有力的财政和货币政策,加强金融监管,维持汇率稳定,为产业链稳定保驾护航。进一步优化利用外资环境,加快落实各项稳外资政策措施,进一步完善外商投资促进服务体系,建立引进优质外资项目市场化奖励机制,培养服务外资的国际化业务人员,简化审批外资项目规划用地,优化政企沟通反馈机制,推动营商环境国际化、市场化、法治化发展,增强对外资企业的吸引力。在中心城市群大力发展总部经济,吸引跨国公司总部和研发中心来华注册,推动境内外企业在产业链上深度融合。推进与境外产业园区的互动合作,加大境外产业园区在供应链上的储备功能。充分发挥自贸区(港)、产业园区的产业集聚优势,打造一大批吸引全球产业链生产要素流入的开放新高地。完善沿边重点开发开放试验区、边境经济合作区、跨境经济合作区功能,发挥重点口岸和边境城市内外联通作用,保障外贸产业链供应链畅通运转。发挥海外机构作用,发挥在海外投资的行业龙头企业、海外服务平台、海外商会等海外机构的作用,支持建设线上线下展示平台、国内外电子商务平台等,提供政策咨询、信息共享、企业联谊等支持服务，加大对日韩、欧洲等地的招商引资力度，吸引跨国公司在我国设立总部型企业。

6.为产业链安全营造更好环境

深化供给侧结构性改革攻坚，不断完善制度建设和市场机制，强化竞争政策的基础性地位，营造更加公平的市场竞争环境和良好的营商环境，全面实施准入前国民待遇加负面清单管理。强化产业链供应链协同创新的人才支撑，聚焦构建产业链供应链共生发展的产业生态，通过"强基计划"等多种方式，大力培养国内高端人才。通过"筑巢引凤"，在子女上学、就医养老、薪酬制度等方面，创造"类海外"的发展环境，吸引加大海内外领军人才和创新团队回国创新创业创造，同时通过"靠凤筑巢"，在海外建立一支为我所用的高端人才队伍。鼓励企业在收入分配和荣誉制度设计上向一线技术工人倾斜，打造新时代大国工匠和高素质高技能人才队伍。促进产业链供应链补断点通堵点的财政金融配套政策，以新型举国体制优势为依托、以产业链中的"链主"企业为重点，打好政策组合拳，统筹运用税收优惠、研发补贴或加计扣除等财税政策工具，鼓励产业链企业围绕关键领域、关键环节和关键技术加大研发创新力度。转变以企业类型划分政策支持对象的财税政策制订思路，以国家发展和国际竞争与合作的战略导向为依据，设计制订全产业链上下游企业的财税政策支持方案。通过适当增大折旧比例、缩短加速折旧年限或允许直接费用化处理、进一步提高研发费用加计扣除比例等方式，引导企业提升产业链发展核心技术研发投入水平。积极探索成立产业链创新研发担保基金，为上下游企业创新提供金融保障和政策支持。加大行业协会等中介组织和服务机构建设，通过建立信息交流平台、共性技术研发平台、标准制定和行业秩序规范平台，密切产业链上下游和产学研用各方合作关系，形成支撑产业链现代化发展的协调平台。

参考文献

1.汪彬，阳镇.双循环新发展格局下产业链供应链现代化：功能定位、风险及应对[J].社会科学，2022（1）：73-81.

2.黄群慧.以产业链供应链现代化水平提升推动经济体系优化升级[J].

马克思主义与现实，2020（6）：38-42.

3. 李伟，贺俊.基于能力视角的产业链安全内涵、关键维度和治理战略[J].云南社会科学，2022（4）：102-110

4. 张燕生.构建国内国际双循环新发展格局的思考[J].河北经贸大学学报，2021, 42（1）：6.

5. 郑东华，积极应对全球产业链供应链重塑挑战.红旗文稿，2020（14）：30-32.

6. 蓝庆新，汪春雨，郑学党.双循环格局下我国产业链供应链稳定性和竞争力的现实与对策研究[J].云南师范大学学报，2021, 53（1）.

7. 李雪与刘传江，新冠疫情下中国产业链的风险、重构及现代化.经济评论，2020（04）：第55-61页.

8. 陶涛.全球产业链变革下的中国新机遇[J].人民论坛，2021, 000（002）：28-30.

9. 费洪平，王云平，邱灵.夯实构建新发展格局的产业链基础[N].经济日报，2021-12-28（10）.

10. 符正平，叶泽樱.大国博弈下全球供应链的中断风险与"备胎"管理——基于华为公司的案例[J].江苏社会科学，2021（04）.

第十章 加快产业政策转型

产业政策是政府特别是中央政府一定时期内为实现产业发展目标，直接或间接采取的各类政策的综合，主要通过经济、法律、行政等手段来实现。产业政策既包括选择性政策，也包括功能性政策；既包括支持性政策，也包括限制性政策。要在对我国改革开放以来产业政策实践评价和反思的基础上，结合当前及未来一段时期出现的新情况新形势，客观把握产业政策转型的理论依据，提出我国产业政策转型的主要方向、配套措施，以及不同产业的政策着力点。

一、我国产业政策亟需转型

改革开放以来，我国产业规模不断扩张，产业结构不断优化，产业国际竞争力不断增强，有力支撑了我国经济 40 多年高速增长。产业政策发挥了重要作用，但也存在诸多问题和弊端。面对新的形势和背景，我国产业政策要转型调整。

（一）产业政策对我国产业发展起到积极作用

评估产业政策是一个世界性难题[1]，因为产业发展是多因素作用的结果，而在分析产业发展和政策的对应关系时，却无法完全剔除和剥离其他影响因素。但这又是躲不开、绕不开的问题。本章采取比较直观的政策方向和产业发展结果进行比较分析，对产业政策的作用进行简单评价。总体而言，产业政策在以下方面发挥了积极作用。

---

[1]经合组织（2015）认为，关于产业政策的效果评估，目前没有确定性证据可以证明哪种方法最佳。

1. 支持发展重点产业和主导产业，促进产业结构优化升级

改革开放初期，国家没有明确发展的主导产业，但针对"短板"产业实施支持性政策，大力发展农业、轻纺，调整重工业过重的畸形产业结构，具有明显"补课"特征。这些产业大多数属于劳动密集型产业，有助于我国发挥劳动力比较优势，是符合经济发展规律的明智选择。在国家产业政策支持下，20世纪80年代我国的产业结构问题得到缓解。到了90年代中后期，我国进入了重化工业加快发展的关键时期，国家适时提出把机械电子、汽车、电子、建筑等作为支柱（主导）产业，并出台相关政策支持这些产业发展。产业政策加快相关产业发展，汽车、机械等（工业）支柱产业均以高于GDP增速实现较快增长[1]。在支柱（主导）产业的关联带动下，我国各产业，特别是制造业快速增长到20世纪末成为"世界制造业基地"。1992年，《中共中央国务院关于加快发展第三产业的决定》提出，第三产业（服务业）是"衡量现代社会经济发达程度的重要标志"。随后，各部委相继出台了加快第三产业（服务业）发展的政策。在国家政策引导下，加上其他因素的作用，第三产业增速持续高于GDP增速。1991—2014年，GDP平均增速10.1%，第三产业平均增速为10.3%，第三产业增速略高于GDP增速。2012年，第三产业占我国GDP比重为45.5%，首次超过第二产业，成为拉动国民经济增长的主要力量。国际金融危机以来，产业政策转向重点支持战略性新兴产业，战略性新兴产业以远高于GDP增速的速度快速发展，到"十二五"末期，其占GDP的比重接近8%。

专栏1 我国汽车产业政策真的失败了吗？

目前社会各界批评我国产业政策失败，举例最多的是汽车产业政策。笔者整理我国汽车产业发展现状的有关材料，对照国家产业政策对汽车产业发展目标要求，试讨论我国汽车产业政策是否真的失败了。

---

[1]根据《统计年鉴》计算，建筑业在1991—1995年，平均增速为14.4%，比GDP增速12.1%快了2.3个百分点。在国家宏观调控下，在1995年后建筑业增长处于比较低迷的状态。1991—2000年，建筑业平均增速为10.3%，低了GDP增速（10.4%）0.1个百分点。

1. 我国汽车产业政策的目标：成为我国支柱产业

《90年代产业政策纲要》提出了把汽车作为我国的支柱产业来进行培育。1994年颁布实施《汽车工业产业政策》，提出要"改变目前投资分散、生产规模过小、产品落后的状况，增强企业开发能力，提高产品质量和技术装备水平，促进产业组织的合理化，实现规模经济……到2010年成为国民经济的支柱产业"。2004年修改出台了《汽车产业发展政策》，提出"推进汽车产业结构调整和升级，全面提高汽车产业国际竞争力，满足消费者对汽车产品日益增长的需求，促进汽车产业健康发展"。

2. 我国汽车产业发展的基本现状

——汽车对国民经济的贡献突出。汽车工业由1990年占工业比重为0.26%（工业总产值）上升到2014年的6.13%（主营业务收入），对工业和国民经济发展贡献不断增加。另外，有人根据2005年我国投入产出流量表计算，汽车产业及其关联产业对GDP增长的综合贡献率突出，在2002年达到了12.97%，在2006年也保持在9.37%的水平上。

——汽车进入千家万户。1995年我国私人载客车拥有量为114.15万辆，首次突破百万辆大关。1998年私人载客车拥有量达到230.65万辆，仅用了三年时间就突破了200万辆大关。2013年，我国私人汽车拥有量首次突破亿辆。2014年，私家车总量超过1.24亿辆，每百户家庭拥有31辆。

——自主品牌乘用汽车国内市场占有率不断提升。2015年，我国自主品牌汽车国内市场占有率41.1%，而在我国刚刚加入WTO后的2002年，自主品牌汽车的市场占有率只有23.09%。自主品牌的提升，其内在原因就是我国汽车产业技术水平不断提升。

3. 存在的主要问题：我国汽车产业处于国际分工中低端水平

跨国公司掌握了核心技术，国外品牌汽车占领我国高端市场。国外品牌一方面采取合资等方式抢占我国汽车市场，另一方面大举向我国出口高端乘用车，抑制中国汽车行业技术发展，不给自主品牌创造技术进步的机会。

总体评价：汽车已经名副其实地成为我国支柱产业，我国汽车产业的国际竞争力不断提升，基本上实现了我国汽车产业政策的目标。但我国汽车产业处于国际分工中低端水平，和我国其他大多数制造业一样，都面临着核心技术被国际跨国公司控制的尴尬境地。但这不能完全归咎于产业政策，应该是和一个国家经济发展阶段密切相关，简单地批评我国汽车产业政策失败过于武断。

2. 加快推进产业技术进步，缩小了与发达国家差距

改革开放以来，国家制定了一系列促进产业技术进步的政策措施[1]。如《90 年代国家产业政策纲要》提出："多渠道、多形式地增加对科学技术研究和发展的投入……分行业制定并实施对产业发展有重大作用的关键技术研究和开发计划，支持和鼓励对引进先进技术的消化吸收和创新……推进标准化、系列化的进程，提倡采用国际标准和国外先进标准以及更为严格的企业内部标准……鼓励企业加强与科研机构和大专院校的联系，加快科技成果商品化的速度；以法规形式定期公布必须淘汰的落后生产工艺和设备。"21 世纪以来，国家多次出台和修订的《产业结构调整指导目录》对产业发展的技术方向作出了规定。通过政策引导并加大对核心和关键技术研究的支持力度，我国逐步缩小了与发达国家的产业技术差距，掌握了一批重大技术装备的核心技术和关键技术，在载人航天、探月工程、深海潜器、超级计算、北斗导航等战略性高技术领域取得重大突破，在高铁、4G 移动通信、核电、特高压输变电等领域处于和发达国家并跑甚至领跑地位。

专栏 2 国家产业政策促进我国重大技术装备取得重大成就

1983 年 7 月 12 日，国务院下发《关于抓紧研制重大技术装备的决定》（国发〔1983〕110 号），我国重大技术装备发展被提升到国家战略的高度。根据各个阶段发展具体情况，国家相继出台了《国务院关于加快振兴装备制造业的若干意见》《装备制造业调整和振兴规划》《国务院关于加快培育和发展战略性新兴产业的决定》《高端装备制造业"十二五"发展规划》等政策，通过采取财政补贴技术研发，支持建立

---

[1] 参见江小涓：《经济转轨时期的产业政策》，上海三联书店出版社 1996 年版。

研发中心等多种政策手段，有力促进了我国重大技术装备产业发展。主要成就包括：

（1）超、特高压输变电成套设备。我国在输变电设备制造领域依托三峡水电站送出工程、西北750千伏交流输变电示范工程，全面掌握了500千伏交直流和750千伏交流输变电关键设备制造技术；依托1000千伏特高压交流输电试验示范工程和±800千伏特高压直流输电示范工程，成功研制了具有自主知识产权的1000千伏特高压交流和±800千伏直流输变电成套设备，确立了我国在世界特高压输电领域的领先地位。

（2）千万吨级大型露天矿成套设备。这是为我国大型露天矿（煤矿、铁矿、铜矿等）剥、采、运工艺过程提供的成套装备，包括年产1000万吨级和2000万吨级露天矿单斗—汽车开采工艺及连续、半连续开采工艺的成套设备。

（3）煤矿综合机械化开采成套装备。主要包括600万吨综采成套技术与装备、大倾角煤层综采综放成套技术与装备、特厚煤层大采高综放成套技术与装备。其中，600万吨综采成套技术与装备打破了国外企业在此领域对我国的长期垄断地位，推动相关产品，如液压支架电液控制系统的价格大幅度下降。

（4）港口机械成套装备。主要包括：集装箱港口起重机；散货港口装卸机械。

资料来源：工信部装备工业司：《国家重大技术装备三十周年》，2013年。

3. 推动产业集群化发展，形成一批区域经济增长极

改革开放以来，我国先后设立了经济技术开发区、高新技术产业园区、特色产业基地等不同类型的产业园区，以园区为载体，集中力量发展相关产业。在国家级园区的带动下，各地区纷纷设立省级（甚至市县级）产业园区来推动产业发展。除了新投资项目必须进入园区发展，还鼓励散落在园区外的企业搬迁进入园区。"园区经济"推动了我国产业集群化发展，形成了集聚效应，大大抵消了区域产业"同构化"带来的消极效应。而且，各类园区在全国各地形成了产业聚集发展的平台和载体，成为拉动全国和区域经济前

行的增长点、增长极。

（二）我国产业政策实践存在的问题与反思

1. 我国产业政策实践存在的问题

（1）政策数量日益增多，管得过宽过细，影响产业政策的整体效果。主要表现为：一是数量过多。特别是近年来，为应对经济增速下行，我国在很多领域频繁出台了大量产业政策，政策出台密集度远高于改革开放以来甚至国际金融危机时期，往往是产业发展某一个方面出现问题，就有一个政策出台，政策泛化、碎片化倾向明显。有些问题只是市场经济中的一种正常现象，实际上通过市场机制就可以自行解决，但却通过产业政策进行干预。这不仅导致政策制定部门疲于奔命，而且效果不佳，甚至适得其反。二是管得过宽过细。《90 年代国家产业政策纲要》把第一、第二、第三产业都纳入了产业政策范围，但政策内容侧重于原则性导向，没有具体到非常细化的行业发展方向。而《产业结构调整指导目录》（2011 年版，2013 年修订）则把产业分为鼓励、限制、禁止等三大类，涉及数十个行业和数千种产品，而且罗列的领域具体到技术路线、工艺设计、具体产品等。近期出台的其他一些产业政策，也几乎涵盖了制造业所有领域（还包括生产性服务业领域）和从产品研发、技术路线、质量品牌、零部件生产到售后服务各个环节，可以说产业链各环节都有产业政策干预的影子。政策范围过宽，造成的结果是"胡子眉毛一把抓"，有限的政策资源过于分散，重点不突出，如同"撒胡椒面"，需要加强的领域没有加强。政策涉及过细，如同给产业运行编织了一张巨大的管制之网[1]，严重约束了市场微观主体创新和发展的手脚。

（2）以选择性产业政策[2]为主，对功能性产业政策重视不够。改革开放以来，我国为快速推进工业化进程，实施了追赶和模仿战略，更多地采取选择性产业政策，对标发达国家在相同发展阶段的主导产业，在不同时期选择若干需要重点发展的产业，并运用财政补贴、贷款贴息、税收减免、低价供

---

[1] 卢锋：《当前产业政策反思》，北京大学国家发展研究院网站。

[2] 我国明确实施产业政策虽然比较晚，但产业政策实践可以追溯到新中国成立初期，我国为了"赶英超美"，实施重化工业化战略，资源向重化工业高度倾斜，实际上也是采用选择性产业政策模式，但由于体制机制背景是高度集中计划体制，政策实施完全依靠行政手段，对于当前的我国没有太大的参考意义。

地、电价优惠等措施，推动资源要素流向重点产业和企业。在我国后发追赶的早期阶段，这种选择性政策确实起到了积极作用。随着我国进入工业化后期，可以对标的国家和可以模仿的产业越来越少，继续大规模实施选择性产业政策获得成功的概率也就越来越小。从《产业结构调整指导目录》（2011年版）[1] 执行情况看，并没有达到效果，政府想控制的产能过剩行业没有管住。由于过度倚重于选择性产业政策，对功能性政策重视不够，导致对创新活动、人力资源开发支持不足，对违反质量安全、知识产权、市场信用和环境污染等行为惩戒不力，问题越积越多。

（3）政策变化随意性大，增加了市场不确定性。长期以来，我国产业政策往往服从宏观调控的目标，导致其具有明显的短期性和波动性。以煤化工产业政策为例，2004年煤化工产业被国家《能源中长期发展规划纲要》确定为我国能源中长期发展战略的重点任务，2005—2007年相继出台若干配套鼓励政策，煤炭企业投资煤化工的积极性空前高涨，大批项目陆续开工建设。但从2008年9月开始，煤化工产业政策突然转向，多项约束性、限制性政策陆续公布，审批权上收，进入门槛显著抬高，2009年9月出台的有关文件甚至明确提出未来3年内禁止现代煤化工新项目建设。在短短几年内，煤化工产业政策就经历了"鼓励—引导—控制—从严"的转变过程，很多煤炭企业面对多变的产业政策，难以理解，无所适从，造成巨大的资源（投资）浪费。又如，2003年后钢铁、电解铝被产业政策作为抑制盲目投资的重点行业，而在金融危机爆发后，这两个行业又赫然跻身十大振兴产业之列，近年来，却又再次被列为产能过剩的重点行业。

（4）行政性手段偏多，政策工具创新不足。改革开放以来，尽管我国产业政策手段不断调整，从以行政手段为主向以经济手段为主转变，但在很多领域和环节，行政手段仍然较普遍，在部分领域甚至有强化的倾向，这与转变政府职能的要求不相适应。一是部分政策过度依赖行政性手段以求达到立竿见影的效果，造成资源配置的扭曲和浪费。比如，在钢铁、煤炭"去产能"政策中，虽然各方面都认识到市场化手段是"去产能"的优先选项，但

---

[1]2013年，国家发改委在此基础上进行了一定修改，并颁布实施《国家发展改革委关于修改〈产业结构调整指导目录〉（2011年版）有关条款的决定》。

为确保完成年度目标任务，在实际操作中仍然通过层层下指标的方式强制淘汰产能，属于典型的行政化做法。二是偏重运用财政补贴、贷款优惠、要素倾斜等传统支持手段，导致资源分配不均，如对新能源汽车的财政补贴政策，就受到社会各界关于生产企业选择公平性的质疑，而且还带来腐败、"骗补"等问题[1]。三是当前我国贸易手段仍然是以传统出口补贴等手段为主，成为我国出口经常受到他国申诉的重要原因，使我国在国际贸易争端中处于被动地位，不利于推进产能国际合作和产业走出去。

（5）政策的制定实施等治理机制不完善，透明度较低。虽然我国已经提出政务公开的要求，但目前产业政策制定和实施仍然存在"黑箱"现象。具体表现为：一是"闭门做政策"现象仍然突出，很多政策的制定只有政府官员和专家参与，行业中介组织、地方政府、企业及其他利益相关方参与程度低，导致政策内容科学性和可操作性差。二是政策制定部门化问题严重，产业政策实施需要财政、金融、外贸、土地等政策配合，但由于各部门都有自己的利益，导致一些产业政策与其他政策相互掣肘，一些政策为了获得其他部门同意不得不做出重大调整，效果大打折扣。三是审批过程不透明，一个项目能不能批、什么时候批，地方和企业无法预期，谁的关系好、工作力度大，就容易批，为"寻租"行为留下了空间，这也是长期以来产业政策受到批评的主要原因之一。四是重政策制定，轻监督评估，导致一些政策停留在纸上，难以落地生效。五是地方和中央利益不一致影响产业政策效果，地方政府作为经济发展的利益主体，会根据本地需要选择性地执行国家产业政策[2]，符合本地利益的政策就"放大"执行，不符合的就"打折"执行[3]。

---

[1]近年来国家试行推出的产业投资基金有所创新，但还有许多不成熟的地方，我们在调研中发现，企业对此存在一定疑虑。

[2]地方政府是一方利益主体，为了发展地方经济可能出现地方政策和国家产业政策不一致，这种现象到现在都没有消除。对于产能过剩的产业限制不力，地方政府不配合执行是主要原因之一，导致企业违规投资和发展。

[3]我们在地方进行调研时发现，地方政府落实上级政府的有关政策主要采取了文件落实的方式。我们亲眼目睹了某一地方政府落实上级政策文件的全过程：B市下午收到A省下发的政策文件，第二天要向A省政府汇报落实方案。主管领导当场指示，将政策文件中的"A省"字样，用word替换公式，全部替换为"B市"，两分钟结束了落实工作，然后打印文稿上交省级部门。

2. 原因分析

（1）产业政策理论没有及时调整创新。一是我国经济体制处于不断改革深化过程中，如何正确处理政府和市场关系的理论仍在不断完善，对于如何厘清政府和市场作用的边界还在不断探索，从而对实施何种产业政策模式缺乏清晰的理论基础；二是选择性产业政策对重点产业选择的理论和依据没有及时修正。其结果是，一方面，政府（部门）抢了市场的"生意"，做了许多不该做的事。许多政府部门出于部门利益，强调本部门所管理的产业的重要性，并出台相关产业政策。如农业部门会强调农业重要，文化部门会强调文化产业重要，旅游管理部门则会认为旅游业重要，其他行业主管部门也同样会强调所管行业的重要性。另一方面，由于对产业（行业）政策的边界缺乏清晰理论认识，认为政策制定越细化越好（如前面提到的《产业结构调整指导目录》就是典型例子），导致政策制定部门疲于奔命、政策频出，市场主体不买账，抱怨政府干预过多。

（2）政策设计存在"路径依赖"。在转轨体制下，市场机制还不完善，行政手段是政府干预经济的主要方式，以传统体制机制为基础来设计产业政策，由此衍生的产业政策手段也是以行政干预为主，这样确实能起到立竿见影的效果，但也严重扭曲了资源配置。当前虽然我国市场经济作用不断增强，但由于存在政策手段的"路径依赖"，政府制定和执行产业政策时往往仍习惯采取行政手段。

（3）政府职能没有完全转变到位。早期我国每个产业（行业）都有政府主管部门，随着我国经济体制改革和行政体制改革不断深入，行业的主管部门已经精简或撤销。但是我国现有的经济管理部门的职能转换还没有到位，大部门还没有适应充分发挥市场在资源配置中起决定性作用的要求。一些部门还沿袭传统方式管理产业，导致政策的治理机制不完善。

（三）新形势要求我国产业政策加快转型

1. 政府与市场关系的重新界定要求加强产业政策转型

党的十八大以来，中央在经济领域对政府和市场关系进行了重新界定，并围绕"使市场在资源配置中起决定性作用和更好发挥政府作用"推进了一系列市场化改革，特别是十八届五中全会提出把供给侧结构性改革作为

"十三五"时期改革的重点，意味着我国产业发展的制度环境将发生重大变化。一方面，产业发展将更多依靠市场调节，政府通过简政放权实现"越位"职能的"退"，为市场功能的"进"腾出空间，让市场机制激活竞争，引导资源优化配置。另一方面，政府直接掌管资源的数量逐步减少，调配资源的能力也在弱化，亟需创新产业管理和支持方式，使产业政策更加集中、有限资源发挥更大作用。

2. 构建现代化产业体系、推动产业迈向中高端要求加强产业政策转型

我国现有产业体系大而不强，面临着国际竞争加剧、国内新旧动能转换的双重压力。为了加快产业体系重构，培育新的主导产业，促进传统主导产业转型升级，推动产业向中高端水平迈进，需要加强产业政策转型问题研究。一是我国进入工业化后期[1]，产业已经进入了"追随和跟跑""并跑"甚至"领跑"水平，继续沿用过去那种选择主导产业发展的做法已经不能满足我国产业发展需要，传统的选择和扶持主导产业发展的政策需要调整创新，才能使主导产业扶持政策更加有效。二是如何加快传统主导产业转型升级，特别是在经济全球化背景下如何推动我国产业突破国际价值链分工的"低端锁定"，需要加强政策转型研究。三是长期以来部分行业存在"产能过剩"顽症，产业发展中环境、质量、安全等外部性问题日益严重，这些都要求加强产业政策转型。

3. 建设开放型经济新格局要求加强产业政策转型

近年来，我国产业"走出去"步伐加快。顺应这种趋势，国家适时提出了"一带一路"倡议，积极推进我国商品、资本、技术、服务等全方位、多领域"走出去"，加快建设开放型经济新格局。但是，我国支持产业"走出去"的政策还是以财政补贴、信贷优化、出口退税等传统手段为主。在当前国际贸易保护主义倾向加强的大背景下，这些做法往往授人以柄，导致我国产品出口经常受到部分国家以"反倾销""反补贴"等名义的打压。为了保障我国"一带一路"建设顺利实施，加快推进国际产能合作，积极应对国际贸易保护主义，需要加强产业政策转型。

---

[1] 根据黄群慧（2013）、赵昌文等（2015）的研究结果，我国工业化阶段可以划分为：改革开放初至 20 世纪 90 年代前后为工业化前期，20 世纪 90 年代初至 21 世纪初为工业化初期，21 世纪初至 21 世纪 10 年代初为工业化中期，21 世纪 10 年代以来为工业化后期。

二、以新的产业经济理论指导我国产业政策转型

基于产业政策存在的诸多问题和弊端，结合我国产业发展和政策运行的国际环境、宏观背景、制度基础发生了深刻变化，亟需重新审视我国既往产业政策的理论依据，构建符合新时期、新形势和新要求的理论框架，指导产业政策转型。

（一）"强政府干预式"政策的理论依据及实施条件正在丧失

纵观政府与市场关系演变的历史进程，政府和市场参与经济活动的关系是不断调整，政府干预方式和力度也随着形势变化而变化。产业政策作为政府干预经济活动（产业发展）的手段，实质是政府、市场在经济活动（主体是企业）中的定位和关系。改革开放以来，我国不断深化对政府和市场关系的认识，相应作出了一系列重大判断和决策。经过40年的改革开放，我国社会主义市场经济体制已基本建立，政府和市场关系经过不断调整也发生了重大变化，市场经济由经济管理方法到经济调节手段再到一种经济制度，市场在资源配置中由起"基础性"作用到起"决定性"作用[1]。这意味着我国产业发展的基本机制主要通过市场竞争来实现，市场能够做到的，政府尽量不干预。既往政府直接干预经济和产业发展的"选择性产业政策"，是一种"强政府干预"式产业政策模式，其理论依据及实施条件正在丧失，需要调整修正。

1. 保护幼稚产业的理由越来越站不住脚

幼稚产业保护理论比较成体系的是在19世纪上半叶由弗里德里希·李斯特提出，参与国际分工和国际贸易的经济落后国家，为了保护本国幼稚产业发展，需要政府采取国内生产扶植和国际贸易保护政策支持。正如弗里德里希·李斯特指出的，"如果任何一个国家，不幸在工业上、商业上还落后于别国，那么即使它具有发展这些事业的精神和物质手段，也必须首先加强它自己的力量，然后才能使它具备条件与比较先进各国进行自由竞争"[2]。根

---

[1] 魏礼群：《正确认识与处理政府和市场关系》，人民网理论频道，2014年5月28日。

[2] 弗里德里希·李斯特也承认，为保护幼稚产业而干预市场机制，会使得生产成本上升，并产生利润损失，乃至损害消费者利益，但他认为，这种干预"却能够使生产力有了增长，足以抵偿损失而有余，由此使国家不但在物质财富的量上获得无限增进，而且，一旦发生战争，可以保有工业的独立地位"。参见弗里德里希·李斯特：《政治经济学国民体系》，商务印书馆1985年版，第5、128页。

据弗里德里希·李斯特的思想，政府政策干预特定产业发展，尽管微观上损害了市场经济的独立性，但从宏观上能够使得国家获利。我国在经济赶超的起步阶段，大量产业相比发达国家而言处于初创时期，属于幼稚产业。为加快建立国民经济的产业体系，维护国家利益，实施幼稚产业保护政策有其必要性。目前，我国已经建立了比较完整的产业体系，产业门类齐全，幼稚产业保护论已经不适应当前中国产业现状。

2. 选择主导产业并给予特殊支持的方式越来越难以获得成功

美国经济学家 W.W. 罗斯托根据各产业部门增长率不同，将其划分为主导增长部门、辅助增长部门和派生增长部门，认为在任何时期，一个经济系统之所以能够具有或保持"前进的冲击力"，是由于若干"主导增长部门"迅速扩张，同时对辅助增长部门和派生增长部门产生影响，最终带动整个经济发展。主导产业支持论是日韩等后发工业化国家实施"赶超"战略、制定产业政策的主要依据。我国也是如此，经过改革开放之初到 20 世纪 90 年代初期"产业补课"后，在 90 年代，即工业化前期制定了《90 年代产业政策纲要》，提出把"机械、电子、汽车、建筑业"等作为支柱（主导）产业培育。选择主导产业具有许多标准，但后发国家在实际操作上主要是模仿发达国家成功产业的经验[1]。改革开放以来，我国作为后发追赶国家，主导产业选择有明确的对标国家的产业作为参考。进入新时期，我国大多数领域如产品质量和产业分工等仍然处于"追赶"阶段，仍然需要选择重点产业实施"赶超"发展和"非对称"竞争，但部分领域已经和发达国家处于"并跑"阶

---

[1] 主导产业选择基准包括：①阿尔伯特·赫希曼连锁效应基准，指一种产业的发展通过投入产业对其他产业的发展产生带动作用。连锁效应分为前向联系和后向联系，前者指一部门对其他部门的中间产品投入或是其他部门对本部门中间产品的需求，后者指一部门生产过程中其他部门中间产业的投入。② W. 罗斯托基准，是在借用阿尔伯特·赫希曼的前向、后向联系思想的同时，提出旁侧波及联系，从而形成一种新的联系更广泛的基准。③筱原基准，包括收入弹性基准和生产率上升基准。这些标准还只是针对产业特性本身提出的，学术界对此的异议不大，但是如果把产业选择放在一个国家的经济发展阶段，以及国际比较的视角，目前争论较多。许多学者根据大卫·李嘉图的比较优势理论，主张要立足于发挥本国比较优势选择主导产业，能够使得产业的资源配置达到最优或者是次优，充分发挥一国产业发展的资源禀赋。但是，越来越多的研究者研究发现，如果后发国家完全按照比较优势进行发展的话，将永远落后于先行发达国家，容易陷入"比较陷阱"，产业发展将长期在国际产业价值链分工处于"低端锁定"状态。不少学者提出把"动态比较优势"作为产业选择的基准点，后发国家要立足动态比较优势来培育重点产业。

段，产业对标范围缩小，主导产业选择难度加大，传统的主导产业选择理论难以适应新时期产业发展范式，要尽可能充分发挥市场作用去识别和筛选产业，产业政策要尽量减少人为确定哪些产业应该支持，哪些产业不应该支持。

3. 以国家安全为实施产业保护的做法越来越不适应新时期国家扩大开放战略的新要求

产业安全的本质是，在利用外资和对外开放同时，对事关国家安全的基础性、命脉性或战略性产业进行控制，使民族产业得到持续发展[1]。随着世界经济融合日益复杂，各国从自身出发，把产业安全看成和国防一样的公共物品。无论是后发国家还是发达国家，都强调保护国家产业安全，只是保护手段各有不同。这些被称为涉及国家安全的产业，因各国的情况不同而异，有的是资源型产业，有的是高技术产业，还有的是普通的劳动密集型产业。国家产业安全论一定程度上是幼稚产业支持论、主导产业支持论等理论的综合。我国在制定相关产业政策时，也考虑了对本国产业的保护，例如，长期以来我国汽车产业政策都强调关键零部件的国产化率。到目前为止，我国在金融、教育、文化、医疗等服务领域仍然存在产业安全保护。随着我国经济实力的不断增强和产业竞争力的持续提升，我国由过去以"引进来"为主向"引进来和走出去"并举转变，特别是当前我国正在大力实施"一带一路"战略，推动国际产能合作，产业安全的范围和边界更加需要调整，从过去强调保护主导产业和幼稚产业，转为保护战略性领域和国防安全领域，以及少数关系到国计民生的行业。这些领域在成长过程中如果仅仅依靠市场机制和功能性产业政策发挥作用，需要经过漫长的摸索和试错，才能得到有效发展。这有可能使这些产业错过发展的最佳时机，被其他国家领先和打垮，威胁到国家产业安全。

（二）我国产业政策要回归到弥补"市场失灵"的本义

1. "市场决定作用"背景下产业政策应聚焦"市场失灵"

随着我国市场经济体制不断完善，市场功能不断增强，市场在资源配置

---

[1] 李孟刚：《产业安全理论研究》，经济科学出版社 2010 年版，第 74—75 页。

将发挥越来越大的作用。在绝大多数情况下，市场是配置资源最有效的方式。我国产业只有建立在充分竞争的基础之上，才具有竞争力和可持续发展能力。但是，在自然垄断、信息不对称、公共物品、研发创新、环境污染等诸多行业和领域，存在明显的市场失灵，要么供给不足，要么供给过剩，需要以"市场失灵"理论作为依据来指导我国新时期产业政策的实践，实施以功能性产业政策为主的政策模式。弥补市场失灵也是市场经济发达国家实施产业政策的主要理论依据。古典经济学认为，作为资源配置最有效的方式，市场机制可能失灵，政府的作用就是弥补市场失灵。虽然大多数市场经济国家都否认自己存在（选择性）产业政策，但是对在产业领域市场失灵时实施相应的弥补政策，几乎没有否认的声音。麻省理工学院的研究报告《美国制造：如何从渐次衰落到重振雄风》（迈克尔·德托佐，1998），高度评价弥补市场失灵型产业政策的作用功效，并对其极度推崇。后发工业化国家在赶超阶段普遍实施选择性产业政策，但在工业化中后期，随着本国产业与发达国家差距的缩小，产业升级失去了对标对象，开始重视发挥市场机制作用，逐步由以选择性产业政策为主转向以可弥补市场失灵的功能性产业政策为主。普遍认为，除了在自然垄断、信息不完全、外部性、公共物品（基础设施）等领域存在市场失灵外，以下领域也存在明显市场失灵：一是规模经济和不完全竞争领域。如果某个产业部门存在规模经济，这个产业中生产企业的数量就会相当有限（如汽车、飞机等制造业），通常全球的厂商数量也是有限的。而一个国家的企业如果能够在规模经济产业部门存活下来，那么这个国家的收入水平会提高，经济也会得到有效发展。因此，政府要通过实施包括出口、研发补贴和贸易保护等措施，抑制他国竞争企业，保护本国企业进入规模经济产业部门。二是产业创新活动"外部性"问题。市场不能自发协调以推动产业创新，需要政府支持给予解决。特别是金融危机以来，发达国家政府不仅没有减少反而加大对创新活动（包括平台）的支持，如美国奥巴马政府建设了国家创新学院。三是产业投资"潮涌"现象。发展中国家普遍面临的是，已经受到市场检验的成熟技术、产业发展规律和商业模式，企业会对有发展前景的产业争相投资，从而出现投资"潮涌"现象，即在短期内众多企业过度投资某一行业和领域，极易造成严重的产能过剩，需要政府协调解决这种投资"潮涌"现象。四是其他外部性强的领域。如新兴产业发展、环境治理以及人力资本要素质量提升等，这是近年来发达国家关注比较多的公共外部性领域。

2. 我国产业政策还需要以减少"政府失灵"为主要理论依据

产业政策作为政府干预经济的一种重要工具，在弥补"市场失灵"的同时存在"政府失灵"风险[1]。"政府失灵"一方面表现为政府的无效干预，即政府干预的范围和力度不足或方式选择失当，不能弥补市场失灵并满足维持市场机制正常运行的合理需求；另一方面表现为政府过度干预，即政府干预的范围和力度超过了弥补市场失灵并维持市场机制正常运行的合理需求，或干预的方向不对，对各种政策工具选择及搭配不适当，过多地运用行政指令性手段干预市场内部运行秩序，结果非但不能纠正"市场失灵"，反而抑制了市场机制的正常运行。当前我国正在从"李嘉图式增长"模式向"熊彼特式增长"模式转变，更多依靠创新驱动产业发展，需要发挥政府的积极作用，在某些领域继续实施选择性产业政策。但相比其他发达国家，我国产业政策数量多，涉及范围广，"政府失灵"现象更为普遍，需要通过相应机制减少政策失误概率。因此，减少"政府失灵"也是我国实施产业政策的重要考量。

（三）建立"互动合作型"政府市场关系，避免市场和政府"双失灵"

传统经济学理论把政府市场关系理解为单向的互补关系，但 20 世纪 90 年代后期以来，部分国际学者对此提出了不同观点。斯蒂格利茨（1998）从信息经济学视角，在不完备与非对称信息市场的基础上，对传统经济理论有关"政府失灵"和"市场失灵"的论述进行了重新审视，提出政府与市场之间应形成一种新型"伙伴关系"。世界银行（1997）在《变革世界中的政府》中指出，市场与政府是相辅相成的，绝大多数成功范例都是政府和市场互补合作关系替代竞争关系的结果。青木昌彦等（1998）认为，政府与市场在

---

[1]公共选择理论认为，同市场会失灵一样，政府也会失灵。"政府失灵"是指政府在力图弥补市场缺陷的过程中，采取的立法、行政管理以及各种经济政策手段，最终导致政府干预经济的效率低下和社会福利损失。

实现资源配置方面并非"非此即彼"的相互替代关系，作为市场参与者的政府，并非凌驾于经济运行之外、解决市场失灵的中立机构，在相应的规则设置下，政府可以为民间机构搭建平台，通过提供"相机性租金"来激励市场主体，政府的参与实现了市场机制不完善情况下对市场机制的培育和促进。总之，以加强政府和市场互补合作为核心构建新型政府市场关系正在成为当前经济学理论的新趋势。我们认为，新时期我国应着力构建这样一种新型政府市场关系，对于产业活动而言，政府和市场不是一种简单的替代关系，更不是决然对立关系，市场、政府各自有效性和失灵的基础上，重视各自优势与长处，两者要有效合作，形成合力，形成优势互补、协调配合的互动合作关系，简称"互动合作型"政府市场关系。简单地说，就是强调政府和市场关系的双向性，在承认存在"政府失灵"和"市场失灵"双失灵前提下，发挥政府作用弥补"市场失灵"，加强市场作用减少"政府失灵"。政府和市场互动合作主要体现在以下几个方面：一是互补。明确政府和市场边界，把市场能做的交给市场，市场不能做的政府要积极补位。产业政策要尊重市场，维护竞争，顺"市"而为，而不是逆"市"而行，避免影响市场机制发挥作用。二是互动。政府加强与利益相关者沟通，建立信息反馈机制，做好预期管理（可参考美联储的做法），根据产业发展情况及时调整或退出产业政策。重视发挥第三方，特别是商会和行业协会在市场和政府之间的桥梁和纽带作用。三是合作。政府通过制度建设，强化市场机制，增强市场功能[1]，激发市场活力。在以往主要由政府投资的准公共品属性的产业领域，尽可能引进市场机制，创新市场进入方式，扩大社会资本参与度，通过市场化改革缩小政府作用范围，减轻"政府失灵"（如通过建立产业投资基金方式进入）。四是协调。对单一企业在市场竞争中无法解决的创新"孤岛"、投资"潮涌"等问题，政府应出面积极协调解决。

---

[1]青木昌彦（1998）认为，对于发展中国家（以及转轨国家）的"市场不足或市场残缺"，政府必须提供市场赖以有效运转的制度框架，不断完善市场体制并拓展市场作用范围，以此增强市场协调功能。

专栏 3：美联储货币政策预期管理的政策经验

美联储货币政策的预期管理经验主要体现在：注重问题导向的针对性，注重长期性，注重和其他政策的平衡性。预期管理的核心要素包括：①微观主体行为的预期引导是预期管理的出发点。②前瞻性指引（Forward Guidance）是预期管理的核心手段。③明确的量化指标是预期管理成功的重要依托。④开放的沟通机制是预期管理取得成功的基础渠道。前瞻性指引主要经历了三个发展阶段：第一阶段，开放式指引（Open-ended Guidance），即只确定政策方向，不设置政策实行的时间和指标，通过政策基调的开放式指引来引导微观主体进行消费和投资。第二阶段，时间指引（Calendar Guidance），即确定政策实行的时间阶段，利用时间指引来明确政策的执行阶段，在明确政策的相对长期性的同时，亦隐含了政策潜在的调整时点。第三阶段，阈值指引（Threshold Guidance）（或状态指引），即设定明确的量化政策目标。阈值指引消除了市场的不确定性，提升了政策的公信力，同时也为政策退出提供了更为明确的市场预期与准备，私人部门可以根据两个指标与阈值的走势进行行为决策。

资料来源：郑联盛：《美联储加强预期管理 提升货币政策效应》，《中国证券报》2016 年 3 月 23 日。

三、我国产业政策转型的思路和方向

根据新时期我国经济社会发展宏观背景和制度条件的变化，以新的产业政策理论依据为指导，按照"尊重市场，维护竞争；预期引导，有限支持；放宽准入，创新监管"的总体要求，从政策目标、政策模式、工具手段、治理机制等方面推动产业政策转型调整，充分发挥市场决定作用，构建以功能性产业政策为主的政策模式，建立与市场有效互动的政策治理机制，创新引导市场的政策手段，推动"市场友好型"产业政策体系。

（一）产业政策目标向提质增效和创新发展转型

既往产业政策的目标涉及产业（结构）优化升级、产业技术、产业组织、产业布局、产业国际竞争力等产业发展的全部内容，政策大包大揽色彩浓厚，而且重点指向做大产业规模。新时期，在市场机制起决定性作用的大背景下，产业政策的目标应进行调整，聚焦于产业提质增效和创新发展，缩小政府干预范围，有所为有所不为。

1.在产业升级和技术创新方面强化政策作用

产业升级和技术创新关系密切，技术创新是产业升级的主要推动力。在这两个领域，存在创新不足、产品质量"劣币驱逐良币"等市场失灵问题，需要政府发挥积极作用，在制约产业升级和技术创新的关键环节加大政策力度。

2.在衰退行业推动产业组织结构优化

市场竞争的结果必然是优胜劣汰，只要不存在政府人为设置的进入壁垒与竞争限制，竞争过程中形成的市场结构就应该是最优的。政府作用是维护公平的市场竞争环境，打破垄断（需要竞争政策介入），以往片面强调市场结构和产业组织优化的产业政策存在理论误区。但针对我国存在"市场失灵"的特定行业，如衰退产业，推动产业组织结构优化需要产业政策介入。

3.政策对象以行业领域为主，弱化对市场微观主体的干预

长期以来，我国产业政策直接到企业，特别是对大企业采取了倾斜式支持发展政策，这种针对重点企业挑"冠军"的方式，引发各界质疑，这也是选择性产业政策受到诟病最多的地方。从理论上看，一方面，大、中、小企业在创新发展中各有自身优势，也存在各自缺陷；另一方面，正如前面所分析的，任何一个产业都要经历从小到大的成长过程，由市场竞争形成的市场结构更有效率。因此，产业政策具体到微观市场主体，往往会适得其反。政府应该以创造公平竞争环境为主，原则上不再制定一般竞争性行业规模和速度、产业集中度、技术水平、工艺路线、产品结构等微观目标。政策对象重视产业中观层面干预，弱化对企业微观选择的干预。

（二）政策模式向功能性产业政策为主转型

1. 与时俱进调整产业政策模式是大多数国家的普遍做法

作为政府干预资源配置、影响产业发展的手段，世界各国都实施了不同程度、不同类型的产业政策。从国际经验看，没有哪个国家产业政策模式是一成不变的，很多国家在不同发展时期，都会根据本国经济和产业发展情况变化，相机采取不同的政策模式。经济发达的先行国家市场经济比较完善，没有可以向其他国家学习和借鉴的经验，产业升级方向和技术进步主要是依靠市场自身探索，长期以来一直奉行功能性产业政策为主的政策模式。但自国际金融危机以来，发达国家大力推进"再工业化"，发展新兴产业以抢占战略制高点，也开始注重采用选择性产业政策支持部分传统制造业振兴（如汽车等）和新兴产业发展。后发工业化国家在赶超阶段普遍实施以选择性产业政策为主的政策模式，通过资源的倾斜式配置支持重点产业发展，但在工业化中后期，随着本国产业与发达国家差距缩小，产业升级失去对标对象，开始重视发挥市场机制作用，逐步由选择性产业政策为主转向以功能性产业政策为主。以日本为例，进入 20 世纪 70 年代，日本将产业政策的重点从单一产业发展本身转向产业发展的环境营造，政策措施从针对具体产业的政策干预和市场保护措施转向最大限度地利用市场机制，对市场失灵的领域提供基础设施和公共服务扶持（见表 10-1）。当前我国进入了工业化后期，和日本 20 世纪 70 年代中后期阶段非常类似，我们也应借鉴日本等国家的做法，积极推动产业政策转型。

表 10-1　日本产业政策调整转型过程

时期	经济复兴时期（1945—1960年）	高速增长时期（1960—1973年）	稳定增长时期（1973—1985年）	经济结构调整时期（1985—1990年）	20世纪90年代以后
主要政策	《机械工业振兴临时措施法》、《企业合理化促进法》和钢铁、煤炭、造船等工业合理化计划	《关于产业结构的长期展望》、《中小企业基本法》、《石油工业法》《电气事业法》等	《七十年代展望》、《产业结构的长期展望》、《八十年代通产政策展望》、《特定萧条产业稳定临时措施法》等	《80年代通商产业政策展望》《面向21世纪产业社会长期设想》	《面向21世纪的日本经济结构改革思路》、《经济结构改革行动计划》、《产业再生法》

（续表）

时期	经济复兴时期（1945—1960年）	高速增长时期（1960—1973年）	稳定增长时期（1973—1985年）	经济结构调整时期(1985—1990年)	20世纪90年代以后
产业政策重点	注重制造业整体的生产合理化以及钢铁、化学、电力等重化工业发展	应对贸易和资本自由化，确立能源综合对策，强化国际产业竞争力	产业政策开始转型，充分利用市场机制，提出衰退产业扶持、控制公害、中小企业扶持政策	重视对经济和能源安全的保障，走技术立国之路，提高生活品质与产业相互依存等方面	更加注重知识技术密集型产业发展，着力培育新的经济增长点
实施手段	倾斜生产，政府直接在原材料、金融贷款、补助金、进口物资等方面进行分配	通过"官民协调"等方式推进企业兼并重组等产业政策实施	实施手段开始转型，由资源集中分配给基干产业转为技术研发补贴和特定产业税收、金融优惠措施、产业发展展望等手段	以产业发展展望、立法等手段为主	以信息指导为主

2. 建立以功能性产业政策为主的产业政策模式

我国既往产业政策模式是以选择性产业政策为主。新时期推动政策转型，就是要建立以功能性产业政策为主的政策模式，特别是在自然垄断、信息不完全、外部性、公共物品（基础设施）等存在市场失灵领域，加强功能性产业政策的运用。优化调整选择性产业政策，一是要缩小选择性产业政策的范围，从一般竞争性领域退出；二是对于选择性产业政策实施的领域，如战略性产业、衰退型产业等，在确定好重点产业的基础上，打好功能性产业政策和选择性产业政策的组合拳。可以借鉴迈克尔·波特（2002）的"钻石"模型，围绕市场失灵领域实施产业政策，主要从生产要素、需求条件、相关支持性产业、企业战略和结构以及同业竞争等四个方面实施有关政策（见图10-1）。由于不同类型产业的特性存在差异，"市场失灵"的重点和表现也应该有所不同，因此功能性政策着力点也要体现出差异化特征。

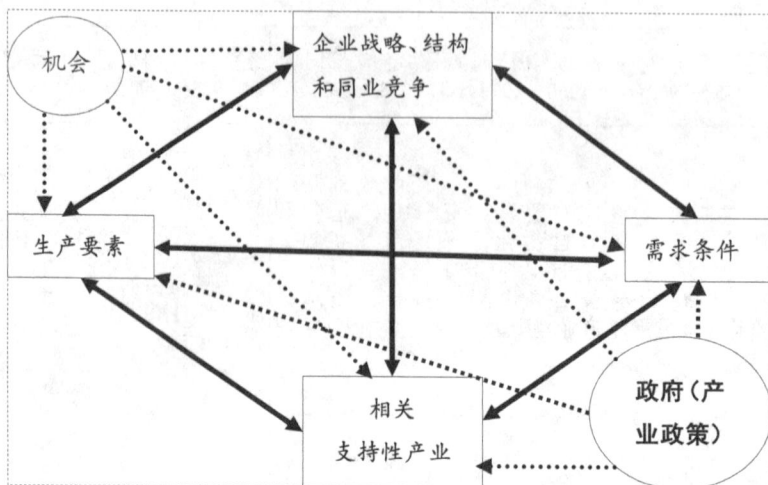

图 10-1 迈克尔·波特的"钻石"模型

（三）政策工具从以行政化措施为主向更加市场化、法制化手段转型

产业政策实施工具主要包括行政手段、法律手段、经济手段等，此外还有软性的信息引导和窗口指导等辅助性手段。随着市场经济体制不断完善，产业政策的手段越来越向市场友好型方向靠拢。

1. 完善和创新产业政策工具

进一步缩小行政手段干预范围，行政干预型手段仅限于在限制发展的产业领域使用。弱化受到各界质疑的财政补贴政策，采取更加科学的标准选择支持的主体；对于新兴产业发展强化普惠性税收优惠政策；对特定行业（如产能过剩行业）采取征收高税收、附加费等经济手段引导和淘汰不达标企业；完善产业投资基金等资本市场的政策工具，以针对不同产业（企业）发展阶段决定投资基金的使用方式来引导产业发展；综合利用政府采购以及消费补贴等手段为特定行业创造市场需求规模，引导企业的生产活动和投资行为。

2. 强化标准管理在产业政策手段中的应用

产业标准水平的高低，反映了一个国家产业核心竞争力的强弱。要更好发挥标准在产业转型升级、迈向中高端中的引领作用，建立政府主导制定的标准与市场自主制定的标准协同发展、协调配套的新型标准体系，强化能耗、环保、质量、安全等标准在产业准入和项目审批的约束力，限制或淘汰不合标准的项目。利用技术、质量标准保护国内重点产业的安全，应对国际贸易保护主义，推动重点产业国际合作和"走出去"。以立法形式保障标准在产业政策中的权威性。

3.灵活运用信息沟通和窗口指导的软性手段

信息传递和窗口指导等软性手段，分为常规性和长期性两大类。在当前市场日益复杂的情况下，信息传递和窗口指导有时候比硬性政策手段更加能够给产业发展带来好处。政府加强同行业协会合作，建立行业信息发布制度，定期、及时、详尽地收集和发布这些信息，既能引导投资者进行正确的投资，又能降低企业的信息搜寻成本。同时，政府也要与行业协会形成明确的分工，政府主要负责对重点行业的长期发展做出规划引导，一般性行业规划由行业协会负责发布，给产业政策"瘦身"。根据常规性的产业信息，政府可以提出若干指标要求，行业协会负责信息的传递和发布。

（四）政策制定和实施从有限参与、封闭运行向多元共治、透明操作转型

为保证产业政策制定科学、实施有效，首先要规范产业政策制定和实施过程，设计好政策执行的传导和反馈机制，要由过去的重制定、轻执行，向产业政策全流程的治理机制转变，形成"制定—实施—督察—评估—反馈—完善—退出"的产业政策治理机制，特别是在政策制定、督察、评估、退出等重点环节进一步完善有关机制。

1.建立各归其位、多元共治的产业政策制定机制

建立产业政策审议会制度，审议会委员主要由产业界、学术界、行业协会和政府部门代表或知名人士担任。构建由中央政府（部门）、地方政府、行业协会、学术机构和企业等共同参与的产业政策制定机制，推动中央政府和产业部门之间的单线政策意见交换向"中央政府—地方政府—产业部门—行业协会—学术机构"等多维度政策交换转变，使产业政策制定能充分反映利益相关者的诉求，避免政策"不接地气"，造成空转。

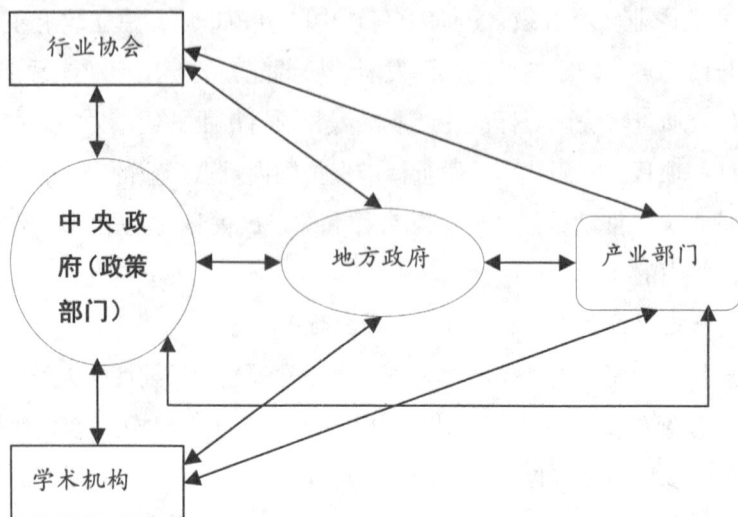

图 10-2　产业政策的制定机制

2.建立健全产业政策的督察评估机制

引入第三方机构对产业政策实施效果进行独立评估，根据评估结果进行动态调整，提高产业政策实施的精准性。充分发挥各级人民代表大会的政策监督作用，进一步强化人大在法律、政策等层面的监察职责。加强政府的政策监督，对付诸实施的产业政策及相关部门的行为进行监督和控制，以实现政策目标，提高政策绩效。加快构建行之有效的督察机制，推行政策执行的奖励和问责机制，对不认真履职或者政策执行不力的责任人进行相应处理，确保政策有效实施。

3.建立产业政策实施的适时调整机制

把握产业生命周期和发展变化，适时对产业政策进行调整，择机退出。例如，鼓励新兴产业发展的政策要根据产业和发展情况相机退出；衰退型产业政策要在产业效益恢复、失业问题妥善处理后等退出。全面清理现行各类产业政策，对不符合要求的，坚决废除或调整。对保留和调整后仍继续实施的产业政策，要及时对外公布。

四、不同产业的政策着力点

为确保产业政策更加聚焦"市场失灵"领域，做到精准发力，按照产业生命周期和产业在国民经济地位，可以将产业分为三大类型：第一类是新兴产业，包括一般新兴产业和战略性新兴产业（即对国民经济发展具有战略引领意义的新兴产业）；第二类产业是传统产业，包括机械、电子、轻工、纺织等在我国进入产业发展成熟期，但在国际上仍然具有优势的产业，此类产业转型升级压力比较大；第三类产业是产能过剩严重的产业[1]，主要为资源型产业和原材料产业，这些行业大多数处于产业成熟期或者衰退期，市场需求趋于饱和甚至出现了萎缩。根据不同类型的产业特性和突出问题，按照产业政策要准的要求，做好选择性产业政策和功能性产业政策的搭配组合，确定产业政策的导向和着力点[2]。

（一）新兴产业：抓两头、放中间

1. 新兴产业特性和面临的问题

新兴产业处于发展初期，发展前景具有较大不确定性，单纯依靠市场力量难以快速发展壮大，没有能力与发达国家同类产业相抗衡。当前我国新兴产业面临四大突出问题：一是产业规模小，市场需求不足。二是创新要素供给不足，表现为部分制造领域的关键核心技术缺失，或者新技术的经济性不高；国内教育资源和专业设置普遍滞后于产业发展；新兴产业发展前景风险大，资本市场发育仍然不足，产业发展资金难以得到有效保障。三是行业监管滞后发展需要，对新产业的产品服务质量监管滞后，加上新兴产业很多属于跨界融合催生的新技术、新业态、新产品和新模式，对现有市场准入、定价、产品质量和安全监督等政府监管体系形成挑战[3]。四是知识产权保护制度

---

[1] 另外，针对当前我国产业的存在的突出问题，单独将产能严重过剩行业列出，作为政策关注的主要领域。

[2] 国家发改委2014年9月以来，陆续推出信息电网油气等重大网络工程等11大类重大工程包，产业政策的着力点已经开始集中在市场失灵的重大基础设施领域和重点产业的创新不足领域，是选择性产业政策和功能性产业政策有机结合的典型做法。

[3] 移动互联网技术渗透到传统汽车租赁、医疗、零售等领域，网约车、移动医疗、移动支付等新模式、新业态大量涌现，政府要及时出台新的监管政策。参见姜江 洪群联：《"十三五"时期培育我国产业新增长点的对策研究》，中国市场出版社，2016年版。

不完善，侵权代价低，维权难、成本高。

2. 政策导向和政策着力点

应区别一般性新兴产业和战略性新兴产业，采取不同的产业政策导向。一般性新兴产业如网上约车、远程医疗、在线旅游等，以市场自我调节为主，政府要放宽准入，创新监管方式，为新产业、新业态发展创造宽松环境。战略性新兴产业是引领我国产业发展方向的重点领域，是我国潜在的主导产业，在发展前期需要国家给予大力支持。按照"抓两头、放中间"的思路，国家重点在前端的研发、设计和后端的新产品新技术市场培育等方面加大支持力度，"扶上马再送一程"，促进产业快速成长，而处于"中间"的商业化开发则交给市场去做，让市场主体在竞争中强身健体，自由发展。为此，一是要提升关键要素促进重点产业创新。加大对关键技术的重点支持，组建一批国家级创新中心，支持企业、科研机构和高校联合建立一批产业创新联盟；推动设立一批天使投资和风险投资机构，设立产业发展基金，支持创新型企业发展；提升人力资源素质，鼓励高校加强战略性新兴产业的专业学科建设，促进高等院校人才培养密切对接企业发展需求。加强对从业人员技能培训，大力发展职业教育。二是要在消费侧培育消费，促进产业增长。落实和完善政府采购政策，在新产品导入阶段，继续强化现有政府采购政策的落实和执行力度，优先支持具有自主知识产权和品牌的正外部性产品。三是要支持企业积极参与甚至是主动引导国际技术标准制定，强化知识产权保护，完善监管，将前置审批为主的监管模式转变为以技术政策和法规的监管为主。

（二）传统产业：提质量、促升级

1. 传统优势产业的特性和面临的主要问题

我国传统优势产业主要集中在机械、汽车等领域，产业规模体量大，是我国产业转型升级的主战场。这些行业的技术虽然比较成熟，多数领域的关键技术和核心环节仍然被发达国家和跨国公司控制，我国产业处于国际价值链分工中低端水平；新兴经济体依靠低廉的劳动力成本优势也在加快发展低端环节。可以说，我国传统优势产业面临着发达国家和新兴经济体的双重挤压。

2.政策导向和政策着力点

在激烈的国际竞争压力下，以充分发挥市场机制作用为目标，产业政策主要在产业升级和技术进步的市场失灵方面加大干预力度，提升产业国际竞争力，促进产业向中高端水平迈进。为此，一是要加强技术研发，促进核心关键环节取得突破。支持建立一批重点产业创新中心和产业创新联盟，以国家产业投资基金方式支持创新平台的市场化运作建设。建立和规范产业的技术标准、质量标准，提升产品质量。二是要支持相关产业人员技能培训，提升人力资本质量。大力发展职业教育，搭建实用性人才培养平台，培养工匠人才。三是要促进配套性产业发展，培育产业集群。从世界各国和我国产业集群发展的理论和实践经验看，产业集群化发展是提升产业竞争力的关键途径。传统主导产业面临国际竞争压力大，需要加大产业集群化发展，要以产业园区为平台，完善园区基础设施和公共服务，提高产业集聚发展能力。四是要推动产业"走出去"，拓展国际发展空间。传统优势产业在我国进入成熟期，但在国外特别是"一带一路"国家还有增长空间。要积极推动产业特别是产业价值链中低端环节加强国际产能合作和走出去，包括支持产品出口、鼓励本国企业境外直接投资等。另外，要积极利用国际贸易规则应对其他国家政府的产业扶持行为。

（三）产能严重过剩行业：去产能、优结构

1.产能过剩行业的特征和面临的主要问题

当前我国产能严重过剩行业主要包括钢铁、煤炭、船舶、电解铝、水泥、玻璃等行业。从产业特性看，这些行业大多数处于产业成熟期或者衰退期，产业需求趋于饱和，甚至出现萎缩，已经完全不是周期性过剩的问题。当然，这些行业也存在一定的结构性过剩问题，部分行业的高端产品供给严重不足。

2.政策导向和政策着力点

产能严重过剩行业（国外主要是衰退型行业）既有政府失灵也有市场失灵，需要国家产业政策的援助，帮助相关企业走出困境。产业政策的着力点主要包括：一是要调整产业组织结构。改善衰退产业的市场结构，规范衰退

产业的市场行为，可以增进衰退产业的市场绩效 [1]。要降低市场进入退出壁垒，支持相关企业合并、兼并、破产、退出、出售、拍卖、收购与重组等方式[2]，提升产业市场集中度。二是要帮助职工提升就业能力。推进破产企业失业人员社会保障工作，支持失业人员再就业和创业培训。为失业员工提供必要的生活补贴、失业保险以及再就业培训等政策支持。三是要推进国际产能合作，拓展国际市场空间。产能过剩行业在我国进入衰退期，在其他发展中国家可能还有较大发展空间。要支持这类产业加强国际产能合作，通过"走出去"延长产业生命周期。四是要推动落后产能的强制性退出。这类行业产能严重过剩的主要原因，除了产业存在过度竞争，市场已经失去对这些行业的自我调节的能力外，还在于部分行业的国有企业较多、退出困难、地方政府补贴严重等体制机制的问题，使企业不能按照市场机制退出。在我国现有体制条件下，需要采取必要的行政手段与经济手段相结合。但是淘汰落后产能要注意区域差别化，不能搞一刀切，对于中西部和资源富集区，允许采取相对宽松的政策，以有利于当地优势特色产业发展。

五、推动产业政策转型的配套措施

（一）深化行政管理体制改革，建设服务型政府

进一步转变政府职能，缩减政府审批事项，减少政府对微观经济运行的干预。加强行业事中事后监管，为各类市场主体提供优质高效的服务；加强对政府行为的监管，约束和规范政府权力运行，要加快推进政府部门职能调整和机构改革，建设服务型政府。

---

[1] 资产结构调整作用主要体现在：一是建立资产的退出通道。通过资产重组，有利于资产从低效企业、低效产业流向高效企业或产业，尤其是大企业通过资产重组能实现产业多元化，使衰退产业和新兴产业互补，使衰退产业中的资产平稳地流向新兴产业，产业调整的过程在企业内部得以顺利实现。二是能降低产业成本，提高衰退产业的盈利能力。三是资产重组可以延长产业链的长度，使企业获得范围经济。四是资产重组降低产业间交易成本。上下游相关产业间的重组因减少了交易层次，提高了交易效率，降低了产业间交易成本，提高了衰退产业利润水平。参见陆国庆：《论衰退产业的调整模式》，《学习与探索》2001 年第 1 期。

[2] 在国务院国资委主导下，2016 年宝钢加快推进吸收合并武钢，组建宝武钢铁集团，这是钢铁产业改善市场绩效的重要政策。

（二）深入推动重点领域改革

要深化国有资产管理体制改革，赋予国有企业更大的自主权力。按照《关于深化国有企业改革的指导意见》全面推进改革，大力发展混合所有制经济。积极推进垄断行业、资源控制类行业改革开放，为社会资本进入、提供多样化产品和服务创造公平竞争机会。放宽养老、医疗、教育等服务业领域准入，激发各类市场主体落实产业政策的创造力和活力。深化资源性产品价格改革，理顺资源类产品价格关系，完善反映市场供求关系、资源稀缺程度、环境损害成本的资源价格形成机制，为发展先进产能、淘汰落后产能创造各类市场主体公平竞争的条件。

（三）完善产业技术创新体制机制

厘清科学研究和技术创新边界，科学研究由科研院所主导，技术创新则由企业主导。基础科学研究以政府资助为主。政府要逐步加大对基础研究机构运行经费和科研业务费的保障力度。减少政府和科研单位内部行政干预学术的现象，充分尊重科学家学术管理自主权。进一步完善研发创新成果转化的利益引导机制，提高科研人员成果转化收益比例，研究税收抵扣、奖励等方式，支持"高精尖"人才培养。完善知识产权保护制度，提升创新动力。

（四）健全中央与地方政府在产业政策治理中的上下联动机制

中央政府是产业政策的主体，在政策实践中具有主导地位，地方政府在产业政策实践中处于具体实施的从属地位，但要保障产业政策有效实施，需要中央和地方政府建立产业政策的协同治理机制。

1. 理顺中央和地方政府的产业管理职责

中央政府主要负责制定市场监管、维护公平竞争的制度规则，针对市场失灵组织实施相应的激励约束政策和必要的选择性政策，统筹维护产业安全。中央政府进一步下放产业投资项目审批备案权限，完善核准工作流程，编制业务指南，加强对地方政府的业务指导，协调不同部门行政审批、核准权同步下放。地方政府主要负责落实和执行中央的产业政策，加强对企业的服务，减少对市场微观事务干预[1]；地方政府支持培育产业联盟、中介组织等

---

[1]地方补贴是造成我国产能过剩的重要原因。地方政府要减少对市场微观事务干预，首先就要清理对重大项目的补贴政策。

方式强化产业链上下游企业合作，完善人才和金融等市场环境，营造良好的产业发展生态，引导产业集聚发展。

2. 建立中央和地方政府在产业政策治理中的联动关系

注重发挥地方政府在产业政策制定和实施过程中的积极性，贯彻落实《国务院关于推进中央与地方财政事权和支出责任划分改革的指导意见》（国发〔2016〕49号），着眼于产业利益在不同地区实现合理分享，建立起中央对地方的利益补偿机制和利益分享机制。深化税制改革，进一步合理划分中央和地方的税收来源。加快制定《产业政策法》，把中央与地方的经济利益关系纳入法制化的轨道，树立中央政府在产业政策实施过程中的权威。建立健全产业政策信息传递机制，消除中央与地方之间的信息不对称，避免出现"上有政策，下有对策"的现象。建立财政转移支付制度，体现中央对地方产业发展的激励和调控。

3. 完善地方政府政绩考核评价指标体系，发挥激励和约束的双重效果

在地方政府工作各项考核中，重视经济、政治、文化、社会、生态文明等各方面建设的实际成效；对于不同地区、不同部门、不同层级，干部考核要设置各有侧重、针对性的考核指标，把有质量、有效益和可持续的经济发展、民生改善、社会和谐、文化建设、生态文明等作为考核评价的重要内容。

（五）支持行业协会分担"准产业政策"职能

行业协会作为介于政府和企业之间的社会组织，是联系政府和企业的桥梁和纽带，要鼓励行业协会承担政府下放的"准产业政策"职能。一是赋予行业协会应有的职能，如制定一般性行业的质量、技术标准，并负责实施和监管；协助政府做好行业人才培训，提升专业人员的整体素质和技能；引导行业企业扩大国际交流，帮助企业开拓国际市场，协调解决国际贸易摩擦与纠纷等。二是充分吸收行业协会参与产业政策的制定和实施、监管，支持行业协会向政府部门反映行业、会员诉求，提出意见建议。三是发挥行业协会在产业政策贯彻落实中的重要作用，鼓励行业协会承担发布的产业发展趋势和其他常规性产业信息等。

（六）统筹产业政策和其他经济政策的协同配合关系

1. 处理好产业政策和竞争政策的关系

产业政策和竞争政策作为国家经济政策的重要组成部分，二者的有机结合对于实现经济中高速增长和产业向中高端迈进具有重要意义。在国家产业政策鼓励发展的产业和领域，需要引入竞争机制，鼓励各种所有制企业平等进入、相互竞争、相互促进、共同提高，增强产业发展的动力和活力。要通过不断完善法律手段、经济手段以及必要的行政手段，为各类所有制企业平等竞争创造良好的市场环境和竞争秩序。要参照国际惯例，逐步建立竞争政策和产业政策的事前协商制度。研究建立产业、贸易、土地、价格等政策的公平性、竞争性审查机制，由经济综合部门牵头，成立公平性竞争审查委员会，负责制定竞争性政策审查的相关工作机制和实施细则。

2. 推动产业政策和其他经济政策的协调配合

产业政策的实施，离不开其他经济政策的支持和配合。产业发展是国民经济发展的核心，因此，产业政策是在国家经济政策体系中应占有重要地位，其他经济政策应该围绕产业政策展开。过去我国产业政策在实施过程中存在和其他经济政策不协调甚至是冲突的现象，政策效果不佳。在新时期，财政、金融、贸易、价格、区域经济政策的制定，需要充分考虑与产业政策目标的相互衔接。

参考文献

1. 吴金希，[日]松野丰，孙蕊等．借鉴与转型——中日产业政策比较研究．清华大学出版社，2016.

2. 经合组织（OECD）发展中心．世界变革中的产业政策．上海人民出版社，2015.

3. 沈开艳等．印度产业政策演进与重点产业发展．上海社会科学院出版社，2015.

4. [美]查默斯·约翰逊．通产省与日本奇迹——产业政策的成长（1925—1975）．吉林出版集团有限责任公司，2010.

5. 中共中央党校教务部编．十一届三中全会以来党和国家重要文献选编

（修订本）.中共中央党校出版社，2008.

6.[日]青木昌彦.市场的作用 国家的作用.中国发展出版社2002.

7.[美]迈克尔·波特.国家竞争优势.华夏出版社，2002.

8.世界银行编著 蔡秋生等译.1997年世界发展报告—变革世界中的政府.中国财政经济出版社，1997.

9.江小涓.经济转轨时期的产业政策.上海三联书店，1996.

10.[日]小宫隆太郎等.日本的产业政策.国际文化出版公司，1988.

11.[德]弗里德里希·李斯特.政治经济学 国民体系.商务印书馆，1985.

12.习近平.中共中央关于全面深化改革若干重大问题的决定.中共十八届三中全会报告.2013.

13.宋凌云，王贤彬.重点产业政策、资源重置与产业生产率.管理世界.2013（12）.

14.国家发展改革委国民经济综合司等.工业化后期阶段推动产业转型研究（内部报告）.2013.

15.林兆木."一五计划"至"十二五"规划的历史回顾（内部稿）.2015-11.

16.李晓萍，江飞涛，简泽.如何确保政府制定合意的产业政策.产经快评.2016-08-13.

后记

　　本书是我近年来关于我国产业体系建设和产业政策相关研究报告的汇集。各章节大多是有关部委委托课题形成的研究报告，章节之间既有关联，也可独立成章。本书对于数字经济、产业融合发展等方面的内容涉及较少，希望在以后的研究工作中得到加强。本书有的报告是我主笔，有的和其他同志合作完成，在此对参与合作的盛朝迅、邱灵、任继球、王海成、魏丽等同志表示感谢，学术观点责任由我本人承担。

王云平

2023 年 6 月